מסגד עומר
מגדל דוד
שאלו שלום ירושלים

S.F.
V.

rechts: Ansicht von Jerusalem in einem hebräischen Heiratsvertrag aus Venedig, 1750. Die hebräische Überschrift stammt aus dem Psalm 125: «Jerusalem, rings von Bergen umhegt.»

Frontispiz: Die Südostecke der Stadtmauer, in den unteren Teilen das gewaltige Mauerwerk aus Herodes' Zeit. Im Vordergrund der Berg Ophel. Der kleine Kuppelbau rechts oben ist der Kettendom, in Architektur und Ausgestaltung ein genaues Modell des großen Felsendoms an seiner linken Seite.

Vorsatz: Jerusalem 1967, von dem israelischen Maler Shalom aus Safed.

ירושלם הרי״ סביב׳ לה

Teddy Kollek und Moshe Pearlman

Heilige Stadt der Menschheit

JERUSALEM

Seine Geschichte in vier Jahrtausenden

S. Fischer

AUS DEM ENGLISCHEN ÜBERSETZT
VON JENS KULENKAMPFF

Erweiterte Neuausgabe

Die Originalausgabe erschien 1968 unter dem Titel
‹Jerusalem – Sacred city of mankind: a history of forty centuries›
bei Weidenfeld and Nicolson Ltd., London
Satz: Fotosatz Hermann Hagedorn, Berlin
und Fotosatz Otto Gutfreund, Darmstadt
Druck: LIBREX, Milano
Printed in Italy 1985
ISBN 3-10-041107-2

Inhalt

Die Hügel um Jerusalem, in der Ferne die Stadt, die sich auf dem Hügelrücken am Horizont hinzieht.

1 Im Nebel der Vorzeit 2000 - 1000 v. Chr.

Keinen Ort der Erde haben mehr Menschen länger gekannt als Jerusalem mit seiner überlieferten Geschichte von rund viertausend Jahren. Es ist eine hinreißende Stadt, hoch oben zwischen den Hügeln des Judäischen Gebirges gelegen, etwa 64 Kilometer von der Küste des Mittelmeeres entfernt. Jerusalem bildet das Zentrum Israels, denn es liegt ungefähr auf halbem Wege zwischen Eilat, der Südspitze des Landes, dem Tor zum Roten Meer, und Metulla im Norden an der libanesischen Grenze.

Dies ist die Stadt Davids, der das Land einigte und im 10. Jahrhundert v. Chr. Jerusalem zur Hauptstadt machte. Dies ist auch die Stadt, in der Salomons Tempel stand. Und dies ist die Stadt, in der die großen Propheten auftraten und durch ihre Reden die moralische und religiöse Haltung der halben Menschheit beeinflußten. In dieser Stadt tat Jesus seinen letzten Dienst, hier wurde er gekreuzigt. Auch für die Moslems ist Jerusalem heilig, weil nach ihrem Glauben von hier Mohammed zum Himmel aufstieg.

Von frühesten Zeiten an ist die Geschichte Jerusalems zugleich die Geschichte der Menschheit, ein Auf und Ab von Krieg und Frieden, Größe und Untergang, Glanz und Schmach, von erhabener Weisheit und Blut, das in den Gossen fließt. Aber der goldene Faden, das eine Thema, das sich durch die ganze Geschichte hindurchzieht, ist die unerschütterliche Verbundenheit des jüdischen Volkes mit dieser Stadt.

Diese Verbindung wird immer wieder unterbrochen von den aufeinanderfolgenden Eroberern: Ägypter, Assyrer, Babylonier, Perser, Seleukiden, Römer, mohammedanische Araber, Seldschuken, Kreuzritter, Sarazenen, Mameluken und Ottomanen. Aber dreitausend Jahre hindurch – seit der Zeit, da David die Stadt zum Sitz der Zentralgewalt über Israel machte – blieb die geistige Liebe, diese einzigartige Treue der Juden zu Jerusalem ungebrochen.

In all den Jahrhunderten ihrer Zerstreuung beteten die Juden, in welchem entfernten Winkel der Erde sie sich befinden mochten, für die Heimkehr nach Zion, wie die Bibel Jerusalem nennt. Wo immer auf der Welt sie ihre Synagogen errichteten, orientierten sie sie nach Jerusalem (auch heute noch folgt man diesem Brauch). Wenn ein Jude ein Haus baute, so blieb ein Teil der Wand roh und unfertig, um so den provisorischen Charakter dieser Behausung zu symbolisieren, als ein Haus des Übergangs nämlich, bis der Hausherr nach Jerusalem würde zurückkehren können. Die Geschichte kennt keine Parallele zu diesem mystischen Band, ohne das es heute keinen Staat Israel gäbe.

Jüdische Pilger überqueren den Vorhof zur Westmauer kurz nach dem Krieg im Juni 1967.

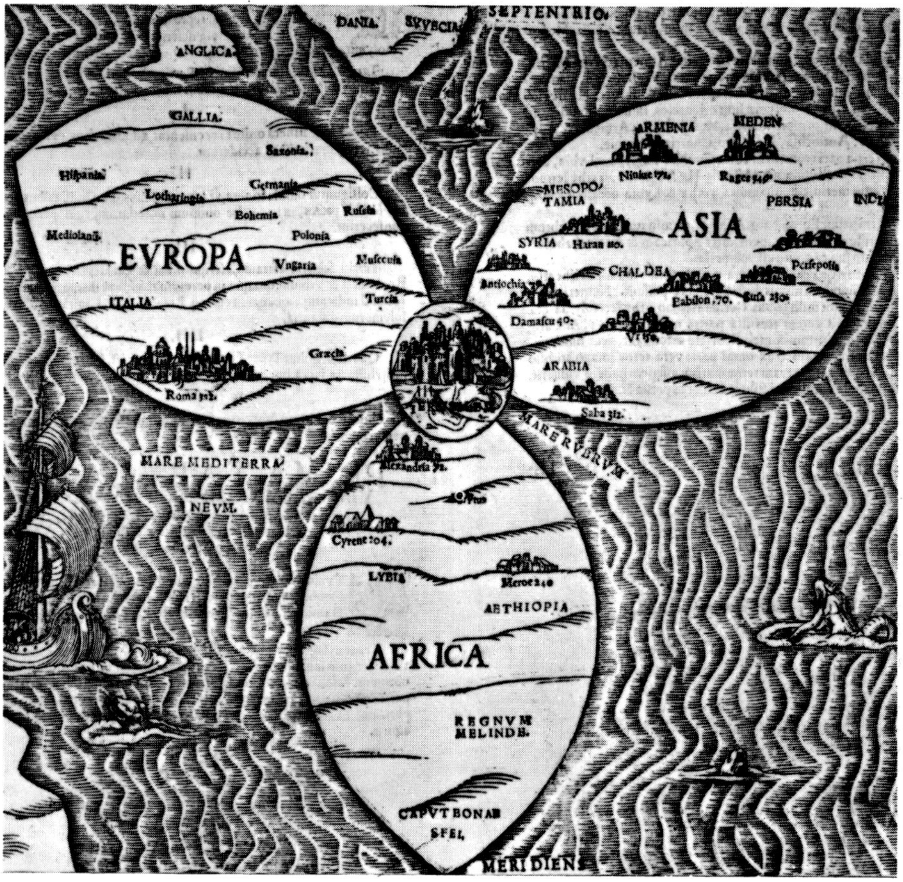

links: Lange Zeit hat man Jerusalem auf den Karten als die «Mitte der Welt» angegeben. Dies ist die Darstellung auf einer deutschen Karte aus dem späten 16. Jahrhundert.

Archäologen und Historiker haben sich lange gefragt, warum Jerusalem gerade an diesem Ort errichtet wurde und warum es zu einer großen Stadt heranwuchs. Jerusalem erfreut sich keiner der natürlichen Vorteile, die Entwicklung und Blüte anderer Weltstädte begünstigten. Es lag nicht an einem großen Fluß, überblickte keinen ausladenden Hafen und herrschte nicht über wichtige Landstraßen oder deren Knotenpunkte. Nicht einmal besonders reichliche Wasserquellen sind in der Nähe, was oft der Hauptgrund für die Errichtung einer Siedlung war. Andererseits sorgte doch eine Hauptquelle für eine mäßige Wasserzufuhr. Jerusalem verfügt über keine Bodenschätze, liegt abseits der großen Handelswege und ist keine strategische Schlüsselposition zur Eroberung jener weiten Gebiete, deren Besitz die antiken Reiche sich mit Waffengewalt streitig machten. Nein, Jerusalem besaß keine besondere ökonomische oder topographische Chance, die erklären könnte, warum die Stadt je zu mehr wurde als zu einem kleinen unbekannten Bergdorf, dessen Schicksal sich in nichts von dem anderer längst verschwundener Dörfer unterschied. Aber die Stadt hatte und hat bestimmte Eigenschaften, wie sie nicht jeder Siedlung gegeben sind. Es ist eine schöne Stadt, umgeben von einer wilden und zerklüfteten Hügellandschaft, verschwenderisch von Farben belebt: entweder die zarten Töne des Herbstes und des Frühjahrs oder die kräftigen Färbungen des wolkenlosen Sommers. Stets herrscht hier ein ausgeglichenes Klima. Auch in den heißesten Tagen ist die Hitze trocken, sind die Nächte kühl und frisch. Und es liegt über dem Land ein strahlend klares Licht, das Fremde aus anderen klimatischen Zonen glauben

rechts: Straßenszene in der Altstadt nach dem Junikrieg 1967, der arabische «Kefiya» neben dem pelzbesetzten «Streimel» der orthodoxen Juden. Oben rechts ein hebräischer Wegweiser zur West- oder «Klagemauer».

١٢٥

macht, es sei plötzlich ein Schleier vor ihren Augen weggezogen. Oft krönt beim Untergang der Sonne ein Strahlenkranz für kurze Zeit die Kuppen der Hügel, ehe die Dunkelheit einfällt; vielleicht flößte diese Erscheinung den Alten Ehrfurcht ein und machte sie für religiöse Wunder bereit.

Diese Gegebenheiten sind zwar eine Wohltat für Einwohner und Besucher, und durch ihre hohe Lage genoß die Stadt einen gewissen natürlichen Verteidigungsschutz; hinzukam, daß es hier ein wenig Wasser gab, und alles zusammen mag Jerusalems frühe Attraktion als Siedlungsplatz erklären – aber nicht, warum es bedeutend werden sollte.

Seine Bedeutung empfing Jerusalem von den genialen Kulturschöpfern alter Zeit, von den jüdischen Königen, die zugleich Philosophen waren, und von den biblischen Propheten, die Jerusalem zu ihrer Wirkungsstätte machten. Als Jesaja sprach: «Denn von Zion soll das Gesetz ausgehen und das Wort des Herrn von Jerusalem», waren der Monotheismus, der Begriff von Gut und Böse, brüderliche Liebe und die Herrschaft des Gesetzes die strikten Gebote der alten Hebräer, war Jerusalem der Ort, von dem sie ausgingen und sich verbreiteten.

Die erste urkundliche Erwähnung Jerusalems

Die Anfänge der Stadt verlieren sich in den Nebeln der Vorzeit, aber aus dem Stil und der Machart von Töpfen, die man in der Gegend der Stadt gefunden hat, und aus anderen wissenschaftlichen Anhaltspunkten haben Archäologen geschlossen, daß die erste Siedlung zu Beginn des dritten Jahrtausends v. Chr. errichtet wurde. Tausend Jahre später, nämlich zu Beginn des zweiten Jahrtausends v. Chr., erschien sie als eine Stadt der Kanaaniter zum erstenmal in einem geschriebenen Bericht.

Zu der Zeit war das Land Kanaan kein einheitlicher Staat, sondern bestand aus einer Anzahl halbnomadischer Stämme und einigen wenigen Städten, die alle von «Königen» regiert wurden – gewöhnlich Vasallen eines der beiden Großreiche, die im Mittleren Osten um die Hegemonie stritten: Ägypten im Süden und Assyrien im Norden. Kanaan lag dazwischen und war daher oft das Schlachtfeld. Welches von beiden Reichen gerade die Oberhand hatte, das herrschte auch über Kanaan. Die Vasallen waren tributpflichtig, und man erwartete von ihnen politische Loyalität gegenüber ihrem Herrn. Sie waren höchst selten loyal – besonders, wenn sie die Macht schwinden sahen und ahnten, daß die Waagschale sich zur anderen Seite neigte und daß im nächsten Krieg der Rivale die Macht gewinnen mochte. Die großen Herrscher hatten stets Grund zu Mißtrauen.

Ein Mittel, durch das die Ägypter gewöhnlich ihre Vasallen an sich zu binden versuchten, ist uns in den sogenannten Fluchinschriften bekannt geworden. Zwei Serien davon hat man gefunden, die ägyptischen Hieroglyphen sind entziffert.

Die erste, aus dem 19. Jahrhundert v. Chr., besteht aus Inschriften auf Schalen; die zweite, vom 18. Jahrhundert v. Chr., aus Gravuren auf kleinen Tonfiguren, die gefesselte Gefangene darstellen. Diese Texte führen Namenlisten von entfernten Städten, Nomadenstämmen und ihren Häuptlingen auf, die alle Ägypten unterstanden. Ihre außerordentliche wissenschaftliche Bedeutung ist klar, da die Existenz vieler dieser Städte zu einem so frühen Zeitpunkt kaum anders bekannt geworden wäre.

Durch diese Texte suchten die Ägypter eine Art politischer Zaubermacht, eine frühe Form der psychologischen Kriegführung, gegen ihre tatsächlichen oder möglichen Feinde auszuüben. In der Zerstörung der Schalen und Figuren glaubte man, zugleich die Kraft der Feinde zu zerschlagen, deren Namen auf die Töpfereien geschrieben waren.

Ansicht der ummauerten Stadt von Südosten. Die beiden Kuppeln oben rechts gehören zur Kirche des Heiligen Grabes.

Zweifellos hielt man schon die Androhung für ausreichend: jene Zeit kannte kaum

links: Massen jüdischer Pilger drängen sich vor der Klagemauer kurz nach der Wiedervereinigung der Stadt im Juni 1967.

Skepsis gegenüber Zauberei. Da jeder Provinzialkönig, der mit einem Treubruch liebäugelte, wußte, daß es in der Macht Pharaos stand, ihm durch einen großen Fluch Schaden zuzufügen, mag er sich wohl die Sache zweimal überlegt haben; vielleicht bewegte es ihn sogar, doch Ägypten die Treue zu halten.

Die Bedeutung des Namens «Jerusalem»

Der Name Jerusalems taucht in den Fluchtexten aus dem 19. Jahrhundert v. Chr. auf: «. . . der Herrscher von Jerusalem, Yaqar-'Ammu, und alle Gefolgsleute, die mit ihm sind; der Herrscher von Jerusalem, Setj-'Anu, und alle Gefolgsleute, die mit ihm sind . . .» (In ägyptischen Hieroglyphen erscheint Jerusalem als Urushamem. In akkadischer Sprache hieß es Urusalim.) Man hat lange geglaubt, daß der Name Jerusalem «Stadt des Friedens» bedeute, weil nämlich der hebräische Name Yerushalayim, wie er in der Bibel steht, aus zwei hebräischen Wörtern zusammengesetzt sein sollte: aus Ir, das heißt «Stadt», und aus Shalom, «Friede». Moderne Historiker dagegen glauben, daß sich der Name wahrscheinlich von yara, das heißt «gegründet», und von Salem, dem Namen einer Lokalgottheit, herleitet, so daß er also meinen würde: «Gegründet vom Gott Salem».

Mit der Stadt scheinen sich schon für die ersten Siedler starke religiöse Assoziationen verbunden zu haben; auch in der Bibel finden sich Anhaltspunkte dafür. Der Patriarch Abraham erscheint hier im 18. Jahrhundert v. Chr. und trifft «auf Melchizedek, den König von Salem», wie in Genesis 14, 18 berichtet wird. Die Bibel fügt hinzu, daß Melchizedek «der Priester Gottes des Höchsten» war, was den Schluß auf eine zentrale Stellung der Stadt in der Religion jener Zeit nahelegt.

«Zedek» ist das hebräische Wort für «Rechtschaffenheit». Es scheint ein fester Bestandteil in den Namen der priesterlichen Herrscher über Jerusalem gewesen zu sein und unterstützt damit die These von der religiösen Bedeutung der Stadt schon in vorjüdischen Zeiten. In der Periode von Josua wird der Königsname als «Adoni-Zedek» wiedergegeben (Josua 10, 1). Hier heißt es übrigens von ihm, er sei «der König von Jerusalem», und fortan wird der Name Salem nicht mehr benutzt.

Niedergang der ägyptischen Macht

Das 18. Jahrhundert v. Chr. erlebte den Niedergang der ägyptischen Macht, die in erster Linie innenpolitische Auseinandersetzungen verursachten. Sofort nützten die Provinzen diese Schwächung der Zentralmacht aus. In Kanaan hatten überdies die halbnomadischen Häuptlinge damit begonnen, sich niederzulassen, Städtchen zu errichten und als Kleinkönige aufzutreten. Noch im vorhergehenden Jahrhundert zählte Jerusalem zu den wenigen Städten des Landes, wie aus der ersten Gruppe der Fluchinschriften deutlich hervorgeht. In dieser Liste werden nur Jerusalem und Askalon als Städte in Kanaan, die man identifizieren konnte, erwähnt; der Rest sind Namen von Nomadenstämmen. In den Texten aus dem 18. Jahrhundert ist die Liste der Städte dagegen erheblich länger.

Angesichts der ägyptischen Schwäche fühlten sich die Könige dieser Städte immer unabhängiger, und die pharaonische Kontrolle, sowieso nur locker im besten Fall, hörte im Grunde ganz auf. Auch Jerusalem zog zu dieser Zeit Nutzen aus der Erschlaffung der Zentralgewalt.

Aber nicht für lange. Schon bald wurde die Stadt einem neuen Herrn, diesmal aus dem Norden, dienstbar. Den Machtverfall Ägyptens hatten nicht nur die kleinen Vasallen in Kanaan gespürt, sondern auch, was wichtiger war, ein mächtiges Volk aus dem Norden, die Hyksos, deren eigentliche Herkunft einigermaßen dunkel ist. Von ihrem Reich glaubt man, daß es so weit nach Norden reichte wie der Euphrat. Sie waren offensichtlich sehr gut organisiert, und archäologische Funde zeigen, daß sie neue Militärtechniken durch die Benutzung völlig neuer Waffen, nämlich des pferdegezogenen Streitwagens und des aufmontierten Bogens, herausgebildet hatten.

nächste Seite: Jerusalem, die judäische Hügelstadt. Der Blick von Süden.

Der Wagen, hier zum erstenmal erfolgreich als taktische Waffe benutzt, gab ihnen eine große Beweglichkeit, und der neue Bogen erhöhte die «Feuerkraft» und die Reichweite. Niemand hatte damals diesen Waffen etwas entgegenzusetzen, und so konnten die Hyksos in einem gewaltigen Zug durch Kanaan und Ägypten vorstoßen und beide Länder unterjochen. Die Hyksosherrschaft über dieses Gebiet dauerte etwa 150 Jahre.

In der Mitte des 17. Jahrhunderts v. Chr. begann das wieder erstarkte Ägypten eine Reihe von Feldzügen gegen das nördliche Reich und besiegte die Hyksos. Wir wissen, daß gegen Ende des 15. und zu Beginn des 14. Jahrhunderts der Pharao Amenhotep III., dessen Regierungszeit mit der höchsten Blüte der ägyptischen Kultur zusammenfällt, von seinen einzigen möglichen Rivalen im Norden, den Königen von Mesopotamien und Babylonien, als Herr über Syrien anerkannt wurde und sich des Gehorsams der asiatischen Vasallen versicherte. Dazu gehörten auch die Vasallen im Lande Kanaan. Mit dem Abzug der Hyksos hatte Ägypten seine Kontrolle über dieses Land wiederhergestellt.

Aus der Zeit von Amenhotep III. und seinem Sohn Amenhotep IV., auch bekannt als Echnaton, der von 1379 bis 1362 v. Chr. regierte, stammen schriftliche Zeugnisse, in denen von Jerusalem mehr als bloß der Name berichtet wird; wir erfahren auch etwas über das politische Leben. Diese Berichte sind die Briefe von Tel el-Amarna, Tontafeln, in Keilschrift beschrieben, die die Korrespondenz zwischen den Pharaonen und den Vasallfürsten des ägyptischen Reiches darstellen. (Amarna ist der Ort, an dem die königlichen Archive 1891/92 bei Ausgrabungen gefunden wurden.)

Hinweis auf Jerusalem in den Briefen von Tel el-Amarna

Acht dieser Briefe stammen von dem Herrscher über Jerusalem: voll Falschheit, Intriganz und List, die unter dem Deckmantel ekelhafter Kriecherei offenbar werden. Jeder Vasall sah argwöhnisch auf seinen Nachbarn und oft zu Recht: in Briefen an den Pharao versicherte man seine eigene Loyalität und bezichtigte zugleich die anderen des Verrats, den man für sein Teil weit von sich wies. Der Herrscher dieser Zeit über Jerusalem und Unterzeichner der Briefe ist Abdu-Heba; er eröffnet sein erstes Schreiben mit den gewöhnlichen Floskeln der Selbstdemütigung und Schmeichelei gegenüber Pharao, fährt mit der Verteidigung gegen die Bezichtigung eines Nachbarn, er plane eine Rebellion, fort und endet mit der Bitte um Hilfe zum Schutze seiner Länder:

«An den König, meinen Herrn: Also [schreibt] Abdu-Heba, dein Diener. Zu den zwei Füßen meines Herrn, des Königs, siebenmal und abersiebenmal falle ich nieder ... Sie beschuldigen mich vor dem König, meinem Herrn, und sagen: ‹Abdu-Heba hat sich erhoben ...› Siehe ... der Arm des mächtigen Königs brachte mich in das Haus meines Vaters! Warum sollte ich mich vergehen gegen den König, meinen Herrn? ... Möge der König Sorge tragen für sein Land ... Die Länder des Königs haben sich alle erhoben; Ilimilku [der Herrscher über Geser, westlich von Jerusalem] ist Schuld an dem Verlust all des Königs Land ... möge der König, mein Herr, Truppen von Bogenschützen aussenden ... Wenn hier in diesem Jahr Bogenschützen sein werden, so werden die Länder des Königs, meines Herrn, unangetastet bleiben; aber wenn hier keine Bogenschützen sein werden, so werden die Länder des Königs, meines Herrn, verloren sein.»

In den anderen Briefen fährt Abdu-Heba fort, die Verleumdungen gegen ihn zurückzuweisen, er warnt vor der fortgesetzten Bedrohung Jerusalems und wiederholt die Bitte um militärische Hilfe. Manche Briefe enthalten aber auch noch Hinweise auf Vorkommnisse, die einen erhellenden Blick auf die politischen, militärischen und wirtschaftlichen Umstände Jerusalems und die Macht der örtlichen

Griechisch-orthodoxer Priester in der Altstadt.

Herrscher erlauben. Einer spricht von einer Revolte der ägyptischen Garnison. In einem anderen beklagt er sich darüber, daß die ägyptischen Söldner des Herrschers eigenes Haus geplündert und ihn selbst fast ermordet hätten. Dann findet sich ein Hinweis auf den Tribut, den Jerusalem leistete: «Ich habe dem König, meinem Herrn, Geschenke gesandt . . . Gefangene, fünftausend Silbersekel und acht Träger für die Karawanen des Königs.» Daß Abdu-Heba eine Karawane nach Ägypten schicken konnte, läßt auf eine gewisse Bedeutung seiner selbst und den Status von Jerusalem schließen. Wie bedroht beides manchmal war, wenn Unordnung im Lande herrschte, geht aus dem Wehgeschrei eines Briefes hervor, daß eine Karawane «in der Ebene Ajalon abgefangen wurde. Möge der König, mein Herr, wissen, daß ich dem König, meinem Herrn, keine Karawane mehr schicken kann. Dies zu deiner Kenntnis.»

Dies sind die letzten schriftlichen Dokumente über Jerusalem, bis wir auf den biblischen Bericht der Bestürmung durch Josua in der Mitte des 13. Jahrhunderts v. Chr. stoßen. Die Israeliten nahmen die Stadt damals nicht; sie wurde von den Jebusitern gehalten, einem Volk, dessen Herkunft immer wieder erfolglos Gegenstand wissenschaftlicher Spekulationen gewesen ist.

Zwar heißt es im ersten Kapitel aus dem Buch der Richter: «Die Kinder Juda stritten wider Jerusalem und gewannen sie und schlugen sie mit der Schärfe des Schwertes», aber die Bibelexegeten erklären diesen Widerspruch, indem sie hier eine Ungenauigkeit in der kurzen Zusammenfassung der vorausgehenden Ereignisse, wie sie die ersten Sätze dieses Kapitels enthalten, vermuten. Sie stimmen darin überein, daß Jerusalem während der 250 Jahre zwischen Josua und David in den Händen der Jebusiter blieb.

Eben zu der Zeit, als Josua das Hügelland Kanaan eroberte, setzte sich ein anderes Volk in der Küstenregion fest. Dies waren die Philister, eines der «Seevölker», von denen man annimmt, daß sie aus Kreta und Kleinasien kamen. Sie hatten einen hohen Standard handwerklicher Kultur erreicht und benutzten in dieser Gegend als erste eiserne Waffen, was ihnen Vorteile über ihre Feinde gab. Der Name Palästina, wie das Land später hieß, leitet sich von dem Namen Philistina her.

Nachdem sie sich zunächst an der Küste niedergelassen hatten, begannen sie bald, ins Innere vorzustoßen, offenbar in der Absicht, das ganze Land zu erobern. Dabei stießen sie auch mit den Stämmen Israels zusammen, und so ist denn auch in der Tat das Buch der Richter voll von Berichten über die Konflikte und Kämpfe zwischen beiden Völkern. Der israelitische Siedlungsprozeß, der der Eroberung durch Josua folgte, wäre auch unter idealen Bedingungen langwierig und schwierig gewesen. Es war dabei nichts Geringeres als eine vollständige Änderung in der Lebensweise der Israeliten gefordert, nämlich die Anpassung an ein unabhängiges Bauern- und Siedlerleben nach Generationen der Sklaverei, Jahren der Wanderschaft durch die Wüste und der Kämpfe auf diesem Weg. Aber die Bedingungen waren alles andere als ideal. Eine weitere Erschwernis bildeten Zwietracht und Streitigkeiten zwischen den Stämmen selbst. So war es unvermeidlich, daß die Philister bedeutende Erfolge erzielten, wenn sie die Gebiete einzelner Stämme angriffen; zu Zeiten hatten sie die Oberhand im Lande. Unter solch ungünstigen Umständen wagten die Israeliten nicht, gegen die Jebusiter von Jerusalem zu kämpfen. So blieb Jerusalem eine feindliche Enklave mitten in ihrem Siedlungsgebiet.

Endlich aber führte die zunehmende Gefahr von seiten der Philister zu einer engeren Zusammenarbeit zwischen den israelitischen Stämmen, die darin gipfelte, daß man einen gemeinsamen König, Saul, anerkannte, der über alle herrschte. Die Monarchie stand zwar der israelitischen Tradition entgegen, aber sie schien das einzige Mittel, eine Zentralmacht zu sichern, die allein der Bedrohung durch die Philister begegnen konnte.

Zu Beginn seiner Regierungszeit, in der zweiten Hälfte des 11. Jahrhunderts v. Chr., erzielte Saul eine Reihe beachtlicher Erfolge gegen die Philister und andere feindliche Nachbarvölker. Aber dem Bericht der Bibel zufolge scheint Saul mehr Soldat als Staatslenker gewesen zu sein: ein begabter Feldherr, jedoch wenig dazu geschickt, eine zusammenhängende Nation zu bilden. Kaum daß die unmittelbare Gefahr vorüber war, begannen die Streitigkeiten zwischen den einzelnen Stämmen von neuem. Und die Philister wußten dies auszunutzen, nachdem sie sich wieder erholt hatten. Saul unterlag und fiel schließlich in der verheerenden Schlacht am Berg Gilboa.

rechts: Zu allen Zeiten fertigte man Listen von den heiligen Stätten in Jerusalem an. Diese hebräischen Pergamentrollen stammen aus Italien, 17. Jahrhundert.

nächste Seite: Ein Stich von 1575 zeigt zwei Ansichten von Jerusalem: auf der linken Seite die Stadt zur Zeit Jesu und rechts, wie sie im 16. Jahrhundert aussah. Ein Nebenbild unten rechts zeigt Moses, der die Gesetzestafeln auf dem Berg Sinai empfängt.

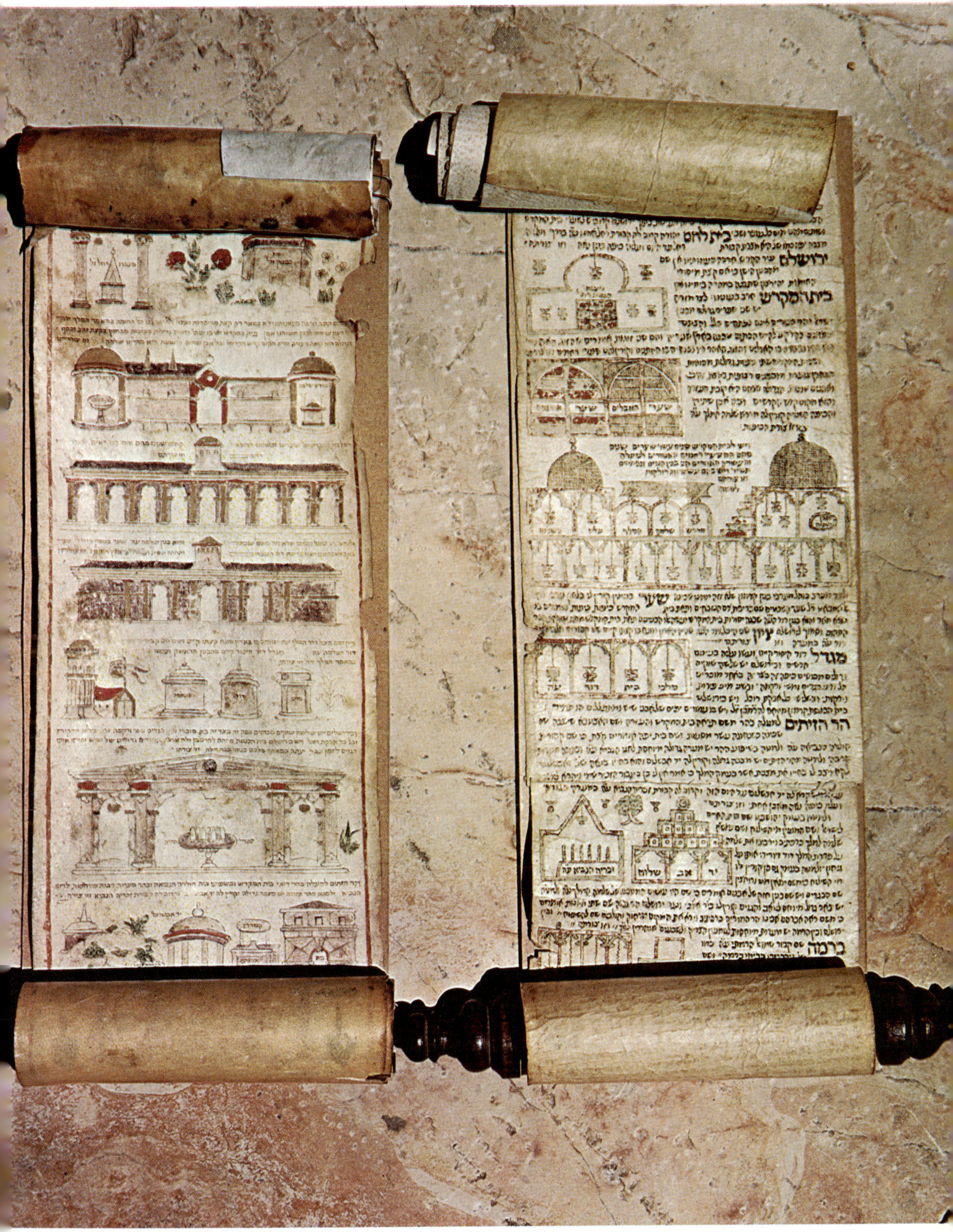
בית לחם
ירושלם
הר הזיתים

Hierosolyma. Clarissima totius Orientis ciuitas, Iudeæ Metropolis, in duobus collibus, omnibus alijs in circuitu eminentioribus, sita fuit, qui colles duo, intermedia valle, habitationib. hominū frequentiss. (quam Tyropæon vocat Josephus, lib. 6. Bell. Iud. cap. 6.) separantur. Eminentior collis Sion dictus, in tres alios subdiuisus est. Primus is est, quem lib. 2. Reg. c. 5. Mello vocat, apud montē Gion, In quo ædificatum erat antiquum Castrū Siloë, quod occupabant Jebusæi. & à Dauide captum fuit, vbi idem quondam Arcam collocauit & sepulturæ locum elegit. Eodem hoc loco, constructū cernitur Monasterium Franciscanorū, dictum Sion. Versus orientem verò, huius prædicti collis, alius adhuc erat qui ciuitas inferior dicebatur, in quo Palatium Dauid conditum fuit. Hunc locum inhabitauit idem, ante quam Jebusæorum castrum, quod in Mello erat, expugnasset. Ad Septentrionem verò, situs collis, Herodis Palatium habuit. Hi tres colles, vno murorum ambitu cincti, dicuntur ciuitas Dauid. Alter collis, duas partes habuit, vnam Montem Moream dictam, in quo Abraham obtulit filium suum Isaac, Joseph: lib. 1. Antiq: c. 14. Quo in loco, postea Solomon templum cōstruxit, & in cliuo eiusdem montis, versus austrum, domum suā regiam, quæ dicta fuit Palatium Solomonis. Hic collis, quia templū habuit, etiam muro septus fuit, et ciuitati Dauid adiunctus. Altera pars Acra cognominata, Moream versus, orientem contingens, cuius meditas vel pars vna Bezetha, hoc est, noua ciuitas dicta fuit, etiam murorū ambitu cincta, Huius Acræ medietas vel pars altera, contra torrentem Cedron posita, Palatium Assyriorum continet, fuitq. suburbium, moenib. clausum. Ita, vt prædicti quinque colles, quaternis, ijsq. diuersis murorū cincturis conclusi fuerint &c. Hoc tempore Hierosolyma turcis Cuzumobarech dicitur.
Descriptio antiquæ vrbis Hierosolymorum, qua amplitudine et splendore tempore Christi Saluatoris nostri, conspicua fuit.

Noua vrbis Hierosolymitanæ descriptio, qua forma & situ nostro seculo se conspiciendam prebet.
Declaratio Tabulæ huius
F. Domus Regia Salomonis.
G. Natatoria siloe.
I. Archiua, siue vt vocant Cancellaria
M. Domus Veronicæ
N. Domus Caiaphe, nunc templum sancti Saluatoris
S. Acheldemach, ager sanguinis

2 Die Stadt Davids 1000-961

Sauls Dynastie wurde noch kurze Zeit von einem seiner überlebenden Söhne Is-Boseth, einem schwachen Herrscher, dem auch nur die nördlichen Stämme ergeben waren, fortgesetzt. Die Israeliten des Südens, die mächtigen Männer von Juda, sammelten sich um David, der jetzt seinen Herrschersitz nach Hebron verlegte. In den folgenden paar Jahren kämpften die Stämme ebenso untereinander wie mit ihren feindlichen Nachbarn, jedoch wurde das Haus Saul zunehmend schwächer, während die Partei im Süden immer mehr erstarkte. Auch das Volk selbst war schließlich des sinnlosen Bürgerkrieges müde, der doch nur den gemeinsamen Feinden nutzen konnte. Nach der Ermordung Is-Boseths «kamen alle Stämme Israels zu David gen Hebron und sprachen: Siehe, wir sind deines Gebeins und deines Fleisches . . . und der König David machte mit ihnen einen Bund zu Hebron vor dem Herrn, und sie salbten David zum Könige über Israel.» (II Samuel V, 1–3.) Dies geschah im letzten Jahrzehnt des 11. Jahrhunderts v. Chr., um das Jahr 1000.
David vollendete die Einigung der seßhaften Stämme Israels, die Saul begonnen hatte. Und David brach endgültig die Macht der Philister. Ihm gelang es durch eine Reihe glücklicher militärischer Unternehmungen gegen die drohenden Nachbarn in Verbindung mit kluger Diplomatie, die Grenzen des Landes wirklich zu sichern: er war der König eines geeinten Israel, das nun – anders als in Sauls Tagen – wirklich das ganze Land umfaßte.
Aber doch nicht ganz. Ein Ort widersetzte sich der Unterwerfung – Jerusalem. Und David beschloß, die Stadt zu nehmen.
Die tatsächliche Folge der Ereignisse, ob er gegen die Jebusiter bereits zu Beginn seiner Herrschaft oder erst kurz vor Übernahme der Macht über das ganze Volk oder erst nach dem Sieg über die Philister anging, geht aus dem biblischen Bericht nicht klar hervor, weshalb die Gelehrten vielfache Spekulationen angestellt haben. Noch viel unklarer – und folglich der Anlaß zu noch mehr Vermutungen – ist die Art und Weise, wie die Eroberung erfolgte. Beschränkte sich der Bericht lediglich auf Vers 7 aus II Samuel V: «Aber David gewann die Burg Zion (Jerusalem), das ist die Stadt Davids», so könnte sich mit dieser simplen Feststellung jedermann seine eigenen Gedanken machen. Aber die vorausgehenden und die folgenden Sätze geben einige weitere Hinweise – nicht genug für eine regelrechte Erklärung, sondern nur als Anhaltspunkte für Interpretationsversuche.

David schwingt nach dem Kampf Goliaths Schwert. Aus einem illustrierten hebräischen Manuskript des 15. Jahrhunderts aus Florenz, das sich heute im Israel-Museum in Jerusalem befindet.

Vers 6 lautet: «Als der König David mit seinen Leuten nach Jerusalem wider die Jebusiter zog . . ., sprach man zu David: Da kommst du nicht hinein, sondern die Blinden und Lahmen werden dich vertreiben. Das sollte heißen: Da kommt David nicht hinein.» In Vers 8 heißt es: «Da sprach David desselben Tages: Wer die Jebusiter schlägt und erlanget die Dachrinnen, die Lahmen und Blinden . . . der soll Hauptmann und Anführer sein . . .» Und im I. Buch der Chronika XI, 6 wird hinzugefügt: «Da stieg Joab, der Sohn Zerujas, als erster hinauf und ward Hauptmann.»

Deutung eines biblischen Textes

Ein Problem sind die «Dachrinnen». Worauf könnte sich das bezogen haben? Die meisten Wissenschaftler halten das für eine besondere Wasserleitung, die die Einwohner an die vor den Mauern liegende Quelle Gihon gelangen ließ, ohne in Kriegszeiten von den Belagerern entdeckt zu werden. Davids Plan wäre es demnach gewesen, mit seinen Leuten durch diesen Tunnel in die Stadt einzudringen. Aber diese Erklärung wirft Schwierigkeiten auf: der Tunnel war schlauchartig und niedrig, hatte eine vertikale Neigung und konnte von den Angreifern nur hintereinander in einer Reihe durchkrochen werden; so mußten sie ein Opfer der Verteidiger werden, wenn sie einzeln am anderen Ende auftauchten. Andere Wissenschaftler schlugen vor, «einnimmt» sei eine angemessenere Übersetzung des ursprünglichen hebräischen Bibeltextes als «erlanget», und argumentierten, daß die Angreifer den oberen Eingang des Tunnels «einnahmen» oder besetzten und so der Stadt die Wasserzufuhr abschnitten. Ein anderer Gelehrter äußerte die noch weitergehende und bequemere Vermutung, auch «Dachrinne» sei aus dem Hebräischen falsch übersetzt und hier werde eigentlich «Dreizack», eine damals gebräuchliche Heugabel, gemeint. Nun würde sich der Satz folgendermaßen lesen: «Wer immer mit seinem Dreizack die Jebusiter schlägt . . .».

Noch rätselvoller war der Hinweis auf die «Blinden und Lahmen» für die Gelehrten. Bis vor ganz kurzer Zeit gab man sich, allerdings widerwillig, mit der Deutung des Historikers Josephus im 1. Jahrhundert n. Chr. zufrieden, dies sei eine Gebärde des puren Spotts und Hohns seitens der Jebusiter gewesen. Als David und seine Leute erschienen, schlossen die Einwohner die Tore und führten «aus Verachtung» ihre Krüppel auf die Stadtmauern, als wollten sie sagen, «daß sogar die Lahmen» Davids Eindringen hindern würden und daß jedermann auf die Stärke der Stadtmauern vertrauen konnte.

Wie gesagt, man teilte diese Meinung widerwillig, denn es erschien späteren Wissenschaftlern die Vermutung unvernünftig, die Jebusiter seien so selbstsicher gewesen und hätten so verachtlich auf Davids Macht herabgesehen. Er war damals nämlich in einer starken Position und verfügte über größere Unterstützung, als Saul je gehabt hatte; sein Ansehen als militärischer Führer muß auch außerhalb Israels groß gewesen sein. Auch wußten die Jebusiter gewiß, daß David andere Städte in der Nähe Jerusalems entweder unterworfen oder sich mit ihnen verbündet hatte. So mögen die Jebusiter ihre Lage eher als hoffnungslos beurteilt haben, als David sich zum Krieg gegen die Stadt entschloß.

Es war die glänzende Gedankenkombination des israelischen Archäologen Professor Yigael Yadin, die das biblische Rätsel einer zufriedenstellenden Lösung zuführte. Er erinnerte an die Keilschrifttexte der frühen hethitischen Tontafeln, die man zu Beginn dieses Jahrhunderts bei Boghazköy gefunden hat, bei jenem türkischen Dorf im Innern Anatoliens, wo im zweiten Jahrtausend v. Chr. die Hauptstadt der Hethiter stand. Sie berichten von den feierlichen Zeremonien, bei denen die hethitischen Soldaten den Eid auf König und Land leisteten. Der amtierende

Das kahle Südende des Hinnomtales.

Priester pflegte dabei symbolische Demonstrationen vorzuführen, um jedem, der etwa an Treuebruch denken mochte, Angst einzuflößen; er erhitzte zum Beispiel vor den paradierenden Truppen Wachs und rief: «Wer immer seinen Treueid bricht ... der soll schmelzen wie Wachs!»
In den Boghazköy-Dokumenten findet sich folgende Beschreibung eines solchen Ritus:
«Sie führen vor die Truppen eine blinde Frau und einen tauben Mann, und man spricht folgendes: ‹Siehe, hier stehen eine blinde Frau und ein tauber Mann. Wer immer dem König oder der Königin Übles tut, den sollen die Flüche treffen! Den sollen sie blind machen! Den sollen sie taub machen! ... Den sollen sie vernichten, den Mann selbst, seine Frau, seine Kinder und sein ganzes Geschlecht!›»
In seinem Buch «The Art of Warfare in Biblical Lands» schreibt Yadin: «Im Hinblick auf diese Zeremonie, scheint mir, verstehen wir jetzt, was die Jebusiter versuchten, als David und seine Leute sich zum Angriff auf die Stadt sammelten. Da sie die Aussichtslosigkeit ihrer Situation erkannten und keinem Angriff standzuhalten vermochten, versuchten sie, David von seinem Unternehmen abzuschrecken, indem sie einige Lahme und Blinde auf die Mauern und in die Nähe des Tores stellten

Blick vom Ölberg nach Osten. Im Vordergrund die Straße nach Bethanien, in der Ferne die Berge von Moab und an ihrem Fuß das Tote Meer.

und nun etwas jener hethitischen Zeremonie Ähnliches aufführten. Dabei gebrauchten sie genaudenselben symbolischen Ritus, um die Herzen von Davids Männern mit Angst zu erfüllen, und riefen: ‹Du sollst nicht hierhereinkommen, die Blinden und Lahmen werden dich vertreiben!› . . . Die Jebusiter glaubten, David werde keinen Angriff gegen Fluch und Zauberkraft wagen. Und offenbar verfehlte ihr gräßlicher Fluch – und nicht etwa ihre Schmähung – auch seine Wirkung auf Davids Männer nicht, so daß er einen besonderen Preis dem Manne aussetzen mußte, der eine Heldentat vollbringen würde. Und worin bestand sie? Nicht darin, eine Bresche in die Mauer zu schlagen oder die Stadt einzunehmen; sondern als erster aufzustehen und vorzurücken, als erster einen Streich gegen die Jebusiter, gegen die Blinden und Lahmen zu führen und so dem ganzen Heer zu beweisen, daß man sich nicht zu fürchten brauchte vor dem Fluch der Jebusiter: ‹Da ging Joab, der Sohn Zerujas, als erster hinauf und ward Hauptmann.›»

Mit der Eroberung Jerusalems beseitigte David die letzte fremde Enklave im Hügelland der Hebräer und bezwang die einzige feindliche Festung zwischen beiden Teilen des israelitischen Königreichs. Außerdem lag Jerusalem in der Nähe der Hauptstraße, die durch das Land führte, wenngleich es sie nicht eigentlich beherrschte, und die

links: König David. Mittelalterliches Fresko im Kreuzkloster.

Stadt war auch nicht weit von der Paßhöhe entfernt, zu der man vom Lande der Philister heraufkam. Daher war die Eroberung Jerusalems notwendig, um die Unabhängigkeit der Israeliten gegenüber den Philistern zu sichern, aber auch zur Einigung der Nord- und Südstämme Israels.

Diese und andere Gründe veranlaßten David zu jenem außerordentlichen Schritt, der einen so weitreichenden und gewaltigen Einfluß auf die Geschichte haben sollte: Jerusalem zur Hauptstadt Israels zu machen. Er konnte nicht in Hebron bleiben, denn es lag zu weit im Süden und war zu eng und einseitig mit den Stämmen des Südens verbunden. Aus demselben Grunde konnte er nicht einen beliebigen Platz

rechts: Dächer des Altstadtviertels nächst dem Ort, an dem sich die Stadt Davids befand.

links: David erblickt Bath-Seba. Darstellung aus einem deutschen Buch über Jerusalem, 16. Jahrhundert.

im Norden wählen. Seine Hauptstadt mußte in der Mitte liegen, und Jerusalem entsprach dieser Forderung genau. Es war zuvor noch nie erobert worden und gehörte folglich nicht zum Siedlungsgebiet eines der Stämme; diese Neutralität war ein zusätzlicher Vorzug.

Von seiner Hauptstadt aus regierte David das immer stärker werdende Königreich, wahrscheinlich der mächtigste Staat überhaupt zwischen den zeitweise geschwächten, rivalisierenden Reichen, den Ägyptern im Süden und neuerdings den Babyloniern im Norden. Durch die Unterwerfung der Philister kontrollierte er die Ebene an der Mittelmeerküste. Die Einnahme von Damaskus erweiterte seinen Machtbereich bis an den Euphrat. Und die Eroberung der östlichen und südlichen Gebiete verschaffte ihm durch den Golf von Akaba Zugang zum Roten Meer. Sein Sohn und Nachfolger Salomo erst sollte in vollem Maße die Früchte dieser militärischen und politischen Erfolge ernten.

Ein festes Haus für die Bundeslade

Und zu seiner Hauptstadt brachte David die Bundeslade mit den Gesetzestafeln, um ihr endlich einen festen, dauernden Ort zu geben. Dies Symbol für den Gott seines Volkes, das bewegliche Schreinheiligtum, hatte die Israeliten während all ihrer Wanderungen und Schlachten begleitet ohne ein dauerndes Haus, ohne einen bestimmten Ort, mit dem es verbunden war. Eine Generation vorher war die Bundeslade von den Philistern erbeutet worden und hatte nach ihrer Errettung in Kirjath-jearim (nahe dem heutigen Abu Ghosch, etwa 16 Kilometer westlich von Jerusalem) gestanden. Jetzt «brachte David die Lade des Herrn hinein und stellete sie an ihren Ort mitten in der Hütte, die David für sie hatte aufgeschlagen.» (II Samuel VI, 17.) So wurde das heilige Zeugnis der Verkündigung des Gesetzes auf dem Berg Sinai, das heiligste nationale und religiöse Symbol Israels, nach Jerusalem geschafft. Jerusalem war damit nicht nur die politische und militärische Hauptstadt des Landes, sondern wurde auch für alle Zeit das religiöse Zentrum der Nation.

rechts: Die «Bundeslade» in der Form eines Tempels auf Rädern, Relief auf einem Säulenkapitell der Synagoge von Kapernaum, die aus dem 2. oder 3. Jahrhundert n. Chr. stammt.

links: «Das Urteil Salomos». Bild in einer hebräischen Handschrift aus dem späten 13. Jahrhundert.

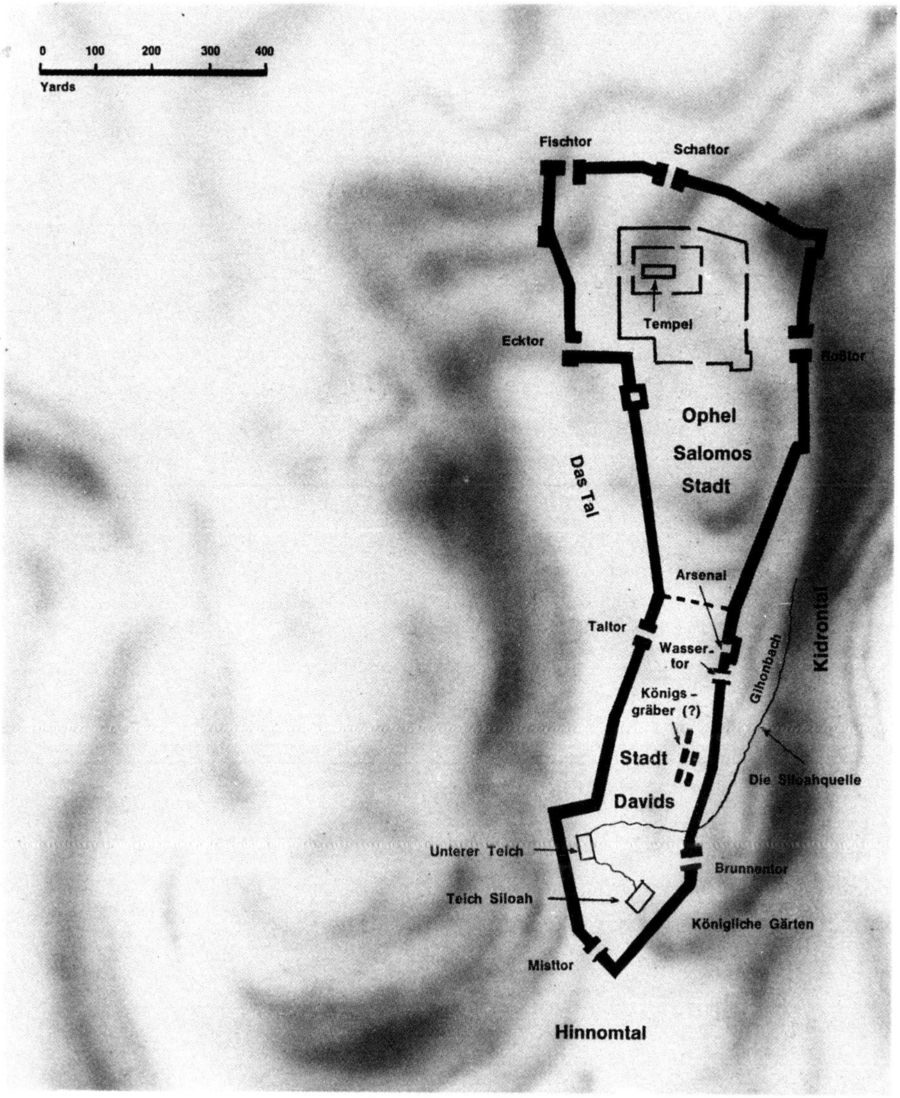

rechts: Diese Karte gibt die Lage von Davids Stadt wieder (unterhalb der gestrichelten Linie). Das Gebiet darüber zeigt die Ausdehnung der Stadt zu Salomos Zeit.

Die Bibel nennt einige der Bauten, die David in der Stadt errichtete, so den Palast aus Stein und Zedern, bei dem er auf die Hilfe phönizischer Handwerker zurückgriff (er hatte eine Allianz mit Hiram von Tyros, dem heutigen Libanon, geschlossen). Er erstellte ferner Kasernen für die Garnison und Wohnungen für die Mitglieder seiner Familie, die Priester und die königlichen Beamten und ein Königsgrab für sich und seine Dynastie.

Die Lage der Stadt Davids

Lange hat man über die Art dieser Gebäude und ihre genaue Lage gerätselt, beziehungsweise nicht nur über die Lage einzelner Bauten, sondern der ganzen Stadt Davids überhaupt. Nach der stichhaltigsten heutigen Ansicht lag sie südlich der heutigen Altstadt, genau südlich des Tempelbezirkes, den Salomo bauen sollte. Neue archäologische Untersuchungen haben ergeben, daß ihre Nordmauer fast 200 Meter südlich der heutigen Südmauer lag und die Stadt sich im Süden bis zum Teich Siloah erstreckte. Die Stadt Davids war lang und schmal, ihre Verteidigung beruhte wie in den voraufgehenden Jahrhunderten auf dem steilen Abhang im Osten,

links und rechts: Dies ist eins der drei Monumente – seit langem das «Absalomgrab» genannt – aus der Hasmonäerzeit. Es steht auf dem Friedhofsgelände, das den vornehmen Juden jener Periode vorbehalten war. Der Stich links stammt von einem englischen Besucher aus dem Jahre 1836.

Süden und Westen und einer bewehrten Mauer an der verwundbaren Nordseite, auf der die Stadt mit dem Plateau verbunden war. Das Kidron-Tal im Osten, das Hinnom-Tal im Süden und das Zentraltal im Westen umschlossen die Stadt. (Der Südostteil des Kidron-Tales wird auch manchmal als Siloah-Tal bezeichnet.) Die Hauptwasserzufuhr bildete die Gihon-Quelle am Fuß des Ostwalles – sie war der Hauptgrund für ebendiese Lage der Stadt. (Die «Quelle» von En-Rogel weiter im Süden war einer der zahlreichen Brunnen in diesem Gebiet, die zusätzlich Wasser lieferten.)

Die Täler von Jerusalem

Die Namen dieser Täler, die die Stadt begrenzen, verwirren manchmal den Laien, da auch das größer gewordene Jerusalem später im Osten, Süden und Westen von natürlichen Einschnitten geschützt wurde, die aber natürlich nicht identisch sind mit den Grenzen von Davids Stadt. Nur das Kidron-Tal im Osten ist bis auf den heutigen Tag dasselbe, Namen und Lage der anderen zwei lassen sich am besten aus der Topographie dieses Gebietes verstehen.

Man denke sich zwei parallele Hügelketten von Norden nach Süden im Osten und Westen, dazwischen eingebettet das Zentraltal, das später, im ersten Jahrhundert, das Tyropoion-Tal genannt wurde. Ganz im Osten liegt das Kidron-Tal, ganz im Westen, das heißt westlich der westlichen Hügelkette, aber im Bogen nach Süden führend, das Hinnom-Tal. Die Stadt Davids befand sich nun auf dem Südende des östlichen Hügelrückens, wurde also vom Kidron-Tal begrenzt, nur die südlichste Spitze berührte das Hinnom-Tal.

Als man später auch den westlichen Höhenzug in die Stadt einbezog, wurde das Hinnom-Tal zur westlichen und südlichen Grenze (was es heute noch ist), während das Zentraltal jetzt innerhalb der Mauern lag. Nach und nach wurde das Zentraltal mit Trümmern und Schutt aufgefüllt und erhöht, so daß es heute eine normale Straße der Altstadt ist und nicht mehr West- und Osthügel trennt.

Wir wissen, daß David Bedeutendes für die Stadtbefestigung getan hat, aber aus dem biblischen Bericht geht nicht hervor, worin seine Leistungen im einzelnen bestanden. Wir erfahren nur: «Also wohnte David auf der Burg . . . und . . . bauete

links: Im Vorraum des Davidsgrabes auf dem Berg Zion werden Kerzen entzündet.

rechts: Nach der Überlieferung liegt hier (genau unter der Moschee) auf dem Berg Zion das Grab Davids.

umher vom Millo und inwendig.» Die Gelehrten sind sich darin einig, daß Millo kein Ortsname, sondern das hebräische Wort für Füllung ist. Manche sind der Ansicht, daß hiermit einfach das Erde-Aufwerfen gemeint sei, um eine Basis für die neuen Verteidigungsanlagen zu erhalten. Die meisten aber beziehen dieses Wort auf den Platz genau nördlich von Davids Stadt, nämlich bis zum späteren Tempelbezirk, nahe einer anderen Erhebung des östlichen Höhenzuges, dem Berg Ophel.
Zu Davids Zeit stand die Bundeslade immer noch in einem Nomadenzelt. Er wollte ihr gern ein dauerhaftes Haus bauen, aber das war ihm nicht mehr gegeben. Die Aufgabe des Tempelbaus fiel Davids Sohn Salomo zu.
«Man ist leicht geneigt», schreibt George Adam Smith, «Davids Anteil an der Entwicklung Jerusalems zu übertreiben. Jerusalems volle Bedeutung als heilige Stadt war ein göttliches Werk, zu dessen Vollendung ganze Generationen beitrugen. Die Propheten und die Gesetzgebung des Deuteronium waren vielleicht die bedeutendsten Ereignisse in der Entwicklung der Stadt. Viel von dem Ruhm, den spätere Schriften David beilegten, ist nur der Widerschein ihrer Werke. Dennoch hatte alles mit seiner Wahl dieses Ortes begonnen, dadurch zog die Geschichte in die Stadt

ein, und damit wurde das in sie gepflanzt, was sie die Zeiten überdauern ließ. Der Mann, der durch seinen eigenen Willen und seine Politik offenbar beim Aufstieg jeder großen Stadt unentbehrlich ist, war für Jerusalem David. Er machte sie zur Hauptstadt seines Königsreiches, er brachte die Bundeslade, das Wahrzeichen des Gottes der Israeliten, hierher, und er führte eine neue Bevölkerung in die Stadt... Aber neben seiner Tätigkeit für Jerusalem, zu dessen Aufstieg er den ersten Anstoß gab, ist David eben ganz allgemein die herausragende Gestalt aus jenen frühen Tagen der Stadtgeschichte. ... Von allen Akteuren auf jener Bühne ... steht uns niemand klarer vor Augen als er, sei es nun durch die Gewalt großer Leidenschaften oder durch die Details seines Verhaltens und seiner Gespräche ... Das Drama Jerusalems ist niemals lebendiger, als wenn David sein Held ist.»

376 pag.
SEPTENTRIO
Solomon
Umbra
tanti constitit.
ATRIA Templi Solomonis
377 pag.
OCCIDENS
ORIENS
Equi Solis
MERIDIES

3 Salomos Jerusalem 961-922

David war ein mächtiger Führer, aber auch Salomo bewies, daß er den Anforderungen genügte. Nur wenige große Führer in der Geschichte hatten ebenbürtige Nachfolger; Salomo machte sich einen eigenen Namen, der dem seines Vaters wohl gleichkommt. So verschieden wie die Charaktere waren die Gebiete, auf denen sich ihre individuelle Größe jeweils ausprägte. Beide waren Staatsmänner, aber David war zugleich ein großer Krieger. Salomo brauchte keine entscheidenden Schlachten mehr zu schlagen und konnte sich ganz der wirtschaftlichen Entwicklung eines befriedeten Landes widmen – ein Friede, den die glücklichen Feldzüge seines Vaters ermöglichten. David erscheint uns im Bericht der Bibel als sehr menschlich mit seinen Fehlern und Schwächen. Wir sehen ihn in Versuchungen und Reue, in Gram oder überschwenglicher Freude, wie er vor der Bundeslade tanzt. Ein Mann, der sich selbst emporgebracht hat, rauh, schroff und wankelmütig. Salomo dagegen erscheint als verbindlich-freundlicher Erbe, zurückhaltend, hoch gebildet, den wir stets nur in seiner Majestät und Größe sehen. Er ist «Salomo in all seiner Glorie», und, wie ein Historiker beobachtete, «hinter dem Ruhm, der uns blendet, bleibt der Mensch verborgen».

David brachte die Stämme zusammen und hinterließ seinem Sohn eine geeinte Nation. Salomo konsolidierte das Reich, obwohl er dabei zugleich den Keim zu seiner Spaltung legte. Er setzte seines Vaters Allianz mit Hiram von Tyros fort und «verschwägerte sich mit Pharao, dem König Ägyptens, und nahm Pharaos Tochter und brachte sie in die Stadt Davids». Nach der Sicherung seiner Grenzen widmete er sich dem materiellen Fortschritt des Landes. Er betrieb Kupferminen im südlichen Negev, in dem nahegelegenen Hafen am Ende des Golfes von Akaba, dem Zugang zum Roten Meer, «machte er eine Flotte von Schiffen», und zusammen mit seinem Verbündeten entwickelte er einen beträchtlichen Seehandel. Gold, Silber und Elfenbein kamen übers Meer von Ophir und bildeten einen Teil des Überlandhandels mit Israels nördlichen Nachbarstaaten. Importe aus diesen Staaten tauschte man gegen Güter aus Ägypten, etwa Pferde aus Zilizien gegen Leinen. Salomo scheint der Magnat dieses Gebietes gewesen zu sein, oder in den übertreibenden Wendungen der biblischen Sprache: «So übertraf König Salomo alle Könige der Erde an Reichtum und Weisheit.»

Das Zentrum dieses Handels war Jerusalem und seine Einkünfte kamen ihr zugute. Im Laufe der Zeit dehnte sich die sehr wohlhabend gewordene Stadt erheblich aus

links: Wie sich ein Künstler des 17. Jahrhunderts die Höfe des salomonischen Tempels vorstellte.

nächste Seite: Der Tempel Salomos. Kupferstich nach einem historisch falschen Modell aus dem 17. Jahrhundert, das ein Rabbiner aus Hamburg baute.

SAL
K

ONS TEMPEL.
Stadt Ierusalem
A
H

und paßte sich auch äußerlich ihrem Status an, der wirtschaftliche, politische und religiöse Mittelpunkt des Landes zu sein.
Zum Reichtum, den der Handel mit entfernten Gegenden der Stadt brachte, trat die Arbeitsleistung der ganzen Nation, und beides zusammen half, Jerusalem mit Gebäuden zu schmücken, die es über alle anderen Städte des Landes hinaushob.
Worin bestand diese Arbeitsleistung und wie wurde sie der Größe Jerusalems nutzbar gemacht? Salomo teilte das Land in zwölf Provinzen, von denen jede während eines Monats im Jahr für den Unterhalt des königlichen Hofes zu sorgen hatte. Sie mußten außerdem Handwerker für die Bauvorhaben in der Stadt bereitstellen, besonders – wie wir sehen werden – für den Tempel und den Königspalast; ferner mußten sie Steuern für die Errichtung von «Streitwagenstädten» und Befestigungen zum Schutz der Handelswege und der Zugänge nach Jerusalem bezahlen. In der Aufzählung der Städte und Distrikte, die zu diesen Abgaben verpflichtet waren (in der Bibel I Könige IV), fehlen Jerusalem selbst, Bethlehem und Hebron – die Wohnsitze von Salomos Familie. Dies mag einer der Gründe gewesen sein, die zum Abfall der nördlichen Stämme nach Salomos Tod führten.
«... Im vierten Jahr des Königreiches Salomos über Israel ... ward das Haus dem Herrn gebauet» (I Könige VI, 1), seine bedeutendste Tat. Nichts wird in der Bibel ausführlicher beschrieben als die Vorbereitungen und der Bau des Tempels.
Man wählte den höchsten Punkt der Hügelstadt, die «Tenne Aravnas, des Jebusiters» (II Samuel XXIV, 18), die König David unbedingt kaufen wollte und für die er «50 Sekel Silber» bezahlte. Er war also Eigentümer des Stück Landes geworden, auf dem er einen Altar errichtete und auf dem Salomo später das feste Haus

links: Die Bundeslade im Tempelvorhof, wie sie sich ein deutscher Kupferstecher im 16. Jahrhundert vorstellte.

rechts: Eine Darstellung aus dem 16. Jahrhundert, wie Abraham Isaak auf dem Berg Morija opfern will. Später wurde dieser Ort von der Überlieferung mit dem Tempelberg identifiziert.

Gottes bauen sollte. Es lag im Norden des Stadtbezirks, wie man ihn aus der Zeit Davids kennt; dort stand der Tempel in einem großen Hof. Die Überlieferung assoziierte mit diesem Ort den Berg Morija, auf dem Abraham seinen Sohn Isaak opfern wollte, und bis auf den heutigen Tag heißt der Tempelberg auch Berg Morija.

Die biblische Beschreibung des salomonischen Tempels

Das ganze Kapitel VI und der größte Teil des Kapitels VII aus dem Buch I der Könige geben eine genaue Beschreibung der Architektur und des Schmuckes im Innern des Tempels. Es war ein dickwandiger, rechteckiger Bau aus Quadersteinen und Zedernstämmen, verlief in ost-westlicher Richtung, maß über 30 Meter in der Länge und 14 Meter in der Breite (die Maße schließen die Mauerdicke ein) und war über 15 Meter hoch. Eine gewaltige Säulenhalle schloß sich im Osten an, während an den drei übrigen Seiten «Kammern» angebaut waren. Eine Trennwand im Innern teilte von der Haupthalle den «Chor ab, dahinein die Lade des Bundes des Herrn gestellt werden sollte». Dieser «Chor», später hieß er das Allerheiligste, war ein Würfel von 9 Metern Seitenlänge und wie die Haupthalle mit reichgeschnitztem Zedernholz ausgekleidet und mit «Brettern aus Tanne» – wahrscheinlich Zypressenholz – ausgelegt. Das Licht kam durch hohe Gitterfenster über den Seitenkammern. Der «Chor» selbst war dunkel, nur von einer einzigen Lampe erhellt. Über der Bundeslade hingen zwei «Cherubim aus Ölbaumholz, jeder 10 Ellen (4,5 Meter) hoch», und die Bibel berichtet noch von vielen anderen Schmuckdetails.

Die Weihe

Mit der Vollendung des Tempels kam der große Tag der Weihe. Die biblische Beschreibung der Weihzeremonie mag vielleicht denen eine Antwort geben, die einen Zwiespalt sahen zwischen dem prächtigen Haus Gottes und der traditionellen Einfachheit, in der die Hebräer die neuen und radikalen Ideen des Monotheismus ge-

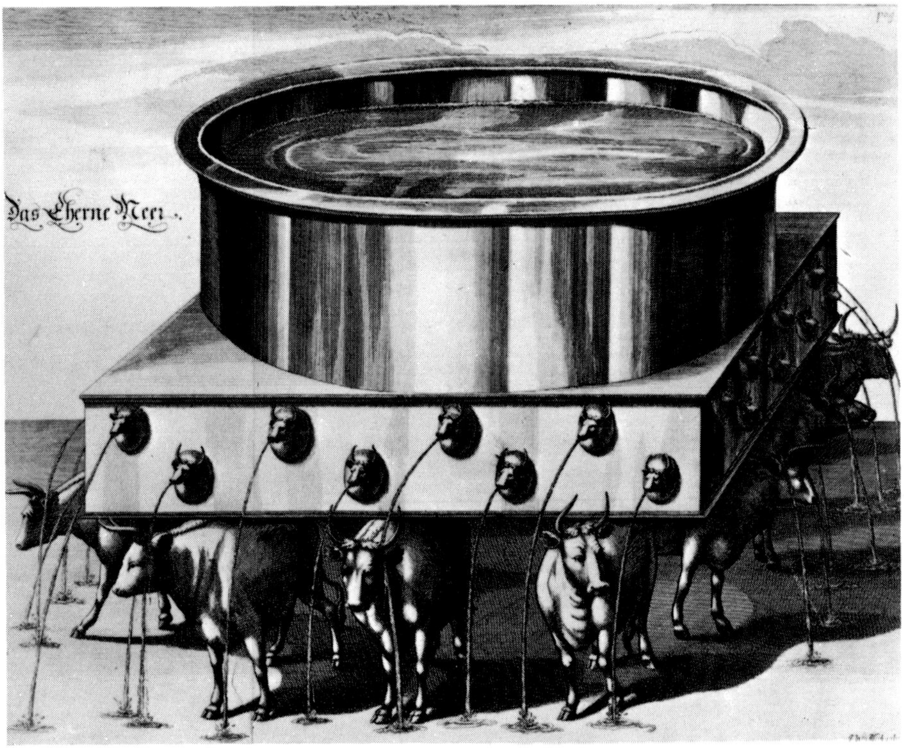

oben: Das «Eherne Meer», von zwölf Ochsen getragen, das im Tempel Salomos stand und in I Könige VII, 23–26 beschrieben wird.

unten: Hof der Priester in Salomos Tempel, nach der Darstellung eines deutschen Theologen des 16. Jahrhunderts.

links: Ein elfenbeinerner «Cherub» aus Arslan Tash. Er soll den Cherubimfiguren gleichen, die im Allerheiligsten von Salomos Tempel standen.

links: Mittelalterliche Darstellungen der Gewänder des Hohepriesters (links) und der ordentlichen Priester (rechts) – nach der Beschreibung von Josephus.

boren und genährt hatten. Es war die einzige Religion der Zeit, die sich keine materielle Vorstellung, kein Bild Gottes machte. Das Herz des Tempels war der «Chor», der düstere Aufbewahrungsort der Bundeslade, von der man seit den Tagen von Sinai glaubte, daß in ihr das höchste Wesen «wohne». Es war durch kein Bild gegenwärtig. Die Lade wurde ehrfurchtsvoll in die Dunkelheit der inneren Kammer gestellt. «Und es geschah, daß, da die Priester aus dem Heiligtum gingen, eine Wolke das Haus des Herrn erfüllete.» Und in diesem dunklen und bildlosen Heiligtum verehrte das Volk Israel, das sich im sonnigen Vorhof drängte, seine Gegenwart, während Salomo zu ihnen über den Einen Gott sprach. (I Könige VIII) Diese Worte und die der späteren Propheten verliehen dem Tempel, dem Berg Zion und der Stadt Jerusalem, in der er stand, jene besondere Heiligkeit, die noch lange nach der Zerstörung des Tempels und durch die Jahrhunderte des Exils hindurch die Quelle der jüdischen Religion und die Inspiration der jüdischen Nation bildete. Unterhalb des Tempels (aber noch auf dem hohen Grund, den man Berg Ophel nannte) und durch eine Mauer von ihm getrennt, wuchs ein anderes großartiges Gebäude, das «Haus des Königs»; unterhalb davon errichtete Salomo einen großen Komplex von Palastbauten. I Könige VII gibt eine Beschreibung davon. Durch die in der Bibel berichteten Einzelheiten und die Umrisse des Ortes können wir diese Häufung schöner Gebäude rekonstruieren; und es muß wahrlich ein großartiger Anblick gewesen sein. Auf der höchsten Höhe der Tempelstadt schimmerte der Tempel, umgeben von seinem gewaltigen Hof. Darunter erhoben sich in einer Folge von Terrassen und jedes in einem eigenen Hof der königliche Palast, das «Haus von Pharaos Tochter», die «Halle der Säulen» und die «Halle des Throns»,

rechts: Der Tempelberg von Südosten. Links, die Stadtmauer schließt sich an die Umfassungsmauer des Tempelbezirks an. Halblinks (vorne), der Berg Ophel und die vor kurzem ausgegrabene antike Mauer von Ophel.

das weite «Haus vom Walde Libanon», das wahrscheinlich so hieß, weil seine Zedernbalken, die auf fünfundvierzig Pfeilern, ebenfalls aus Zedernholz, ruhten, aus dem Libanon stammten. Die letztgenannten Gebäude dienten den Palastgeschäften, dort waren Ämter, in denen die Angelegenheiten des Staates erledigt wurden, Versammlungsräume und die Halle, in der Salomo Gericht hielt. Zusätzlich zu den Einfriedungen der Höfe auf jeder Terrasse umgab den ganzen Komplex eine starke Mauer, so daß er wie eine von der Stadt Jerusalem geschiedene Zitadelle wirkte.

Salomo dankt nach dem Bau des Tempels. Miniatur aus einer islamischen Handschrift.

Die Mauern der Stadt Salomos

Nur spärliche Berichte sind uns von den Verteidigungsanlagen, die Salomo baute, überliefert, nichts weiter als die Tatsache, daß er «die Mauer rund um Jerusalem» baute – deren Verlauf wir aber nicht kennen – und daß er «Millo baute und die Breschen in der Stadt Davids schloß». Millo, wie schon angedeutet, mag das Gebiet zwischen Tempelbezirk und der Stadt Davids gewesen sein. Aber man weiß nicht, was und wo die Breschen waren, die er schloß. Vielerlei erreichte Salomo als Staatsmann, Diplomat, Baumeister, Kaufmann, Industrieller, Organisator, Verwalter, Philosoph, Dichter, Mann des Friedens und Mann Gottes. Unzweifelhaft ist seine größte Leistung der Bau des Tempels und die Festigung Jerusalems als religiöses Zentrum seines Volkes.

Aber im Verlauf lebhafter nationaler Entwicklung erregte er Mißfallen bei vielen Teilen der Bevölkerung, besonders – und diese Erfahrung kennt auch unsere Zeit – durch seine Steuerpolitik. Durch die Kraft seiner Persönlichkeit hielt er die Nation zusammen in einem einigen Israel. Bei seinem Tod jedoch erwiesen sich die Spannungen als zu groß für seinen Nachfolger. Wie sein Vater hatte er etwa vierzig Jahre regiert; er starb im Jahre 922 v. Chr.

4 Das geteilte Königreich 922-722

Kurz nach Salomos Tod ereilte das Land eine politische Katastrophe, die es wortwörtlich in Teile zerriß. Die Stämme des Nordens revoltierten gegen Davids Dynastie in Jerusalem, die jetzt Salomos schwacher Sohn Rehabeam vertrat. Sie fielen ab und gründeten ihren eigenen Staat, den sie Israel nannten. Jerusalem war jetzt nur noch die Hauptstadt eines Rumpfstaates im Süden, der hauptsächlich aus dem Stammesgebiet von Juda bestand. Das vereinte Königreich, das David gegründet und Salomo zur Blüte gebracht hatte, war nun geteilt in das Königreich Israel und das Königreich Juda.

Die erbitterten Stammesfehden, die zur Spaltung geführt hatten, verschärften sich noch nach dem Abfall, und während der folgenden fünfzig Jahre lagen Israel und Juda miteinander im Bürgerkrieg, was den Feinden der Hebräer nur recht sein konnte. Ägyptens Pharao Sisak zog durch den Negev hinauf, griff Juda an und übte, obwohl er Jerusalem nicht einnehmen konnte, doch genügend Druck auf die Stadt aus, um ein Lösegeld von ihr zu erhalten.

Politischer und wirtschaftlicher Niedergang Jerusalems

Mit dem politischen Niedergang Jerusalems ging der Schwund seiner wirtschaftlichen Blüte einher. Die Bauten Davids und Salomos blieben, aber die Geschäfte, die dort getätigt wurden, waren nicht mehr die eines weiten, blühenden Landes. Jerusalem hatte im Süden die Kontrolle über den Zugang zum Roten Meer verloren, und im Norden lag zwischen der Stadt und ihrem früheren Handelspartner Phönizien wie eine Barriere Israel. So flossen weder aus dem Seehandel noch von den großen Überlandkarawanen weiter Gelder in Jerusalems Kassen. Der ständige Strom von Menschen aus dem ganzen Land, die besonders in Festzeiten den Tempel besuchen wollten, versiegte. Kaum einer aus Israel kam noch nach Juda. Aber einige taten es doch, die «Priester und Leviten» (der Priesterstamm), denn in Jerusalem stand nach wie vor das große Symbol, das die Stadt als das geistige Zentrum der Nation heiligte, nämlich Salomos Tempel. Und dies mag hauptsächlich Jerusalem in der Zeit seines Unglücks aufrechterhalten haben, dies führte endlich zur Wiedervereinigung von Israel und Juda und stellte schließlich den alten Status der Stadt wieder her, gab ihr wieder Macht und Einfluß über die hebräische Nation. Auf jeden Fall vergrößerte die Ankunft der Priester aus dem Norden die religiöse Bedeutung Jerusalems in den dunklen Jahren gleich nach der Teilung des Reiches.

Auf Rehabeam folgte sein Sohn Abias und diesem sein Sohn Asa. Und Asa scheint während seiner Herrschaft von 913 bis 873 mit festerer Hand als sein Vater und

Felsengräber im Kidrontal. Das Grab rechts heißt das «Grab des Propheten Zacharias».

Großvater regiert zu haben, er schützte sowohl die religiöse Reinheit Jerusalems als auch die Grenzen Judas, beziehungsweise er dehnte sie sogar auf Kosten Israels ein wenig aus. Dies und der Aufstieg des mächtigen Hauses Omri in Israel während Asas letzter Regierungsjahre ebnete den Weg zum Frieden zwischen beiden Reichen. Omri bestieg 876 den Thron, er wollte Israel groß machen und baute eine neue Hauptstadt, die als Rivalin Jerusalems gedacht war: Samaria am Westhang des Berges Ephraim, die den Hauptpaß von diesem Gebiet zur Mittelmeerküste beherrschte. Er gedachte auch, das Land zu entwickeln und zu Reichtum zu bringen, aber dies war nur möglich innerhalb gesicherter, befriedeter Grenzen. Wenn er sich um seine Südgrenzen nicht sorgen mußte, brauchte er auch die Angriffe seines syrischen Nachbarn im Norden weniger zu fürchten. Er war daher zu einer Art Nichtangriffspakt mit dem Königreich Juda geneigt.

Aber weder er noch Asa lebten lange genug, um ihn zustande zu bringen. Erst ihre Söhne – Asas Sohn Josaphat, der Judas Thron 873 bestieg, und Omris Sohn Ahab, der 869 König von Israel wurde – vollendeten das Werk. Trotz großer Unterschiede in Charakter und religiösen Anschauungen waren beide verständige Politiker und «Josaphat . . . befreundete sich mit Ahab». Endlich wurde der Krieg zwischen Israel und Juda beendet.

Besserung der Lage unter Josaphat

Josaphat übte während der fünfundvierzig Jahre seiner Herrschaft über Juda seit den Tagen Salomos den größten Einfluß auf Jerusalem aus, indem er das religiöse Leben regelte, die Rechtsprechung im ganzen Lande förderte und das Ansehen der Stadt in den Augen ganz Israels hob. Was die militärische und wirtschaftliche Seite anging, so konnte er, seit seine Nordgrenzen durch die Allianz mit Israel gesichert waren, seinen Nachbarn im Süden, Edom, niederwerfen und dadurch den Negev und den Zugangshäfen zum Roten Meer wiedergewinnen. Es gelang ihm zwar nicht, den Seehandel wie zur Zeit Salomos wiederzubeleben, aber er zog neuerlich Einkünfte aus dem Karawanenhandel über Land, und Jerusalem profitierte davon entsprechend.

Die Bibel macht keine genauen Angaben über Bauten Josaphats in Jerusalem. Daher ist anzunehmen, daß sich das Stadtbild seit den Zeiten Salomos nicht geändert hat. Andererseits waren sein wacher Geist, Temperament, Glück und sein Sinn für Ordnung, wie man sie seit zwei Generationen nicht gekannt hatte, durchaus spürbar.

Unter Josaphats drei Nachfolgern erlebte Jerusalem wieder einen leichten Niedergang, blühte aber unter seinem Urenkel Joas (837–800), der die ersten umfassenden Ausbesserungen am Tempel vornehmen ließ, erneut auf.

Das Haus David wurde fortgesetzt durch die Thronbesteigung von Joas' Sohn Amazja im Jahre 800. Er hatte zunächst Glück und besiegte, um die Öffnung des Weges nach Süden zu sichern, die Edomiter. Von Stolz geschwellt, ließ er sich zu einer prahlerischen Herausforderung des Königs von Israel hinreißen, und so kam es zur letzten militärischen Auseinandersetzung zwischen den beiden hebräischen Königreichen. Amazja wurde bei Beth-Semes geschlagen, und es wird berichtet, daß der König von Israel bis nach Jerusalem vordrang. Von Norden her, wo allein die Befestigungen der Stadt nicht von Schluchten umgeben waren, griff er an «und zerriß die Mauern Jerusalems von dem Tor Ephraim bis an das Ecktor, vierhundert Ellen lang».

Die größten Verteidigungsmaßnahmen in Jerusalem seit den Tagen Salomos unternahm Amazjas Sohn Usia, der von 783 bis 742 regierte und unter dem Jerusalem wieder in eine lange Blütezeit eintrat. Eine seiner ersten Taten war die Wiederherstellung des Friedens mit Israel, den sein Vater gebrochen hatte: so konnten beide gegen ihre

Die Treppe, die in den Innenhof der «Königsgräber» aus dem 1. Jahrhundert hinabführt, nördlich der Altstadtmauer.

feindlichen Nachbarn vorgehen, ohne einen Angriff im Rücken fürchten zu müssen. Israel drang nach Norden vor, besiegte die Syrer und «gewann Damaskus wieder». Usia wandte sich nach Süden. Sein Vater hatte zwar eine Schlacht gegen die Edomiter gewonnen, aber sie offensichtlich nicht unterworfen; das gelang erst Usia, der damit wieder den Negev und den Zugang zum Roten Meer zurückeroberte. «Er baute Eilat und fügte es Juda wieder ein.» So beherrschten schließlich die beiden Reiche zusammen das Gebiet von der Südspitze des Negev bis hinauf zu den Grenzen Phöniziens und bis Damaskus, und beide gediehen. Für Jerusalem bedeutete es das Wiedererstehen jener Herrlichkeit, die es unter Salomo gekannt hatte.
II Chronika XXVI erzählt von Usias Taten auf vielerlei Gebieten. Seine militärischen Unternehmungen gegen die Feinde des Landes machten allerseits einen solchen Eindruck, daß «er berühmt war, bis man kommt nach Ägypten». Er baute Städte, errichtete Festungen in der Wüste, ließ Brunnen graben, förderte den Ackerbau, «denn er hatte Lust zu Ackerwerk», und stärkte vor allem die Stadt Jerusalem.
Er mag wohl über die Mühelosigkeit, mit der zu seines Vaters Zeit die Befestigungen Jerusalems zerstört wurden, besorgt gewesen sein. Deshalb «baute er Türme in Jerusalem am Ecktor» – wahrscheinlich im äußersten Nordosten – «und am Taltor» – von dem man annimmt, daß es sich im Süden der Stadt befand – «und an den anderen Ecken der Mauer und befestigte sie».

Wie sah die Stadt zu jener Zeit aus, und wie lebte man darin? Glücklicherweise gibt die Bibel über diese Periode aufschlußreiche Hinweise: Aus der Regierungszeit Usias stammen die schriftlichen Berichte von den Reden der großen zeitgenössischen Propheten Jesaja, Amos und Hosea, deren Worte sich bis in unsere Tage erhalten haben. Die Bilder des Lebens im Volke, wie sie Jesaja und Amos zeichnen, geben uns im Hintergrund das ländliche Leben, vor dem aber doch die großzügigen Unternehmungen des Handels und Bauens sichtbar werden. Letzteres wird – mit der notwendig folgenden Hinwendung zu materiellen Werten, zu Reichtum und Luxus – von den Propheten natürlich scharf verurteilt, aber gerade dabei geben sie uns Einblick in die Gesellschaft jener Zeit. Der Handel mit den Völkern des Mittleren Ostens brachte viele fremde Güter und Erfindungen nach Israel und Juda, man kam mit anderen, unbekannten Sitten und Gewohnheiten in Berührung. Jesaja

spricht von den Schiffen aus Tharsis und von den «Schätzen auf dem Rücken der Kamele» – ein Hinweis auf den blühenden Handel zu Wasser und zu Lande –, und er ruft aus, daß Juda und Jerusalem «es mehr treiben denn die gegen den Aufgang ... und hängen sich an die Kinder der Fremden». Amos beschreibt den übermäßigen Eifer beim Handeln und Feilschen. Hosea greift das nördliche Israel als ein wahres «Kanaan» an, ein falscher Kaufmann, der zu knapp wiegt und «gern betrügt». Alle drei verdammen den Materialismus des Volkes, sein Streben nach Luxus, die Habsucht, die daraus entsteht, und die Bedrohung der religiösen und ethischen Werte.

Die assyrische Armee unter Sanherib rückt gegen die Israeliten vor.

Aus all dem geht klar hervor, daß Jerusalem von fremden Elementen beeinflußt wurde und daß es ausländische Händler gab, die aber zweifellos außerhalb der Stadtmauern wohnten. Innerhalb der Mauern drängten sich die Einwohner mehr denn je in den immer dichter bebauten Vierteln zusammen. Alles überragend, stand der Tempel. Aber der Ruf nach Rechtschaffenheit erklang immer beredter und leidenschaftlicher aus dem Mund der Propheten.

Jothams Befestigungsanlagen

Auch Usias Sohn Jotham, der von 742 bis 735 herrschte, «baute Städte in den Bergen Judas, und in den Wäldern baute er Schlösser und Türme». Aber auf das, was er in Jerusalem tat, gibt die Bibel nur einen Hinweis: «Er baute das hohe Tor des Hauses des Herrn, und an der Mauer von Ophel baute er viel.» Das «hohe Tor» war das Nordtor zum inneren Hof des Tempels. Die «Mauer von Ophel» lag im Süden des Tempels und des Palastbezirks; wahrscheinlich wurde sie von Jotham verstärkt, wie schon sein Vater die Befestigungsanlagen ausgebaut hatte.
Diese Befestigungen hatten ihre Probe in der Regierungszeit von Jothams Sohn Ahas (735–715) zu bestehen. Im Jahre 744 war wieder ein stärkerer Herrscher, Thiglath Pileser III., auf den Thron Assyriens gekommen, der den Plan eines machtvollen Großreiches verfolgte und die militärischen Mittel besaß, viel davon zu verwirklichen. Israel im Norden lag ihm am nächsten von den beiden hebräischen Königreichen und wurde ihm bald tributpflichtig. Dadurch verstärkte sich der Druck auf Juda, dessen König auf dem Wege der Schmeichelei und durch die Zahlung von Tributen Thiglath-Pileser zu gewinnen suchte.
Eine Weile schien das gut zu gehen, aber nur, weil Thiglath-Pileser mit Eroberungszügen im Norden Assyriens beschäftigt war. Israel und Syrien (nicht mit Assyrien

zu verwechseln, welches westlich, nördlich und östlich davon lag) nutzten die Gelegenheit und schlossen einen Bund gegen Thiglath-Pileser, dem nach ihrem Willen auch Juda beitreten sollte. Ahas, der erst kürzlich den Thron bestiegen hatte, lehnte das ab wie schon sein Vater vor ihm. Daraufhin beschlossen die anderen, gegen ihn zu marschieren. «Dazumal zog Rezin, der König von Syrien, und Pekah, . . . König in Israel, hinauf, gen Jerusalem zu streiten.»

In Jerusalem brach eine Panik aus, und die Bibel berichtet, wie Furcht die Herzen von Ahas und seinem Volk ergriff. Da stand der Prophet Jesaja auf, um dem König Mut zuzusprechen, und er ging «Ahas entgegen . . . an das Ende der Wasserleitung am obern Teiche, am Wege beim Acker des Färbers, und sprach zu ihm: . . . fürchte dich nicht und dein Herz sei unverzagt» (Jesaja VII, 3/4). Gelehrte meinen, daß Jesaja Ahas bei der Inspektion der Wasserversorgung außerhalb der Stadtmauer antraf – er mußte ihm bis zur Wasserleitung «entgegengehen» –, wobei der König sich versicherte, daß sie nicht von den Angreifern als Durchgang benutzt werden konnte. Es gibt verschiedene Theorien darüber, wo genau der «obere Teich» lag und was und wo «der Acker des Färbers» war, aber alle gründen sich auf bloße Vermutungen.

Offensichtlich waren die Verteidigungswerke, die Ahas' Vorgänger Usia und Jotham gebaut hatten, zu stark für Pekah und Rezin, denn «sie konnten sie [Jerusalem] nicht gewinnen».

Thiglath-Pileser ging gegen den Bund der rebellischen Vasallen vor, und schon bald war der größte Teil des nördlichen Israel erobert und wurde schließlich annektiert. Allein Samaria, die Hauptstadt und einst prahlerische Rivalin von Jerusalem, widerstand. Thiglath-Pilesers Sohn und Nachfolger Salmanasser V. belagerte die Stadt, jedoch sie widerstand ihm über zwei Jahre. Salmanasser starb noch während der Belagerung, erst unter seinem Nachfolger Sargon II. fiel Samaria, und zwar im Jahre 722. Die meisten der überlebenden israelitischen Bürger wurden nach Ober- und Mittelmesopotamien ins Exil geführt.

Das nördliche hebräische Königreich war damit zerstört, seine Bevölkerung vertrieben. Nur Juda mit seiner Bevölkerung blieb noch unversehrt, mit Jerusalem als der alleinigen Hauptstadt, Stätte des zentralen Heiligtums, des Tempels: der einzige Halt für die Hoffnungen des Volkes von Israel.

Jerusalem tritt nun in eine entscheidende Phase seiner Geschichte, eine Periode, die auf der einen Seite von der tödlichen Bedrohung durch die siegreichen Assyrer und auf der anderen Seite von einem ungeheuren geistigen Aufruhr gekennzeichnet ist. Die beiden Männer, die im Jerusalem dieser Zeit eine überragende Rolle spielten, sind der Prophet Jesaja und der König Hiskia (715–687).

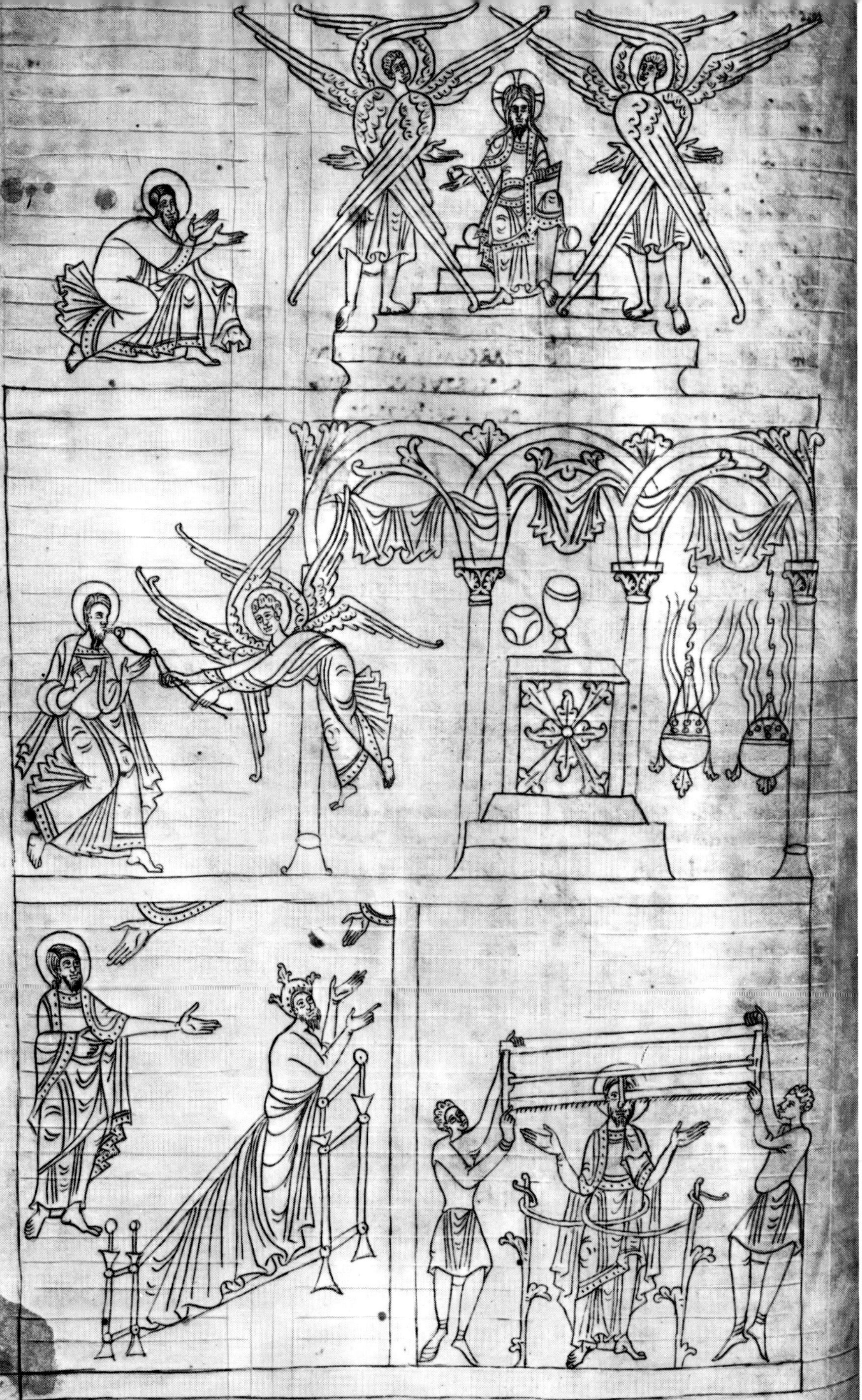

5 Jesaja und Hiskia 715-687

Wir haben gesehen, welche Rolle Jesaja in Ahas' Tagen spielte, als er dem Herrscher über Juda seine Entschlossenheit wiedergab. Aber sein Wirken während der Regierungszeit von Ahas' Sohn und Nachfolger Hiskia auf politischem, militärischem und natürlich religiösem Gebiet reichte noch viel weiter. Jerusalem vor allem war seine Wirkungsstätte, und das Buch Jesaja gibt uns so tiefe und lebendige Einblicke in das Leben innerhalb und außerhalb der Stadt wie nur das Buch Samuel zur Zeit Davids, rund 250 Jahre früher.

Jesaja wuchs in Jerusalem auf, wohnte und lebte ungefähr fünfzig Jahre unter dem Einfluß der Stadt, ihres Bildes, ihrer Geräusche und überhaupt ihrer lebendigen Vielfalt. Er kannte ihre Geschichte und war von ihr geprägt; das alles war sein Erbe. Andererseits sollte er Jerusalem – und durch Jerusalem unserer ganzen Kultur – den unermeßlichen Reichtum seiner groß formulierten, mächtigen Moralgesetze geben. Seine Absicht war vom Augenblick bestimmt und hatte ein eng umrissenes Ziel, nämlich Jerusalems geistige Kräfte zu entwickeln, seine militärische Stärke zu konzentrieren und so die drohende Zerstörung aufzuhalten; seine Wirkung aber war zeitlos und weltumspannend.

In seinen prophetischen Verkündigungen zeichnet Jesaja zugleich ein Bild jenes Landes und des täglichen Lebens in der Stadt, wie es sich ihm darbot, wenn er durch die Straßen ging oder vom Dach seines Hauses herabschaute. Und so lesen wir von den kahlen umliegenden Hügeln und den «öden Tälern», von den «Höhlen des Felsens» – zahlreich wie heute –, von der Fruchtbarkeit in der Umgebung der Stadt, von den Weizenfeldern des «Tales Ephraim» (heute eine breite Straße desselben Namens in Jerusalem), wo «der Schnitter erntet das Korn», von den Weingärten, wo man «Trauben las» und den Hainen, wo «sie die Ölbäume schüttelten». Vom Inneren der Stadt, die er auch «Berg Zion» nennt, erhalten wir dann eine genaue Beschreibung: die Menge im Tempelhof und das Volk, das sich in den schmalen Gassen drängte, Pferde und Wagen, das «Getöne» und «Durcheinander» hier, die Gier nach materiellen Reichtümern, nach Gold und Silber, die den Propheten so sehr erzürnte, und die Ausgelassenheit bei den Festen des Jahres mit «Harfen, Psalter, Pauken, Pfeifen und Wein . . . und [sie] sehen nicht auf das Werk des Herrn».

Über all dem steht die schwere Drohung der Invasion. Durch seine flammenden Worte veranlaßte Jesaja den König und das Volk, im Angesicht der Gefahr nicht nur die Verteidigungsmauern zu verstärken, sondern sich auch geistig zu wappnen.

Szenen aus dem Leben Jesajas: Oben, er hat die Vision des Herrn; Mitte, ein Engel reinigt ihn mit einer glühenden Kohle vom Altar; und unten rechts, Jesaja wird gemartert, links, er heilt den König von seiner Krankheit.

Er unterstreicht die moralische und religiöse Bedeutung Jerusalems und daß es die geistliche Quelle, die es war, wieder werden müsse «diese fromme Stadt ... voll Recht und Gerechtigkeit». Sie sei zwar verdorben, aber der Herr habe sich nicht von ihr abgewandt. Als es später zur Schlacht kam, wurden seine Worte noch entschiedener und eindringlicher – und bestimmten im kritischen Augenblick den glücklichen Ausgang.

Hiskias Verbesserung der Stadtanlage

Unterdessen verstärkte Hiskia die militärischen Anlagen Jerusalems. Der neue assyrische Herrscher Sanherib drang gewaltsam weiter nach Süden vor, und obwohl Hiskia den Zusammenstoß durch verschiedene diplomatische Bündnisse mit anderen, gleichfalls von Assyrien bedrohten Königreichen hinausschieben konnte, so wußte er doch, daß Jerusalem den Kampf nicht würde vermeiden können.

Aus der Bibel geht hervor, daß er sich eingehend mit dem Wassersystem beschäftigte, und aus diesem alten Bericht – sowie durch bemerkenswerte archäologische Entdeckungen vor etwa neunzig Jahren – wissen wir, daß er einen Plan ersann, wie seine eigene Wasserversorgung gesichert, zugleich aber dem Feind der Zugang zum Wasser verwehrt werden könnte. Denn wie stark auch immer seine Verteidigungsanlagen sein mochten, ohne Wasser konnte er einer Belagerung nicht widerstehen. Genauso würde ein Belagerer die Stadt nicht lange berennen, wenn seine Männer in dem trockenen Hinterland von der Hauptwasserquelle abgeschnitten waren.

Also machte Hiskia «den Teich und die Wasserröhre, damit er Wasser in die Stadt geleitet hat». (II Könige XX, 20.) «Hiskia war es auch, der den oberen Ausfluß des Gihon-Wassers zuschütten und dieses nach der Westseite der Davidsstadt hinunterleiten ließ.» (II Chronika XXXII, 30.) Gihon lag, wie wir gesehen haben, am Fuß der Ostmauer und war die Hauptwasserquelle der Stadt. Hiskia mußte daher die Höhle, in der das Wasser entsprang, vor jedem Angreifer verschließen. Zugleich grub er einen 540 Meter langen Tunnel (der noch heute erhalten ist), der das Wasser unter dem Südostteil der Stadt hindurch und zu einem tiefer gelegenen Punkt innerhalb der Mauern leitete, wo es sich in einen Behälter oder Teich ergoß, bekannt als der Teich Siloah.

Im Jahre 1880 wurde der biblische Bericht durch die Entdeckung einer hebräischen Inschrift in der Felswand am unteren Tunneleingang, südlich des Tempelbezirkes, bestätigt; man erfährt da, wie der unterirdische Durchlaß gegraben wurde. Die Sprache ist ganz und gar klassische hebräische Prosa, Inhalt und Schrift deuten auf die Regierungszeit Hiskias. Die Worte sind in die wie zu einer Tafel zugerichteten Felsoberfläche gehauen, aber der Kopfteil fehlt. Die sechs übriggebliebenen Zeilen erzählen die Geschichte des Tunnelbaues: wie zwei Gruppen von Bergleuten an den entgegengesetzten Enden begannen, aufeinander zu arbeiten und sich in der Mitte trafen. Als «Siloah-Inschrift» ist sie bekannt geworden und lautet in der Übersetzung folgendermaßen:

«... das Durchbohren. Dies ist die Geschichte des Durchbohrens. Als noch ... [die Arbeiter ihre?] Hacken [schwangen?], jeder zu seinem Gefährten hin, und als noch drei Ellen zu durchbohren waren, [hörte man] die Stimme eines Mannes, der dem anderen zurief, denn da war ein Spalt (?) an der rechten Seite ... Und am Tag des Durchbruchs begegneten sich die Arbeiter Mann gegen Mann, Hacke gegen Hacke, und das Wasser floß von der Quelle zum Teich, 1200 Ellen weit, und 100 Ellen war die Dicke des Felsens über den Köpfen der Arbeiter.»

Außerdem sorgte Hiskia natürlich auch für eine Verstärkung der Stadtverteidigung. Er reorganisierte die Streitkräfte und Reserven und versah sie mit neuen Waffen für den unvermeidlichen assyrischen Angriff. Er «baute alle Mauern, wo sie brüchig

Der obere Eingang zu Hiskias Tunnel nahe der Quelle Gihon, 8. Jahrhundert v. Chr.

Der alte Teich Siloah, am Südende der Stadt Davids.

waren, und machte Türme darauf, und er baute außerdem noch eine andere Mauer, und befestigte Millo an der Stadt Davids, und machte viele Waffen und Schilde. Und er stellte die Hauptleute zum Streit neben das Volk ...»

Neben diesen Unternehmungen reformierte er noch radikal die Religionsausübung, erneuerte den Tempel, reinigte ihn, zerbrach die Götzen, die unter früheren Regierungen ihren Einzug gehalten hatten, und verbot alle heidnische Götzendienerei und ihre barbarischen Formen. Wann immer er sein Volk aufrief, dann mit dem «Herrn, dem Gott Israels» auf den Lippen, und «das Volk verließ sich auf die Worte Hiskias».

Jerusalem widersteht Sanherib

Im Jahre 701 schlug Sanherib zu. Der mächtige assyrische Monarch hatte schon in einem siegreichen Marsch nach Süden alles Land westlich, nördlich und nordöstlich von Juda bezwungen, war auch schon tief in das hebräische Königreich eingefallen und «heraufgekommen wider die festen Städte Judas und nahm sie ein». Jerusalem allein war noch übrig, und jetzt rückte Sanherib dagegen vor.

Der Eroberungsfeldzug, der ihn bis dicht vor Jerusalem gebracht hatte, und die Einnahme der wichtigen Städte Judas veranlaßten Sanherib zu dem Versuch, Hiskia durch bloße Einschüchterung zur Übergabe zu bewegen. Er sandte seinen obersten Minister Rabsake mit einer Armee aus, die bei den Stadtmauern lagerte; sie sollte mit drohenden Worten die Einwohner Jerusalems verängstigen und zur Unterwerfung bringen.

Hiskia suchte Rat bei Jesaja, und die aufmunternden Worte des Propheten stärkten den Widerstandswillen seines Volkes und retteten Jerusalem. Im Bericht der Bibel verdichten sie sich zu wenigen Sätzen, die in dem Ausruf gipfeln: «Fürchte dich nicht vor den Worten, die du gehöret hast!» Die Aufforderung zur Übergabe wurde zurückgewiesen, tapfer trotzten die Juden der Belagerung. Endlich ließen die Angreifer ab und kehrten zur assyrischen Hauptstadt zurück.

Jerusalem war nicht genommen worden. Dieser Widerstand gegen einen so mächtigen Feind, die Tatsache, als einzige Festung unbezwungen geblieben zu sein, während alle anderen dem Feind zum Opfer gefallen waren, das gab der Stadt eine besondere mystische Aura. Nur hier mußten die Assyrer zurückstecken. Der Tempel war unversehrt. Im entscheidenden Augenblick hatten die Worte Jesajas, des Gottesmannes, die Stadt gerettet: das Gefühl breitete sich aus, Jerusalem sei unverletzlich. Militärisch gesprochen, sollte dieser Glaube 114 Jahre später auf tragische Weise erschüttert werden; aber religiös gewendet, blieb Jerusalem in den Herzen der Juden bis auf den heutigen Tag unversehrt.

Die Größe Jerusalems, sein Vorrang als Zentrum der hebräischen Nation wurden anerkannt. Im Trotz gegen Sanherib erlebte die Stadt einen ihrer großartigsten Augenblicke.

6 Der Fall . . . 587

Hiskia starb im Jahre 687, ihm folgte sein Sohn Manasse. Nach dem Abtreten zweier so hervorragender Persönlichkeiten wie Hiskia und Jesaja von der Bühne Jerusalems – beide starben ungefähr zur selben Zeit – erfolgte eine Reaktion gegen die religiösen Reformen, die sie durchgeführt, und gegen den Geist politischen Widerstandes, den sie eisern behauptet hatten. Aus den zeitgenössischen Berichten geht hervor, daß Manasse bald zum Vasall der Assyrer wurde, obwohl sie den Höhepunkt ihrer Macht bereits überschritten hatten, und vielleicht aus dem Wunsch heraus, damit seinen Herren zu gefallen, kehrte er zur Götzendienerei seines Großvaters zurück. So wird ihm in der Bibel ein im Vergleich zu seiner langen Regierungszeit nur kurzer Abschnitt gewidmet, und dieser besteht zum größten Teil aus einer Liste seiner Untaten. Die barbarischste: «Und er ließ seine Söhne durchs Feuer gehen im Tal des Sohnes Hinnoms» – also Kinderopfer! (Dies ist übrigens der Ursprung des häufig gebrauchten Ausdrucks Gehenna als Synonym für Hölle oder einen Ort der Flammen und Folter. Er leitet sich aus der griechischen Verballhornung des ursprünglichen hebräischen Ausdrucks in der Bibel für «Tal von Hinnom», nämlich Gai-Hinnom, her.)

Josia, «der rechtschaffene König», war Manasses Enkel. Seine Regierungszeit (646–609) ist von einer mächtigen religiösen Erneuerung in Erinnerung an die Reformen seines Urgroßvaters gekennzeichnet. Hiskias Zeitgenosse war der Prophet Jesaja; der Prophet der Epoche Josias war der große Jeremia.

Wirkung des «Buches des Gesetzes» auf Josias Regierungszeit

Josias Abwendung von den heidnischen Kultformen Manasses und seine Bemühungen, die Reinheit der jüdischen Religion wiederherzustellen, erhielten einen unerhörten Ansporn durch die Entdeckung des heiligen «Buches des Gesetzes» im Tempel. Die Gelehrten sind sich allgemein darüber einig, daß es sich dabei um eine Fassung des biblischen Deuteronomium handelt, das offensichtlich beim Ausbau und der Ausbesserung des Tempels gefunden wurde. Der Hohepriester übergab es dem Schreiber des Königs, und der Schreiber brachte es zu Josia und las es ihm vor. Der König, überwältigt von der strengen Verurteilung aller Vernachlässigungen der Gesetze, die das Buch aussprach, tat alles, die Erfüllung der Vorschriften zu sichern. Zuerst versammelte er «alle Männer Judas und Einwohner von Jerusalem, die Priester, die Leviten und alles Volk, beide, klein und groß» im Tempelbezirk. Und als sie alle zusammengekommen waren, «wurden vor ihren Ohren gelesen alle Worte im Buch des Bundes, das im Hause des Herrn gefunden war».

üdostecke der Mauern des empelbezirks. Bei kürzlich orgenommenen Schuttbeeitigungen entdeckte man inen Teil der angrenzenden ten Stadtmauer.

Darauf zerstörte man sofort alle heidnischen Altäre und die Orte des Götzendienstes im Gebiet «von Geba bis Beer-Seba» – den Grenzorten Judas – und legte einen strengen Bann über alle heidnischen Praktiken, besonders die Kinderopfer, «daß niemand seinen Sohn oder seine Tochter dem Moloch durch's Feuer gehen ließe».
Die Gottesverehrung des ganzen Volkes fand ihr Zentrum in Jerusalem, und die Achtung vor dem Heiligtum des Einen Gottes, dem Tempel, die durch die Spaltung des Reiches nach Salomo geschwächt worden war, wurde nun neu und für immer begründet. Jerusalem war die heilige Mitte des einzigen großen Systems eines ethischen und geistigen Monotheismus in der antiken Welt.

Beginn der Wallfahrten nach Jerusalem

Dreimal im Jahr pilgerte der männliche Teil des Volkes nach Jerusalem, und dieser Brauch erhielt sich durch die Jahrhunderte. Der Anlaß waren die drei religiösen Feste: Das Passahfest, das an den Auszug der Kinder Israels aus Ägypten und an ihre Befreiung aus der Knechtschaft erinnert, das Laubhüttenfest, das an die vergänglichen Hütten gemahnt, die ihnen während ihrer Wanderungen durch die Wüste Obdach gewährten, und das Wochenfest, bei dem man die Verleihung der Thora an Moses auf dem Berg Sinai feiert. Diese Versammlungen trugen viel zur Einigung und Festigung der Nation bei; sie dienten zugleich dazu, das Volk über wichtige Vorkommnisse zu unterrichten. Und Jeremia benutzte die Gelegenheit, da er die Leute des Landes im Tempelbezirk versammelt fand, um seine Visionen zu verkünden.
Das Volk von Juda kam nach Jerusalem, um zu seinem Gott zu beten. Josia war darauf bedacht, auch die Hebräer aus dem ehemaligen Königreich Israel dazu zu bewegen. Schon sein Urgroßvater Hiskia hatte einen ähnlichen Wunsch gehegt und die Bewohner der ursprünglichen Stammesprovinzen aufgerufen, das Passah in Jerusalem zu feiern. Josia aber fand größeren Widerhall, denn er lebte in einer Zeit des assyrischen Niederganges, und die Kontrolle des Nordens über die ehemaligen Provinzen von Israel schwand. Daher zog Josia nach Norden, annektierte diese Gebiete und einigte die Hebräer aufs neue. Und beim nächsten Fest in Jerusalem, an dem beide Völker, aus Israel und Juda, teilnahmen: «da war kein Passah gehalten in Israel wie das von der Zeit Samuels, des Propheten; und kein König in Israel hatte solch Passah gehalten, wie Josia Passah hielt, und die Priester, Leviten, ganz Juda, und was von Israel vorhanden war, und die Einwohner zu Jerusalem.» Josia wird sicher dies für die Krönung seines Lebenswerkes gehalten haben.
Die Schwächung Assyriens, die sich Josia zunutze gemacht hatte, endete im gänzlichen Zusammenbruch des Reiches und sollte allerdings bald darauf auch den vorübergehenden Fall Jerusalems nach sich ziehen. Babylon im Nordosten und Ägypten im Südwesten stritten um die Nachfolge des großen assyrischen Reiches. Juda, das zwischen beiden lag, wurde im Zug dieser Auseinandersetzung niedergeworfen, aus der die Babylonier am Ende als Sieger hervorgingen.
Im Jahre 602 war Juda ein Vasallstaat innerhalb Babylons mesopotamischem Reich geworden. Der junge König Jojachin, seine Mutter, die Vornehmen des Landes, Arbeiter und Handwerker wurden nach Babylon gebracht. Der Onkel des Königs, Zedekia, herrschte in Jerusalem als Marionettenkönig. Einige Jahre lang blieb Juda unterwürfig; die Bereitschaft zum Aufstand war nicht groß. Wer Widerstand zu organisieren versuchte, wurde eingesperrt.
Doch später gewannen die Rebellen die Oberhand, und um das Jahr 588 herum kam es zur Revolte. Die Babylonier rückten nach Süden, schlugen die Aufständischen und lagen vor den Toren Jerusalems.
Entschlossen lehnte das Volk die freiwillige Übergabe ab und beschloß, die Stadt

Pilgerfahrt nach Jerusalem: Männer nahe der Westmauer tragen Tefillin während eines Gottesdienstes (Gebetsriemen um die Stirn und auf dem linken Arm).

zu verteidigen. Die Babylonier unternahmen jedoch keinen plötzlichen Sturmangriff auf die Stadtmauern, sondern bauten einen Belagerungswall rundherum, um die Einwohner auszuhungern. Sie unterbrachen ihr Unternehmen lediglich, um der Bedrohung durch Ägypten zu begegnen, kehrten jedoch dann wieder nach Jerusalem zurück und führten die Blockade fort.

Viele Monate hielt Jerusalem stand. Hin und wieder dachte Zedekia an die Kapitulation, und auch der Prophet Jeremia hielt den Widerstand für vergeblich – aber aus anderem Grunde: er sah den Fall Jerusalems wegen seiner Verderbtheit voraus. Das Volk aber hörte weder auf den einen noch auf den anderen, sondern harrte stur aus.

Im Hochsommer des Jahres 587 wurden Breschen in die Mauern der hungernden Stadt geschlagen: die Sturmrammen durchstießen die nördlichen Verteidigungsanlagen. Der König und Teile seiner Wache «flohen in der Nacht des Weges von dem Tor zwischen den zwei Mauern, der zu des Königs Garten gehet». Bei der Verfolgung wurde Zedekia «im blachen Felde Jerichos» gefangen. Sein Ende war grauenvoll. Er wurde vor Nebukadnezar gebracht und mußte zusehen, wie seine Söhne erschlagen wurden, dann stach man ihm die Augen aus. Er wurde in Ketten nach Babylon geführt, und dort starb er.

Einen Monat nach dem Fall der Stadt sandte Nebukadnezar einen seiner Heerführer nach Jerusalem, um die Stadt dem Erdboden gleichzumachen. «Er verbrannte das Haus des Herrn und das Haus des Königs und alle Häuser zu Jerusalem ... und zerbrach die Mauern um Jerusalem her.» Den wertvollen Tempelschatz «und alles, was golden war ... nahm der Oberste der Leibwache mit hinweg». Einige der vornehmen Bürger, die den früheren Deportationen entgangen waren, wurden hingerichtet, den Rest führte man nach Babylon.

So fiel Jerusalem, so wurde der Tempel zerstört – Jerusalem war eine verwaiste Stadt. In den Herzen der Weggeführten aber lebte es weiter. Im Unglück ihrer Verbannung dachten sie oft an die Stadt, und alle Hoffnungen richteten sich auf ihren Wiederaufbau. Es war «bei den Wassern Babels», da sie aufschrien, daß es durch die Jahrhunderte der jüdischen Geschichte widerhallte:

An die Weiden im Lande hängten wir unsere Harfen.
Denn dort hießen sie uns singen, die uns hinweggeführt,
Hießen uns fröhlich sein unsere Peiniger:
«*Singet uns eines von den Zionsliedern!*»
Wie könnten wir des Herrn Lied singen auf fremder Erde?
Vergesse ich deiner, Jerusalem, so müsse meine Rechte verdorren!
Die Zunge müsse mir am Gaumen kleben, wenn ich deiner nicht gedenke,
Wenn ich nicht Jerusalem setze über meine höchste Freude!

(Psalm 137)

Eine Grabkammer aus dem 2. Jahrhundert v. Chr., die zufällig 1956 beim Hausbau im Wohnbezirk von Rehavia entdeckt wurde. Sie heißt «Jasongrab», weil man diesen Namen als Inschrift vorfand.

7 ...und der Wiederaufstieg 537

Ende des babylonischen Reiches

Weniger als fünfzig Jahre später fiel das große babylonische Reich so plötzlich, wie es aufgestiegen war, besiegt von Kyros, dem Gründer eines neuen, des Perserreiches. Kyros war ein Mann mit außergewöhnlichen Eigenschaften, zugleich ein brillanter militärischer Führer und ein weiser, aufgeklärter Monarch. Anders als die Assyrer und die meisten Nationen, die zu dieser Zeit die Welt regierten und die die unterworfenen Völker knechteten und mit Gewalt dem herrschenden Regime anzupassen suchten, gewährte Kyros von Anfang an seinen verschiedenartigen Untertanen kulturelle Autonomie, respektierte – und schützte – ihre Religionen und Sitten und vertraute tunlichst die Verwaltung einem ihrer eigenen Führer an. So erhielten in der Tat die persischen Truppen den ausdrücklichen Befehl, die religiösen Riten der Besiegten unangetastet zu lassen.

Die Hauptstadt Babylon wurde Ende des Jahres 539 v. Chr. eingenommen, und im Laufe des Jahres 538 kam das ganze Reich bis an die Grenze zu Ägypten unter persische Kontrolle. Jerusalem und Juda gelangten also in den Herrschaftsbereich von Kyros.

Schon im ersten Jahr seiner Regentschaft erließ Kyros gemäß seinen liberalen Zielen ein Dekret über die Juden, das in der Geschichte eine wichtige Rolle spielen sollte. Er erklärte, daß er die Wiederherstellung des Staates der Juden und ihrer Religion in ihrem eigenen Lande unterstütze. Alle Juden im babylonischen Exil, die nach Juda zurückzukehren wünschten, sollten die Erlaubnis dazu erhalten. Sie könnten ihren Tempel in Jerusalem wieder aufbauen, aus seinem königlichen Schatz würde ein Beitrag zu den Baukosten geleistet werden. Die heiligen Gefäße aus dem Tempel, die Nebukadnezar verschleppt hatte, sollten zurückgegeben werden. Und die Juden, die in Babylon blieben, sollten aufgefordert werden, den Rückkehrern zu helfen und zum Wiederaufbau ihres Heiligtums in Jerusalem beizutragen.

Die Verantwortung für diese «Zurück-nach-Zion»-Bewegung wurde «Sesbazar, dem Fürsten Judas» übertragen. Die Wissenschaftler nehmen an, daß Sesbazar der Sohn von Jojachin, dem jungen König, war, der bei den Deportationen von 598 in Gefangenschaft geführt wurde, und daß er als rechtmäßiger Erbe den Thron von Juda beanspruchte. Kyros ernannte ihn zum Statthalter, und er machte sich sofort an den Tempelneubau an der Stelle, wo der alte gestanden hatte. Genau läßt sich nicht mehr feststellen, was unter seiner Regierung und was unter seinem Nachfolger gebaut wurde, denn der Bericht der Bibel hält die Beiträge Sesbazars und seines

Jüdischer Pilger im 16. Jahrhundert. Links hebräische Buchstaben.

Neffen Serubabel, der ihm als «Statthalter von Juda» folgte, nicht streng auseinander, schreibt aber den größten Teil des Werkes Serubabel zu.

Der Tempelbau. Bild aus einer katalanischen Handschrift des 15. Jahrhunderts.

Offensichtlich ging der Bau in den ersten Jahren nur langsam vonstatten. Selbst unter günstigsten Bedingungen wäre der Aufbau einer zerstörten Stadt mit einer kleinen Bevölkerung eine langwierige Arbeit gewesen, jetzt aber mußten die Neuankömmlinge mit der Armut und dem täglichen Existenzkampf fertig werden; die Hilfe aus dem persischen Schatz reichte offenbar nicht. Dazu kamen kleine Streitigkeiten und die alten Feinde aus den angrenzenden Gebieten. Bis zu Kyros' Tod – er wurde auf einem seiner Feldzüge im Jahre 530 getötet – waren kaum die Grundmauern zum zweiten Tempel gelegt. Und auch bis zum Jahr 522, da Kambyses, der Nachfolger von Kyros, sich das Leben nahm, war wenig mehr vollbracht.

Vollendung des zweiten Tempels

Aber sieben Jahre später, im März des Jahres 515, war der Tempel vollendet. «Und die Kinder Israel, die Priester, die Leviten und die anderen Kinder der Gefangenschaft hielten Einweihung des Hauses Gottes mit Freuden.» Dies geschah in der Regierungszeit des dritten Perserkönigs, Darius I.

So groß wie der erste, aber weniger reich geschmückt, scheint der zweite Tempel doch die Menschen jener Zeit noch mehr beeindruckt zu haben: er war jetzt das einzige herausragende Gebäude in einer Stadt, deren Mauern immer noch in Trümmern lagen. Salomos Tempel stand inmitten eines Komplexes großartiger königlicher Gebäude, des Königspalastes, der Gerichtshalle, der Kasernen und des Arsenals, die alle zusammen einen großen, abgeschlossenen Bezirk bildeten. Nichts davon wurde wieder aufgebaut. Der zweite Tempel stand also allein auf seiner Höhe, von Höfen und Mauern umgeben; nach George Adam Smith eine Art «religiösen Kapitols . . . ohne einen zivilen oder politischen Rivalen». Dies konnte nicht ohne Einfluß auf die religiöse Stimmung des Volkes bleiben.

Die Geschichte Jerusalems in den nächsten siebzig Jahren ist ungewiß, obwohl aus den Schriften der Propheten hervorgeht, daß die Gemeinschaft die hohen Hoffnungen der ersten und zweiten Rückkehrerwelle aus Babylon nicht erfüllte.

Erst mit dem Auftreten von Nehemia und Esra ändert sich das, und die Nebel über den Ereignissen jener Zeit lichten sich. Die Bücher der Bibel, die nach ihnen benannt sind, enthalten einen detaillierten Bericht über die Unternehmungen in Jerusalem und die Entwicklung der Stadt und des Staates unter ihrer kraftvollen Führung.

Der Führer der dritten Welle von Rückwanderern aus Babylon und eine der hervorragendsten Figuren der jüdischen Geschichte war der große Nehemia, der um das Jahr 440 nach Jerusalem als Statthalter von Juda kam.

Bis zur zweiten Hälfte des fünften vorchristlichen Jahrhunderts hatten sich die Juden Babylons wohl etabliert; aus ihren Reihen gingen Gelehrte, Handelsleute und hohe Beamte der persischen Regierung hervor. Dennoch waren sie fromme Anhänger ihrer Religion geblieben, die Augen nach Jerusalem gewandt, um dessen Wohlfahrt sie sich ernsthaft bekümmerten, und tief beunruhigt von den Berichten über die leidvollen Zustände dort.

Der persische König dieser Zeit war Artaxerxes I. (465–424), der Sohn von Xerxes und der Enkel von Darius I., und Nehemia diente als Beamter an seinem Hof. «Im zwanzigsten Jahr von Artaxerxes» – also 445 – empfing Nehemia eine Delegation aus Jerusalem, angeführt von «Hanani, einem meiner Brüder», die ihm mitteilte, daß das Volk «in großem Unglück und Schmach ist: die Mauern Jerusalems sind zerbrochen, und ihre Tore mit Feuer verbrannt». Nachdem Nehemia dies dem

König vorgetragen hatte, wurde er auf seinen dringenden Wunsch, nach Jerusalem zu gehen und die Stadt wieder aufzubauen, als Statthalter dorthin entsandt.

Bei seiner Ankunft in Jerusalem verlor Nehemia keine Zeit und widmete sich als erstes dem Problem der Sicherheit. «Und da ich gen Jerusalem kam und drei Tage da gewesen war, machte ich mich des Nachts auf und wenige Männer mit mir» – er unternahm eine heimliche Inspektion der Stadtmauern, um zu sehen, was vor allem getan werden mußte. Er beschreibt seinen Rundgang im einzelnen (Nehemia II, 13–15): Er verließ die Stadt durch das «Taltor», ging zum «Misttor», zum «Brunnentor», «zu des Königs Teich», dann «am Bach hinauf und er sah die Mauer und kehrte um». Darauf versammelte er die jüdischen Oberen, erinnerte sie an das «Unglück, darinnen wir sind, daß Jerusalem wüste liegt», rüttelte sie aus ihrer Apathie auf und erzählte ihnen «die Worte des Königs, die er mit mir geredet hatte» und die ihnen nicht gleichgültig bleiben konnten, und rief sie endlich auf mit den Worten: «Kommt, laßt uns die Mauern Jerusalems bauen!» Und ihre Antwort war: «So laßt uns aufstehen und bauen.»

Für den Wiederaufbau stellten die Stadt und die Dorfgemeinden Judas Arbeiterkontingente zur Verfügung, denen jeweils ein bestimmter Abschnitt der Mauer zugeteilt war. So sehr waren die Juden mit Herz und Hand bei ihrem Werk, daß sie die Mauer «in fünfzig und zwei Tagen» errichteten. (Josephus, der Historiker aus dem ersten Jahrhundert, schreibt, daß sie für die Vollendung der Mauer mit allen Zinnen und Toren ungefähr zweieinhalb Jahre brauchten.)

Während des Mauerbaus versuchten die an Juda angrenzenden Königreiche das Werk zu behindern. Nehemia antwortetete auf ihre Übergriffe mit der Organisation seines Volkes in zwei bewaffnete Abteilungen, deren eine die Verteidigung übernahm, während die andere das Bauwerk fortsetzte. Sobald ein Angreifer erschien, wurde am Ort der Gefahr eine Posaune geblasen, und alle eilten zum Kampf herbei. Nehemia war ständig bei ihnen, unermüdlich, findig, sie ermutigend, beaufsichtigend. Um die Verteidiger zu kontrollieren, eilte er von Posten zu Posten, einen Posaunenbläser zur Seite, so daß er selbst, um keine Arbeitszeit zu vergeuden, im letzten Augenblick vor dem Angriff Alarm geben konnte. Nehemia schreibt:

«. . . die Hälfte der Jünglinge taten die Arbeit, die andere Hälfte hielten Spieße, Schilde, Bogen und Panzer . . . Die da baueten an der Mauer und trugen Last von denen, die ihnen aufluden, mit einer Hand taten sie die Arbeit und mit der anderen hielten sie die Waffen. Und ein jeglicher, der da bauete, hatte sein Schwert auf seine Lenden gegürtet, und bauete also. Und der mit der Posaune blies, war neben mir.»

Nehemia endet seine Episode mit folgender menschlicher Bemerkung: «Und ich und meine Brüder und meine Knaben und die Männer an der Hut hinter mir, wir zogen unsere Kleider nicht aus; ein jeglicher ließ das Waschen anstehen.»

Aus Nehemias Angaben zur Mauerkonstruktion – und aus der Schnelligkeit, mit der die Mauer fertiggestellt wurde – geht hervor, daß man dem Verlauf der alten Stadtmauer von Jerusalem folgte, die Nebukadnezar zerstört hatte. Der Schaden war im Norden und Osten am stärksten gewesen, und hier mußte die Mauer von Grund auf neu errichtet werden. An den anderen Abschnitten handelte es sich größtenteils nur um Wiederaufbau. Alle Tore wurden mit neuen Balken, Türen, Schlössern und Riegeln versehen.

Der Platz, den Nehemias Mauern umschlossen, umfaßte also wieder, von Süden nach Norden, den Teich Siloah, die Stadt Davids, Ophel und den Tempelberg. Acht Tore unterbrachen die Mauer: Das Misttor im äußersten Süden, das Brunnentor etwas weiter hinauf an der Südostecke, das Wassertor im Osten gerade oberhalb der

Quelle Gihon, das Roßtor im Nordosten oberhalb von Ophel und südöstlich des Tempels, das Schaftor im Norden, das Fischtor an der Nordwestecke, das Ecktor im Nordwesten gegenüber dem Roßtor und das Taltor im Westen.

Der Prophet Esra liest das Gesetz vor.

Das Buch Nehemia ist mehr als die bloße Beschreibung der Mauern Jerusalems: einerseits die spannende Erzählung eines bedeutenden Abschnittes der jüdischen Geschichte und ein soziologisches Dokument über die Lebensart des Volkes, zum anderen die persönliche Geschichte eines höchst bemerkenswerten Staatslenkers, der das Drama Jerusalems um einen großen Akt bereichert hat. Er legt seine Politik dar und beschreibt sein Verhalten mit einer Vielzahl von Einzelheiten über die Umstände und stellt das ganze in den Zusammenhang des Lebens in dieser Stadt. So erhalten wir ein lebendiges Bild vom Jerusalem jener Zeit: die Atmosphäre im Tempelhof während eines Festes; die Nachtwache der Soldaten; die Tore im Morgengrauen mit Fischhändlern, die darauf warteten, eingelassen zu werden (und die am Sabbat abgewiesen wurden); die Gastfreundschaft an der Tafel des Statthalters (obwohl er selbst ein karges Leben führte, «denn der Dienst war schwer auf dem Volke»), bei der aber doch «ein Ochse, sechs Schafe und auch Vögel» zubereitet wurden, um hundertfünfzig Gästen aufzuwarten, und eine typische Szene mit Eseln, die gemächlich in die Stadt zuckeln, beladen mit den Gütern des Landes: «Getreide . . . Wein, Trauben und Feigen und alle Arten von Lasten».
Dort findet sich auch die Beschreibung eines Spätsommer- oder Frühherbstmonats in Jerusalem, des Monats Tischri (September oder Oktober), nach der Vollendung der Mauer, als die Juden darangingen (wie sie auch heute noch tun), das Fest Sukkot (das Laubhüttenfest) zu feiern zur Erinnerung an die provisorischen Hütten, in denen die Kinder Israel auf ihren Wanderungen durch die Wüste nach ihrem Auszug aus Ägypten wohnten.

Das Sukkotfest

Nehemia schreibt, daß dies Fest nicht abgehalten worden war, obwohl geschrieben stand «im Gesetz, das der Herr durch Mose geboten hatte, daß die Kinder Israel in Laubhütten wohnen sollten auf das Fest im siebten Monat». Und daher wurde dem Volk befohlen: «Gehet hinaus auf die Berge und holet Ölzweige, Pinienzweige, Myrtenzweige, Palmenzweige und Zweige von dicken Bäumen, daß man Laubhütten mache, wie es geschrieben steht. Und das Volk ging hinaus und holete und machte sich Laubhütten, ein jeglicher auf seinem Dach und in ihren Höfen und in den Höfen am Hause Gottes und auf der breiten Gasse am Wassertor . . .» Einen ganz ähnlichen Anblick bietet das heutige Jerusalem während des Sukkotfestes, mit Familien, die ihre Mahlzeiten in Laubhütten auf Balkonen einnehmen und die während der Vorbereitungen Pinienzweige, Palmenzweige und Myrtenzweige durch die Straßen nach Hause tragen.
Nehemia hatte ein Jerusalem gefunden, das größtenteils in Trümmern lag; eine Gemeinde, die sich enttäuscht und ziellos in den Händen einer korrupten Beamtenschaft befand und nahe der Auflösung stand. Nehemia belebte den Staat wieder, gab ihm wieder Würde und eine integre Regierung, Zusammenhalt und politische Ordnung. Aber es gab einen Bereich im Leben des Volkes, in dem es genauso ungeordnet zuging und den zu reformieren Nehemia sich nicht imstande fühlte, nämlich Religion und Religionsausübung. Der rechte Mann dazu, dessen Name dann später für alle Zeit mit dem Nehemias verknüpft wurde und der mit Nehemia das Verdienst um die völlige Reorganisation des jüdischen Staates teilte, dem sie beide für Jahrhunderte die Richtung wiesen – dies war der Schriftgelehrte Esra.

Esra hatte vom persischen König die Erlaubnis erhalten, eine große Gruppe Priester und Leviten nach Jerusalem zu führen, um die jüdische Gemeinde in der Thora zu unterweisen, ihren Gottesdienst und ihre Sitten zu reformieren, die mißbraucht und verdorben waren, und um Ehrlichkeit und Ordnung in ihr religiöses Leben zu bringen.

Auf dem Boden politischer Stabilität und einer zuverlässigen Verwaltung, die Nehemia geschaffen hatte, konnte Esra darangehen, auch eine sichere geistige Basis für den jüdischen Staat zu errichten, auf der nicht nur die Juden Jerusalems und Judas, sondern alle jüdischen Gemeinden, wo immer sie lebten, bauen konnten. Diese Grundlage war das Gesetz, die Thora in der Form, die sie in Babylonien seit dem Exil erhalten und nach der sich die Gemeinde dort gerichtet hatte. Damit sollte Esra erst eigentlich das Judentum begründen, die jüdische Religion, wie sie seither in ihrer Grundform von orthodoxen Juden in aller Welt praktiziert wird.

Esra und die Männer, die er mit sich aus Babylon brachte, waren nicht Priester im engeren Sinne, noch war er selbst ein gewöhnlicher Schriftgelehrter, eher waren sie Lehrer, Erklärer, Hüter und Interpreten des geschriebenen Gesetzes. Esra stand am Anfang der Reihe von Gelehrten und Weisen, die die Gemeinde in Dingen des Gesetzes führten, dessen Sinn klarmachten und es im einzelnen weiterentwickelten oder auf den besonderen Fall anwandten. Und bis auf den heutigen Tag wird unter Juden der Rabbi nicht in erster Linie als Priester oder Diener Gottes, sondern als Gelehrter geachtet.

Esra machte die Thora zum allgemeinen Fundament der jüdischen Gemeinde. Wo immer von nun an Juden leben mochten, ob in Jerusalem oder in der Diaspora (den jüdischen Gemeinden außerhalb Israels), ob in einem unterworfenen Juda oder in einem freien, unabhängigen Staat, stets bewahrten sie ihre eigene, besondere Identität. Länger als fünfhundert Jahre war Jerusalem die sozusagen gegenständliche Hauptstadt des jüdischen Volkes gewesen; durch den mächtigen Einfluß Esras wurde es zur geistigen Hauptstadt der Juden auch in ihrer Zerstreuung. So sicherte Jerusalem auch ihre Weiterexistenz als Volk etwa fünfhundert Jahre später, als nämlich das große Exil begann.

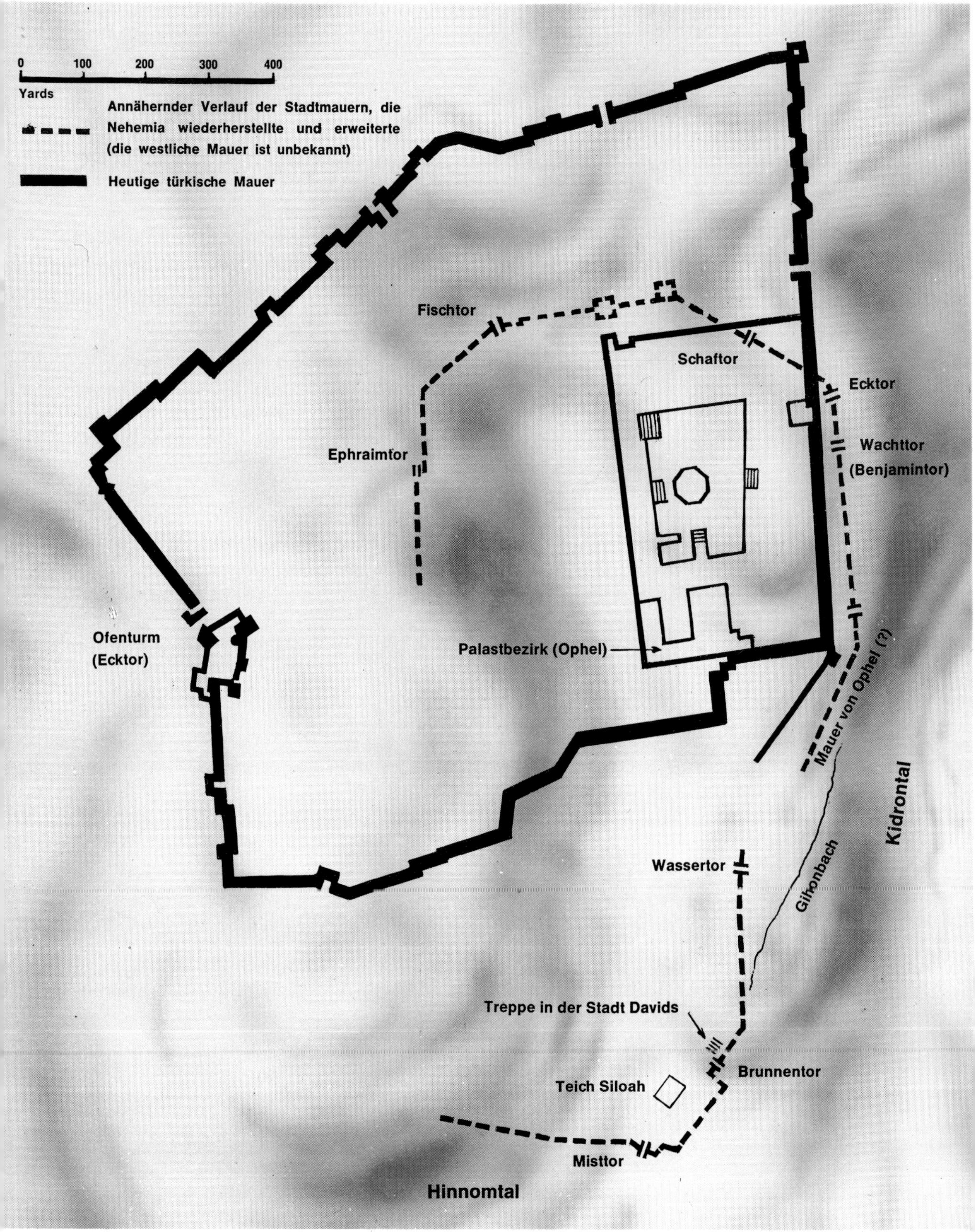
0 100 200 300 400
Yards
Annähernder Verlauf der Stadtmauern, die Nehemia wiederherstellte und erweiterte (die westliche Mauer ist unbekannt)
Heutige türkische Mauer
Fischtor
Schaftor
Ecktor
Wachttor (Benjamintor)
Ephraimtor
Ofenturm (Ecktor)
Palastbezirk (Ophel)
Mauer von Ophel (?)
Kidrontal
Gihonbach
Wassertor
Treppe in der Stadt Davids
Brunnentor
Teich Siloah
Misttor
Hinnomtal

8 Jerusalem und der Hellenismus 332-167

Es existieren fast keine schriftlichen Überlieferungen, die die Geschichte Jerusalems in den nächsten hundert Jahren bis zum Sturz des Persischen Reiches durch den jungen Wunderkönig aus Mazedonien, Alexander den Großen, im Jahre 332 v. Chr. rekonstruieren lassen. Man weiß nur, daß Jerusalem die Hauptstadt eines Rumpfstaates Juda, des jüdischen Gebietes innerhalb der größeren persischen Statthalterschaft (Kolonialprovinz) Abar-Naharah (die aramäische Bezeichnung für «jenseits des Flusses»), war. Es scheint, daß die Stadt in dieser Zeit viel weniger Wirren erlebte als früher; der Prophet Joel gibt uns zu Beginn des vierten Jahrhunderts das Bild eines gottesfürchtigen Bauern- und Hirtenvolkes. Unter den Mauern der Stadt bestellten jüdische Bauern ihre Olivenhaine, Weingärten und Getreidefelder. Über dem Tempelberg erhob sich der Rauch der Brandopfer, und bei den großen Festen des Jahres waren das Gemurmel des betenden Volkes in den Tempelhöfen und die Antwort des Amens zu hören.

Aus der Geschichte des Landes wissen wir, daß sich jetzt der Einfluß der Griechen, der großen Seefahrer und Händler, im Mittleren Osten bemerkbar machte, dem auch Juda nicht widerstehen konnte. Den hellenistischen Einfluß verstärkten die großartigen militärischen Erfolge Alexanders, der, als er im Alter von zweiunddreißig Jahren 323 v. Chr. starb, das ganze westliche Asien einschließlich Indiens erobert hatte.

Alexander hatte Jerusalem unberührt gelassen, aber nach seinem Tod stritten sich in den Diadochenkämpfen zwei seiner Heerführer unter anderem auch um das Land von Juda: Ptolemäus, der Ägypten an sich gerissen und das neu errichtete Alexandria zu seiner Hauptstadt gemacht hatte, und Seleukos, der nach einigen Jahren Herr über den Norden mit den Hauptstädten Antiochia in Syrien und Seleukia in Babylonien geworden war. Nach einer Reihe von Kämpfen zwischen den ehemaligen Waffenbrüdern siegte Ptolemäus, und für das nächste Jahrhundert geriet Jerusalem unter die Herrschaft seiner Dynastie.

Ptolemäus führte eine große Zahl jüdischer Gefangener mit sich nach Ägypten, und aus diesem Kern entwickelte sich die wichtige Gemeinde von Alexandria, die bald zum größten Zentrum des Judentums in der Diaspora wurde. Im ganzen war aber die Herrschaft der Ptolemäer über Jerusalem und Juda wohlwollend, und die Juden genossen fast vollständige Autonomie, wenn sie auch einen jährlichen Tribut leisten mußten. Diese Periode, das dritte Jahrhundert vor Christus, war verhältnis-

arte mit dem Gebiet von
ehemias Stadt.

mäßig stabil, und Jerusalem gedieh und blühte, obwohl die Seleukiden verschiedentlich versuchten, das Land zu gewinnen, wobei sie jedesmal von den Ptolemäern zurückgeschlagen wurden. Griechische Schriften der Zeit beschäftigen sich mit der ertragreichen Landwirtschaft in Juda, der Stärke Jerusalems und der wohl organisierten Verwaltung des Staates. Tempel und Gottesdienst beherrschten auch weiterhin das nationale Leben der Juden.

Übrigens begann man in Alexandria unter der Schutzherrschaft von Ptolemäus II. die Übersetzung der Bibel ins Griechische. Das Ergebnis war die Septuaginta, so genannt, weil der Sage nach siebzig berühmte jüdische Gelehrte, eben zu diesem Zweck von Jerusalem nach Alexandria gebracht, die Arbeit leisteten. Das Projekt war von der jüdischen Gemeinde in Alexandria angeregt worden, damit ihre griechisch sprechenden Kinder mit den heiligen Schriften vertraut bleiben konnten.

Für die Juden in Alexandria wie auch für die anderen jüdischen Gemeinden, die sich in den Städten Ägyptens und anderswo auf der Welt bildeten, blieb Jerusalem die Stadt ihrer innigen Liebe und der Tempel das Ziel ihrer religiösen Treue. Das Exil fachte nur ihre leidenschaftliche Sehnsucht nach der Heiligen Stadt an, genau wie bei den Deportierten in der babylonischen Gefangenschaft. Wenn sie beteten, wandten sie sich nach Jerusalem. Jedes Jahr schickten sie ihr halbes Sekel als Abgabe für den Tempel und zur Unterhaltung des nationalen Kultus. So oft wie möglich kamen sie zu den jährlichen «Pilgerfesten» nach Jerusalem. Diesen Brauch behielt das Judentum der Diaspora auch nach der großen Vertreibung 70 n. Chr. bei.

rechts: Anzünden der Chanukkaleuchter zur Erinnerung an die Befreiung durch die Makkabäer. Eine Darstellung aus einer italienisch-hebräischen Handschrift von 1470.

links: Das jüdische Gebet «Nächstes Jahr in Jerusalem» und die Darstellung der Stadt als zentrales Motiv auf einem silbernen Pessachteller.

nächste Seite: Eine Sukkah (Holzbude für das Laubhüttenfest) aus dem frühen 19. Jahrhundert aus Süddeutschland; die Landschaft von Jerusalem ist auf die Rückwand gemalt. (Heute im Israel-Museum in Jerusalem.)

רחמנא שייש לו מהב שוה
פליחות ושיש מהם שרץ
וחפות ב׳ מהודות וחפורה
ויודך וחפות ולמנח תנשבב ו
וחסון יוחר הרגע דרעיר נ
ולבדיק נובאו קודם שיננה״
ולעונות ג׳ מוסידל
בתי ליטש מברש נרים נ

שהיו יום החשפט סליו
שודות״ וח׳
ושבת ונשיאות יעותך׳

ועל

הנסים ועל הפורקן ועל ה
הגבורות ועל התשועות
ועל המלחמות שעשית
לאבותינו בימים ההם ובזו
גבזמן הזה בימי מתתיה
בן יוחנן כהן גדול וחשם
וחשמונאי ובניו כשעמדה עליהם מלכות יון הרשעה ועל עמך
ישראל להשכיחם מתורתך ולהעבירם מחקי רצונך ואתה ברחמיך
הרבים עמדת להם בעת צרתם רבת את ריבם דנת את דינם נקמת נ
את נקמתם מסרת גבורים ביד חלשים ורבים ביד מעטים וטמאים ו
ביד טהורים ורשעים ביד צדיקים וזדים ביד עוסקי תורתך ולך נ
עשית שם גדול וקדוש בעולמך ולעמך ישראל עשית תשועה גד
גדולה ופורקן כהיום הזה ואחר כך באו בניך לדביר ביתך ופנו את
היכלך וטהרו את מקדשך והדליקו נרות בחצרות קדשך וקבעו נ
שמונה ימי חנוכה אלו להודות ולהלל לשמך הגדול״ ועל כלם״

לפורים״

ועל

הנסים ועל הפורקן ועל ג
הגבורות ועל התשועות ו
ועל המלחמות שעשית
לאבותינו בימים ההם ובז׳
ובזמן הזה בימי מרדכי ו׳
ואסתר בשושן הבירה בש
כשעמד עליהם המן הרשע ובקש להשמיד להרוג ולאבד את כל
היהודים מנער ועד זקן טף ונשים ביום אחד בשלשה עשר לחדש
שנים עשר הוא חדש אדר ושללם לבוז ואתה ברחמיך הרבים הפרת

בפרש נרים לעשות נפשו׳ וא
ויודך על החלות במשיר למנחת׳
חסלע פוסק רחמנא ויושה שי
שטרה שלוו ליק בחחור׳ מ
מה חלשורי׳ ויו שלוו לשחו
לשחוע קול שיר׳ שממלה כו
חיפר לה ביום שחמש׳ לתב ט
שהמבול כתב נרי יונתן ש
שיש בהן עי עי עמש׳ וזה
דחי עינוי נפש יוה, לוהקב׳ מיורתפה רחק עשה יושה תמשיטיה בחומר ׳חל כגון חיון ׳יול קטן ויוחך ׳יול הלהי׳ ומפ׳ ויוחו ד׳
ריומך׳ נהינו ריוחרי יוימצי בתשותך כגת שית להל טבליו רהטוו׳ וכש שוום נרה שלוו להתקשט נבורי יבמעון שהבעל וחפי
לחד׳ סיוור׳ בנרי׳ ויוולו הן נרי עינוי נפש שלוו להתקשט נבורי יבמעון״ רחמנא ליו היה והקפיד להמיר יעמנו מ
כאחד״ יין שבתוך הסעוד הנגך ס יוחד לעיננוו בכב׳ בוחוור ויטרי יש משיווה׳ סבי מורי יוחד הנבך למט׳ וחו ג
פי׳ ריוין לעלה׳ והחוור׳ כל יוחד סבך לעינוו׳ וריוין החולק יוכ״ל גם עבין׳ וטעם שיוין בתהבליעה פני מוור׳ במסכת הביוו לו יין
בתוך הסעוד׳ כל יוחד וכגך לעיננוו וטעם שיוין בתהבליעה פני׳ והחוותו טעם כיונו ימריך לנבך ס יוחר ויוחר לעיננוו הטוב ׳
והחטיב׳ ויום דעתו לשתות יין לבר שלוו להן והנוב לייוחרי ויומ׳ יש לו מזה ייצות וכוזה בני יוחם וחסובין יריכו יריכו ירי׳ לבך

une cite pres de ierlm que
lon apeloit modin . fort la
ton 7 de grant aier . ensi
com vos porres oir en lestoi
re . la quel . fu entaillee . por
lor grant bonte . 7 por lor

en cel tens la cite de ierlm
7 le temple fu reedefiez .
lxx . ans . apres ce que Na
buchodonosor . lor destruite
7 gastee . si com om treuve
en la fin dou livre des rois .

9 Die Makkabäer (Hasmonäer) 167-63

Im Jahre 198 v. Chr. gelang den Seleukiden unter Antiochus III., was seinen Vorgängern versagt geblieben war, nämlich die ägyptische Armee der Ptolemäer zu stellen und in die Flucht zu schlagen, sie von asiatischem Boden zu vertreiben und Palästina zu annektieren. Also kam Jerusalem, das mehr als ein Jahrhundert lang unter den «südlichen Griechen» (den Ptolemäern) gelebt hatte, unter die «nördlichen Griechen» (die Seleukiden). In den ersten Jahren zeigten sie sich wohlwollend; den Juden von Juda wurde ein hohes Maß an Autonomie und vollkommene religiöse Freiheit gewährt. Aber mit dem Aufstieg von Antiochus IV. Epiphanes im Jahre 175 wurde diese Politik drastisch geändert. Sein Ziel war die kulturelle Einheit im Griechentum, und deshalb versuchte er, den verschiedenartigen Vasallenstaaten eine einheitliche Lebensform aufzuzwingen und den griechischen Götterkult auszubreiten.

Schändung des Tempels

Einige Juden Jerusalems begrüßten den Hellenismus. Daraus entstanden schwere innere Konflikte, in die der König oft eingriff. Im Jahre 169 benutzte er die Gelegenheit eines solchen Streites, um «die Ordnung wiederherzustellen», wobei er in den Tempel eindrang, ihn plünderte und die heiligen und wertvollen Gefäße und Schätze wegnahm. Das löste in der ganzen Stadt Unruhen und Aufruhr aus, und Antiochus schickte eine stärkere Streitmacht, die viele Einwohner niedermachte und die Mauern und eine Reihe von Gebäuden teilweise zerstörte. Danach ließ er auf dem westlichen Hügel, gegenüber dem Tempelberg, eine hellenistische Festung, die Akra, errichten und stationierte dort Seleukidentruppen.

Damit kam die letzte Phase seiner Versuche, die Juden zu hellenisieren. Der Tempel, «der von da an nach dem Namen von Zeus Olympios benannt werden sollte», wurde entweiht. In den heiligen Bezirken vollzogen griechische Soldaten heidnische Riten, stellten ein Bild von Zeus auf, opferten Schweinefleisch auf dem Altar und zerstörten die Bücher des Gesetzes (die Thora-Rolle). Die Einhaltung der besonderen Bräuche der jüdischen Religion wie Sabbat, die herkömmlichen Feste und die Beschneidung wurden mit der Todesstrafe bedroht, ebenso das Versäumnis der hellenistischen Götzendienerei. Juden wurden hingerichtet, weil sie sich weigerten, Schweinefleisch zu essen, sich vor griechischen Götterbildern zu beugen und am monatlichen Opfer zu Ehren des Königs teilzunehmen.

Szenen aus dem Makkabäeraufstand. Aus einem reich illustrierten französischen Manuskript des 13. Jahrhunderts.

Diese Brutalität traf zuerst auf passiven Widerstand bei den orthodoxen Juden, Hassidim genannt, nach dem hebräischen Wort für «fromm». Sie lebten im ge-

heimen weiterhin nach jüdischem Gesetz und gingen eher in den Tod als sich dem Befehl, «die griechischen Sitten anzunehmen», zu unterwerfen. Die Verfolgungen verstärkten sich, nun wurde auch aktiver Widerstand geleistet, der wiederum die gewaltsame Unterdrückung beförderte – bald revoltierte ganz Juda.
Im Jahre 167 begannen die Juden einen nationalen Widerstandskampf gegen ihre Bedrücker, der zu einem heroischen Kapitel in der jüdischen Geschichte werden sollte. Die Befreiung und «Reinigung» Jerusalems und die freie Religionsausübung, was jetzt dasselbe bedeutete wie Freiheit von der Seleukidenherrschaft, war das Ziel dieses Kampfes. Die Strategie der Rebellen zielte darauf ab, die Besatzungstruppen in Jerusalem dadurch zu isolieren, daß die Juden alle Schlüsselpositionen, die die Zugänge zur Stadt beherrschten, einnahmen. Es war ein Guerillakrieg der schlecht bewaffneten Juden gegen die regulären Truppen des Antiochus.

Beginn der Revolte

Der zündende Funke zur Revolte ging vom Dorfe Modin aus (28 Kilometer nordwestlich von Jerusalem und genau östlich des heutigen internationalen Flughafens Lod).
Dort hatte sich der jüdische Priester Mattathias aus dem Hause Hasmon niedergelassen, nachdem er von Jerusalem fortgegangen war, um nicht mehr bei der Ausübung seiner Religion behindert zu werden. Er war eine mutige Patriarchenfigur, und seine fünf kräftigen Söhne, Johannes, Simon, Judas, Eleasar und Jonathan, glichen ihm.
Nach Modin ritten eines Tages «Hauptleute» des Antiochus, versammelten das Volk und kündeten eine öffentliche Verehrung des heidnischen Gottes durch das Opfer von Schweinefleisch an. Sie riefen Mattathias auf: «So tritt du nun zuerst heran und tue nach dem Gebot des Königs . . . Dann wirst du und dein Haus zu den Freunden des Königs gehören, und du und deine Söhne, ihr werdet geehrt werden mit Silber und Gold und vielen Geschenken.» Aber Mattathias lehnte feierlich und ernst ab: «Dem Befehl des Königs werden wir nicht gehorchen, so daß wir von unserer Religion abweichen sollten zur Rechten oder zur Linken.»
Da trat ein anderer Jude vor, dem heidnischen Gebot zu folgen. «Als das Mattathias sah, wurde er voll Eifer und sein Innerstes erbebte. Voller Zorn, wie es sich gebührte, lief er hin und erschlug ihn am Altar. Zugleich tötete er den königlichen Beamten, der zum Opfer zwingen sollte, und riß den Altar nieder. . . . Dann rief Mattathias mit lauter Stimme in der Stadt aus: Jeder, der für das Gesetz eifert und den Bund aufrechterhalten will, ziehe aus, mir nach! So flohen er und seine Söhne ins Gebirge, und alle ihre Habe ließen sie in der Stadt zurück.» (I Makkabäer II, 15–28)
Bald gesellten sich zu ihnen die Hassidim und andere Juden, die sich zum Widerstand gegen den Tyrannen entschlossen hatten, und Mattathias und seine Söhne bildeten Guerillaverbände, die von den Hügeln herab die Seleukidentruppen zu verfolgen begannen, heidnische Altäre zerstörten und den kleinen jüdischen Gemeiden auf dem Lande Mut machten. Viele folgten der Fahne der Rebellion und reihten sich unter die Kämpfer ein.

Judas Makkabäus

Einige Monate später starb Mattathias, und die Führung ging auf seinen Sohn Judas über, der den Beinamen ‹der Makkabäer› trug (hebräisch: «der Hammer»). Er, seine Brüder und seine Anhänger hießen die «Makkabäer», aber die Dynastie, die sie gründeten, war die der «Hasmonäer» – Hasmon war nach Josephus der Urgroßvater von Mattathias.
Judas war offenbar ein geborener militärischer Führer: mutig, ideenreich und seine Leute begeisternd. Er schuf aus seinen kleinen Guerillaeinheiten eine nationale Befreiungsarmee, die sich die Unabhängigkeit des Landes zum Ziel setzte. Das Buch

ach dem Sieg über die Juden n Jahre 70 n. Chr. und der erstörung Jerusalems gaben e Römer Münzen aus, auf nen ein triumphierender mischer Soldat über die udäa» spottet und auf die die orte «Judaea Capta» schrieben sind, um damit die niedrigung ihrer Feinde zu tonen.

der Makkabäer erwähnt vier größere Kämpfe und daß die Seleukiden die Blockade der Zugänge nach Jerusalem durch Judas zu brechen und die Stadt zu zerstören suchten. Von jüdischen Kundschaftern kam zuerst die Nachricht, daß der General Apollonius «ein großes Heer aus Samaria zusammenbrachte, wider Israel zu streiten». Judas zog aus, um ihn während seines Aufmarsches zu stellen, und «tat eine Schlacht mit ihm und erschlug ihn und einen großen Haufen Feinde mit ihm, die übrigen aber flohen».

Danach rückte der General Seron «mit einer großen Macht» an und versuchte, von Nordwesten her durchzubrechen, aber die Makkabäer schlugen ihn in die Flucht. Das war beim Paß Beth-Horon, gerade südöstlich von Modin und etwa 19 Kilometer nordwestlich von Jerusalem.

Die Zugänge nach Jerusalem waren nun nicht mehr bedroht, denn im Augenblick brauchte man kein neues Expeditionskorps zu fürchten. Daher versammelten sich die Makkabäer und «zogen hinauf zum Berg Zion». Aber der Tempelberg bot ein trauriges Bild: Das Heiligtum war verlassen, der Altar entweiht, die Tore verbrannt und die Zellen der Priester niedergerissen. Gras wuchs in den Höfen «wie im Wald oder auf dem Gebirge». Und noch immer lagen Seleukidentruppen hinter den bewehrten Mauern der Akra. «Und Judas wählete einen Haufen, den Feinden in der Burg zu wehren... dieweil er das Heiligtum reinigen ließ.»

Alle Spuren des Zeuskultes wurden beseitigt, ein neuer Altar aufgestellt und neue heilige Gefäße herbeigeschafft. Am «fünfundzwanzigsten Tage des neunten (jüdischen) Monats» – das entspricht dem Dezember – wurde der Tempel neu geweiht, auf den Tag genau drei Jahre nach der Tempelschändung. «Und Judas und seine Brüder und alles Volk Israel beschlossen, daß man jährlich zur fälligen Zeit vom fünfundzwanzigsten Tage des Monats Chislev acht Tage das neue Altarfest halten sollte mit Freuden und Danksagung.» (I Makkabäer IV, 59.) Und bis auf den heutigen Tag feiern Juden in der ganzen Welt das Chanukka-Fest (Chanukka ist das hebräische Wort für Weihe) durch das Anzünden von Lichtern. Am ersten Abend

Ein Chanukkaleuchter aus dem Jemen, spätes 19. Jahrhundert.

wird eine Kerze angesteckt und an jedem folgenden eine neue, und dazu liest man aus dem Buch der Makkabäer. Heute kennen die meisten die Geschichte des «Ölwunders» aus dem Talmud als Begründung, warum das Fest acht Tage dauert: Als nämlich die Hasmonäer kamen, um den Tempel neu zu weihen, gab es im Krug reines (unentweihtes) Öl nur noch für einen Tag, aber durch den Segen Gottes reichte es in den Lampen acht Tage, bis neues herbeigeschafft werden konnte.

Aus der Makkabäergeschichte wird deutlich, daß Judas und seine Männer nicht die ganze Stadt Jerusalem wiedereroberten, sondern nur den Tempelberg. (Nach dem Zustand zu urteilen, in dem er den Tempel vorfand, waren es die Griechen anscheinend leid geworden, das Heiligtum weiter zu mißbrauchen.) Die Stadt selbst wird in der Hand der Griechen und Abtrünnigen geblieben sein, geschützt durch die Garnison der Akra. Der Rest der ursprünglichen Bevölkerung – gesetzestreue Juden, die dem Massaker entflohen waren – hatte sich längst zu den gläubigen Dörflern Judas gesellt, die sich um das Banner der Makkabäer in den Hügeln und Einöden des umgebenden Landes geschart hatten.
Die eigentliche Stadt bildete also weiterhin einen Stützpunkt der Seleukiden, und der Tempelberg diente als jüdischer Vorposten. Für die nächsten 23 Jahre sahen sich Griechen und Juden von den Mauern ihrer Festungen, Akra und Tempelberg, einige dutzend Meter auseinander, ins Gesicht. Sie konnten einander belästigen und stören, aber keiner konnte des anderen Mauern stürmen. Immer wieder kam es zu grimmigen Kämpfen; dann gab es auch wieder ruhige Zeiten, wenn nämlich der Druck auf die Makkabäer durch Machtkämpfe um den Seleukidenthron nach dem Tod von Antiochus Epiphanes im Jahre 163 nachließ.
Judas Makkabäus wurde 160 in der Schlacht bei Elasa (etwa 20 Kilometer nordwestlich von Jerusalem) getötet. Die Führerschaft der Makkabäer ging auf seinen Bruder Jonathan über, der den Kampf um die Befreiung fortsetzte. Verschärfte Konflikte innerhalb der Seleukidenhierarchie und die Erkenntnis, daß es vergeblich war, die jüdische Religion unterdrücken zu wollen, und daß eine gemäßigte Politik sich vielleicht als erfolgreicher erweisen mochte, veranlaßte die Herrscher des Reiches zum Einlenken. Im Jahre 152 kam Jonathan nach Jerusalem nicht nur als militärischer Führer, sondern auch als Hohepriester und eigentlicher Statthalter von

Judäa. Zu diesem Amt war er von König Demetrius bestimmt worden, der 162 den Seleukidenthron eingenommen hatte und nun von einem Rivalen bedroht wurde. Beide suchten die Hilfe des rebellischen Führers von Judäa, und so erreichte Jonathan weitgehende Zugeständnisse.

Die Stadt Jerusalem gehörte nun den Makkabäern. Jonathan begann damit, sie wieder aufzubauen und neu zu befestigen und eine unabhängige jüdische Regierung über das wachsende Juda zu errichten. Zu den Städten, die ihm zufielen, gehörten auch Jaffa, Askalon und Asdod. Wieder einmal hatte Jerusalem damit einen Zugang zum Mittelmeer. Die Akra hingegen blieb eine griechische Festung, und manche Wissenschaftler meinen, daß der König offensichtlich nicht so weit gehen konnte, ihre Räumung zuzugestehen.

Im Jahre 143 wurde Jonathan von einem Seleukidengeneral heimtückisch ermordet, und ihm folgte sein letzter lebender Bruder, Simon. (Johannes und Eleaser waren beide gefallen.) Im Jahre 141 kapitulierte die Akra; «das Joch der Heiden» war zerbrochen, und eine ordentliche jüdische Versammlung in Jerusalem bestätigte Simon in seinen Ämtern als «Hohepriester und General und Herrscher der Juden». Diese Titel sollten erblich werden, und unter seinen Nachfolgern entwickelte sich daraus die Königswürde. Zu welcher staatlichen Souveränität es Simon gebracht hatte, zeigt die Prägung von eigenen jüdischen Münzen, die allerdings nicht seinen Kopf trugen.

Die Dynastie der Hasmonäer

Mit Simon beginnt die Dynastie der Hasmonäer, die bis zur römischen Eroberung 63 v. Chr. und noch einmal eine kurze Zeit von 40 bis 37 v. Chr. herrschte. Die frühen Hasmonäer fügten der Geschichte Jerusalems und der Geschichte der Juden ein weiteres goldenes Kapitel hinzu, das aber spätere Parteikämpfe befleckten. Zunächst sorgten sie für eine starke und stabile Verwaltung; indem sie Vorteil aus dem Niedergang der Seleukiden und den folgenden Rivalitäten der Reiche des Mittleren Ostens zogen, gelang es ihnen schließlich, fast das ganze Gebiet, das einst das ungeteilte Königreich von David und Salomo umfaßte, wieder unter unabhängige jüdische Herrschaft zu bringen. Das hatte zur Folge, daß Jerusalem, die religiöse und politische Hauptstadt, auch äußerlich wieder aufblühte; die Bevölkerung wuchs, und die Stadt erhielt neue Gebäude. Das Leben wurde geschäftiger denn je: mehr und mehr Pilger kamen aus dem eigenen Land und aus der Diaspora, um den Tempel zu besuchen, und Kaufleute, die die jetzt vom jüdischen Staat kontrollierten Handelswege benutzten, wickelten hier ihre Geschäfte ab.

Johannes Hyrkan

Simon wurde im Jahre 135 ermordet, und ihm folgte sein Sohn Johannes Hyrkan, der auch weiterhin die Schwäche der Seleukiden zur Entwicklung seines unabhängigen Staates nutzen konnte. Unter seiner Herrschaft umfaßten die wiedergewonnenen Gebiete Teile von Transjordanien im Osten, Samaria im Norden und das Land der Edomiter (Edom oder Idumäa) im Süden. (Aus den Idumäern, die zur jüdischen Religion bekehrt worden waren, sollte später der berühmte König Herodes der Große hervorgehen.)

Im Innern aber gab es Zwistigkeiten zwischen zwei rivalisierenden jüdischen Parteien, den Sadduzäern und den Pharisäern, die mit der Zeit immer heftiger wurden und sich unheilvoll auf das Schicksal Jerusalems am Vorabend seines Falls im Jahre 63 v. Chr. und bei seiner Zerstörung im Jahre 70 n. Chr. auswirkten. Dicke Bücher sind über die Unterschiede zwischen beiden Gruppen in religiöser, politischer und wirtschaftlicher Hinsicht geschrieben worden. Zwei Verallgemeinerungen mögen hier genügen: Die Sadduzäer waren strikte Anhänger der geschriebenen Gesetze der Thora, sahen allein im Tempel das Zentrum des religiösen Lebens, unterstützten

den Priesterstand und stimmten dafür, daß der Hohepriester zugleich religiöser und politischer Führer sein sollte. Die Pharisäer wollten die Trennung von Religion und Politik, maßen dem mündlich überlieferten Gesetz dieselbe Bedeutung zu wie dem geschriebenen und achteten Laien als Ausleger der Thora höher als den steifen Tempelpriester (wie auch die Generationen nach Esra dem Schriftgelehrten gegenüber getan hatten) – und mit all dem stellten sie religiöse Werte über politische Unabhängigkeit.

Judas Aristobul

Der Konflikt trat noch schärfer hervor, als Hyrkan im Jahre 104 starb und ihm sein Sohn Judas Aristobul folgte, der sich sofort als erster Hasmonäer, der diesen Titel führte, zum König ausrief. Er regierte nur ein Jahr (gleichwohl gelang es ihm in diesem einen Jahr, den Rest von Judäa zurückzugewinnen), und ihm folgte sein Bruder Alexander Jannäus, unter dem sich die Kluft im Volke weiter vergrößerte, was schließlich zum Bürgerkrieg führte. Höchst grausam verfuhr er mit seinen Gegnern, den Pharisäern, von denen sich einige dem Seleukidenkönig Demetrius III. angeschlossen hatten, um gegen Jannäus zu kämpfen. Als ein paar von ihnen gefangengenommen wurden, ließ Jannäus sie mitten in Jerusalem öffentlich hinrichten und ihre Familien ermorden. Deswegen und überhaupt wegen seiner rohen Zügellosigkeit ist die Regierungszeit des Königs Alexander Jannäus, der auch als Jonathan der Hohepriester bekannt ist, ein Schandfleck in der Geschichte der Hasmonäer, auch wenn er die Grenzen des Staates weit ausdehnte. Bei seinem Tod im Jahre 76 v. Chr. erstreckte sich die jüdische Herrschaft – in den heutigen Begriffen – über die ganze Küstenebene des Mittelmeeres (mit Ausnahme von Askalon) vom Berg Karmel im Norden bis zum Südende des Gazastreifens im Süden. Dazu gehörte das Land westlich des Jordans und des Toten Meeres vom nördlichen Negev im Süden bis nach Galiläa im Norden (einschließlich des «Westufers»!) und außerdem ein breiter Streifen östlich des Jordans, vom westlichen Syrien im Norden bis genau zum Südende des Toten Meeres.

Obwohl er zwei Söhne hatte, die ihm hätten folgen können, designierte Alexander Jannäus seine Frau Salome Alexandra, die von 76 bis 67 v. Chr. regierte. Den älteren der beiden Söhne, die sie Jannäus geboren hatte, Hyrkan, bestimmte sie zum Hohepriester. Er war, sagt Josephus, «nur wenig für die Angelegenheiten des Staates geeignet... und eher ein folgsamer Charakter gegenüber Aristobul, der ein tatkräftiger und unternehmender Mensch war».

Während der neun Jahre ihrer Herrschaft wuchs die Macht der Pharisäer so weit, daß einige Sadduzäer getötet wurden, weil man sie dafür verantwortlich machte, Jannäus bei seinem Massaker gefangener Pharisäer geholfen zu haben. Im Jahre 67, in Salomes letzten Tagen – sie war mittlerweile nahe den achtzig – rief Aristobul sich selbst zum König aus. Es kam zum Krieg zwischen den beiden Brüdern, aus dem der jüngere als Sieger hervorging, der nun vier Jahre lang als Aristobul II. regierte und dessen Ende mit dem der jüdischen Unabhängigkeit zusammenfiel.

Antipaters Rat an Hyrkan

Es kam noch einmal kurz zu einer Versöhnung zwischen den feindlichen Brüdern. Aber dann riet Antipater, der führende Idumäer und Ratgeber am jüdischen Hof, Hyrkan, er solle doch Aretas, den König der Nabatäer, deren Hauptstadt Petra in Transjordanien war, zu Hilfe holen, um sein Königreich zurückzugewinnen. Hyrkan folgte diesem Rat, floh nach Petra und verband sich mit Aretas zur Invasion des jüdischen Staates im Jahre 64 v. Chr.

Dieser Übermacht konnte Aristobul nicht standhalten, und er wurde schließlich nach Jerusalem zurückgedrängt, wo er sich hinter die schützenden Mauern des Tempelberges zurückzog. Der Fall der Festung stand unmittelbar bevor, als Rom intervenierte.

)ie Makkabäerrevolte gegen ie Römer, wie sie sich der lustrator dieser katalanischen Handschrift aus dem ɔ. Jahrhundert vorstellte.

Roms Eroberungsheld Pompejus leitete zu der Zeit erfolgreiche militärische Operationen in Armenien und führte dabei rasch eine Streitmacht nach Süden, um Damaskus zu nehmen. Als die Stadt fiel, entsandte er Marcus Scaurus zur Übernahme des Kommandos. Kaum war Scaurus nach Damaskus gekommen und hatte von den Kämpfen weiter südlich gehört, als er sich sofort aufmachte, um nach dem Rechten zu sehen. Er verlor keinen Augenblick, die im wahrsten Sinne des Wortes goldene Gelegenheit zu ergreifen, da zwei Rivalen ihn um Hilfe bitten würden. Aristobul gewann – «400 Talente» war der Preis –, und Scaurus wandte sich sofort gegen Aretas und bedrohte ihn «mit Pompejus und den Römern», sofern er nicht die Belagerung Jerusalems abbreche. Aretas zog sich schnellstens zurück, und Scaurus – schwer beladen mit Geschenken – ging wieder nach Damaskus.

Pompejus marschiert gegen Jerusalem

Aber die Ruhe, derer sich Aristobul und Jerusalem nun erfreuen konnten, währte nur kurz. Pompejus kam nach Syrien, beratschlagte in Damaskus und entschloß sich, den Marsch weiter nach Süden fortzusetzen. Er drang in Juda ein, nahm Jericho und rückte gegen Jerusalem vor. Josephus schreibt, Aristobul sei in der Erkenntnis, der Übermacht nicht widerstehen zu können, hinausgegangen, um seine Unterwerfung anzubieten. Aber seine Anhänger waren zum Widerstand entschlossen, und als der Offizier des Pompejus kam, um die Kapitulation entgegenzunehmen, erlaubten sie ihm nicht einmal, die Stadt zu betreten. Pompejus ließ Aristobul in Haft nehmen und erschien mit seiner Streitmacht vor Jerusalem.

In der Stadt stritten sich die Anhänger Aristobuls, die zum Kriege und zur Rettung des Königs aufriefen, und Hyrkans Getreue, die das Unternehmen für hoffnungslos und die Unterwerfung für das Vernünftigste hielten. Die Befürworter des Krieges wurden überstimmt und zogen sich in ihre Tempelfestung zurück, brachen die Brücke zwischen dem Tempel und der Oberstadt ab «und machten sich bereit, bis zum Tode zu kämpfen». Die Anhänger Hyrkans andererseits sammelten sich in der Oberstadt und öffneten Pompejus die Tore.

Als Pompejus die Möglichkeiten für einen Angriff erkundete, sah er die starken Außenmauern des Tempelbezirks mit den tiefen natürlichen Schluchten an allen Seiten außer im Norden. Der Zugang von der West- oder Stadtseite her war durch die Zerstörung der Brücke unmöglich. Also entschloß er sich, von Norden her anzugreifen, obwohl auch hier die Verteidiger einen breiten, tiefen Graben ausgehoben hatten. (Der weitgereiste griechische Geograph und Historiker aus dem ersten vorchristlichen Jahrhundert, Strabo, sagt, daß der Graben 18 Meter tief und 75 Meter breit gewesen sei.)

Pompejus ließ seine Truppen den Graben zuschütten. Eine enorme Leistung, sagt Josephus, einmal wegen der Grabengröße, zum andern, weil die Soldaten dabei ständig von den Juden oben auf den Türmen bedrängt wurden. Als der Graben aufgefüllt war, rollten sie die Belagerungsmaschinen und Sturmrammen, die Pompejus von Tyros heraufgebracht hatte, hinüber und begannen den Angriff auf die Mauern, während Steinschleuderer versuchten, die Gegenwehr der Belagerten zu unterbinden. Trotzdem kam Pompejus wochenlang nicht voran. Erst im dritten Monat der Belagerung gelang es den Römern, eine Bresche zu schlagen. «Der Tempel wurde an einem Fastentag genommen . . . Als die Feinde in den Bezirk eindrangen, veranstalteten sie ein großes Gemetzel; aber selbst diese Grausamkeit konnte die am Altar nicht davon abhalten, in ihrem Gebet fortzufahren, wie sie es denn für besser hielten, in die Hände des Erzfeindes zu fallen als die Gesetze ihrer Religion zu verletzen.»

Pompejus machte Jerusalem für Rom tributpflichtig, legte die Verwaltung der er-

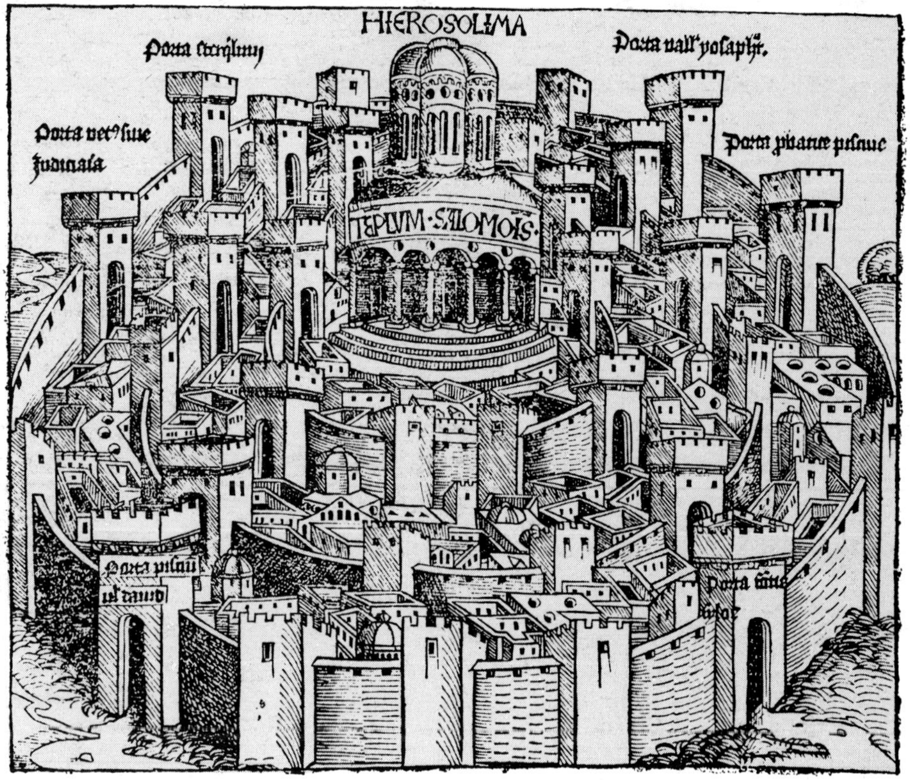

Jerusalem und der Tempel (Mitte), Holzschnitt aus Nürnberg, 1493.

oberten Gebiete in die Hände seines Kommandeurs Scaurus, setzte Hyrkan wieder zum Hohepriester ein und machte ihn damit zum Marionettenherrscher über Jerusalem. Die überlebenden Führer des jüdischen Widerstandes ließ er hinrichten und eilte zum Triumph nach Rom. Aristobul und dessen Söhne Alexander und Mattathias Antigonus nahm er mit als Gefangene. Das war im Jahre 63 v. Chr.

10 Herodes der Große 37-4

Auch die Eroberung durch das mächtige Rom brachte Judäa keinen Frieden. In den nächsten dreiundzwanzig Jahren brodelte es im Lande von Rebellionen und Aufständen, bis der letzte Hasmonäer für eine kurze Zeit den Thron, Jerusalem und die Unabhängigkeit der Juden zurückgewann.
Der junge Alexander war auf dem Weg nach Rom entflohen und sammelte mit der Zeit eine Truppe jüdischer Widerstandskämpfer um sich, die einen guten Teil von Judäa einnehmen konnten und bis nach Jerusalem vordrangen. Schließlich mußten sie sich aber vor der römischen Übermacht zurückziehen. Einer der römischen Generäle, die ihnen gegenüberstanden, war Marcus Antonius, und einer der Armeeführer unter Antonius war Antipater, die «graue Eminenz» des Hyrkan, der nun wirklich Macht und Einfluß in Jerusalem gewonnen hatte. Er half den Römern bei der Unterdrückung der von Hasmonäern geführten Rebellen und stärkte dadurch wieder seine eigene Position und die seines Sohnes Herodes.
Nicht lange danach flohen Aristobul und sein anderer Sohn Antigonus aus Rom und sammelten in Judäa jüdische Kräfte, um die Unabhängigkeit zurückzugewinnen. Aber auch sie wurden nach einer Reihe schwerer Kämpfe besiegt. Rom herrschte also weiterhin, und Antipater schwang in Jerusalem das Szepter. Es gelang ihm durch seine Schlauheit, sich Rückendeckung durch das Weltreich zu verschaffen, ganz gleich wer in Rom gerade herrschte. Obwohl Pompejus sein Patron gewesen war, zögerte er nicht, als die Kämpfe zwischen Julius Cäsar und Pompejus mit Cäsars Sieg im Jahre 48 endeten, und besonders nach der Ermordung des Pompejus einige Monate später, die Seiten zu wechseln und Cäsar zu hofieren. Er erhielt den Titel eines Statthalters von Judäa, und Hyrkan, jetzt seine Marionette, wurde als Hohepriester bestätigt. Antipater ernannte seinen älteren Sohn Phasael zum Statthalter der Stadt und des Distrikts von Jerusalem und seinen nächsten Sohn, Herodes, zum Statthalter von Galiläa. Bei seinem Tode im Jahre 43 (er wurde vergiftet) teilten sich seine Söhne in seine Macht – obwohl der Teil des Herodes größer war – als auch in den geringen politischen Einfluß, über den Hyrkan noch geboten hatte.
Mittlerweile war Mattathias Antigonus der einzige noch lebende freie Hasmonäer; sein Vater Aristobul und sein Bruder Alexander waren beide getötet worden. Er, der ausgestoßene Rebell, gab die Hoffnung auf die Unabhängigkeit noch nicht auf und wandte sich an die Parther um Hilfe, die einzige bedeutende Macht im Mittleren Osten, die den Römern noch widerstand. Im Jahre 40 marschierte ein Parther-

)ie drei riesigen Türme
'hasael (rechts), Mariamne
Mitte) und Hippikus (links),
ie Herodes zum Schutz seines
'alastes erbaute. Verkleinerte,
naßstabgetreue Rekonstruk-
ion von Professor Michael
vi-Yonah im Garten des
'olyland Hotels, Jerusalem.

heer zusammen mit den Anhängern des Antigonus nach Judäa und rückte bis Jerusalem vor, das sie nach einem erbitterten Kampf in der Stadt und an der Tempelfestung eroberten. Herodes konnte entfliehen, Phasael wurde gefangengenommen und beging in der Haft Selbstmord. Hyrkan wurden auf Befehl des Antigonus, seines Neffen, die Ohren abgeschnitten, um ihn für immer zum Hohepriester untauglich zu machen, denn der Inhaber dieses Amtes mußte ein Mann «ohne Makel» sein. Antigonus wurde König, Jerusalem und Juda waren wieder frei unter einem Hasmonäer.

Die Freiheit war kurzlebig. Herodes, dessen Weg zur Königsherrschaft von seinem Vater und durch die Gunst der Römer so sorgfältig gebahnt worden war und der durch Ehrgeiz und Schläue sein Ziel schon fast erreicht hatte, war nicht bereit, so einfach zu verzichten. Aber er allein konnte in Judäa wenig tun, er konnte nicht das Volk, das er zu regieren wünschte, versammeln und aufrufen, mit ihm gegen Mattathias Antigonus zu marschieren. Denn die Leute im Lande waren Juden, und Mattathias Antigonus war ihr angestammter König, ein Hasmonäer. Herodes andererseits, wie sein Vater ein Außenseiter, wurde verachtet; sie hatten sich in die hohe Position in Jerusalem hineingeschlängelt, die Macht an sich gerissen und behalten, indem sie unterwürfig um die römische Besatzungsmacht scharwenzelten.

Es gab nur einen Weg für Herodes, wenn er Antigonus vertreiben und sich selbst auf den Thron setzen wollte, nämlich die Römer zu Hilfe zu holen. Und römische Hilfe würde auch nötig sein, um sich auf dem Thron zu halten.

Herodes ging nach Rom, wo er herzlich von Freunden wie Marcus Antonius empfangen wurde, denen er und sein Vater in den Kämpfen zur Unterdrückung der jüdischen Aufstände geholfen hatten. Nach Josephus schlug Antonius, der in Herodes einen fügsamen, die Macht der Römer stützenden Stellvertreter sah, dem Senat vor, «daß es eine kluge Maßnahme wäre, Herodes zum König von Judäa zu machen. Und diesem Vorschlag stimmte der Senat einstimmig zu. Damit ging er von dem üblichen Brauch ab, die Macht nur Personen von königlicher Abkunft zu übertragen.»

Herodes reiste in den Mittleren Osten zurück und begann seinen langen und harten Feldzug gegen Antigonus, unterstützt von zwei römischen Legionen, Söldnertruppen, syrischen Hilfstruppen und Einheiten seiner Landsleute, der Idumäer. Erst im dritten Jahr nach seiner Ernennung zum König durch die Römer erreichte er Jerusalem und brachte seine Armee vor die Mauern der Stadt. Die nächsten vier Monate waren eine Zeit harter Belagerung und heftigen Kampfes, aber die Mauern hielten stand. Dann erhielt Herodes Verstärkung durch den römischen General Sosius, der von Antonius zum Statthalter von Syrien ernannt worden war und der die Anweisung hatte, Herodes zu unterstützen.

Im fünften Monat der Belagerung brachen die vereinten Armeen von Herodes und Sosius in Jerusalem ein, nahmen die erste Mauer und einige Tage später die zweite und die äußeren Viertel des Tempels und der Unterstadt. Die Juden zogen sich ins Innere des Tempels und der Oberstadt zurück und setzten den Kampf fort. Aber sie konnten das Ende nur noch hinauszögern. Die Belagerer drangen ein und richteten ein furchtbares Gemetzel an. (Von Herodes heißt es, er habe versucht, die Römer vor Exzessen zurückzuhalten, aber ohne Erfolg.) Mattathias Antigonus wurde von Sosius abgeführt und getötet.

Herodes mit dem römischen Titel eines Königs der Juden war nun wirklich König von Judäa, man schrieb das Jahr 37 v. Chr. Er sollte bis 4 v. Chr. regieren und in Jerusalem seine Spuren hinterlassen.

Gesamtansicht des Innern der Zitadelle heute, auch «Davidsturm» genannt, die aus hasmonäischen, römischen, byzantinischen, Kreuzritter-, Mameluken- und osmanischen Ruinen besteht.

Der Charakter des Herodes

Kein herabsetzendes Attribut haben Historiker und Schriftsteller in der Antike wie in der Neuzeit Herodes vorenthalten, wenn sie sich mit seinem Charakter und seinen Taten beschäftigten: grausam, hinterlistig, wild und aufbrausend, und seine Taten berechtigten sicherlich zu solchen Epitheta. Nach seiner Thronbesteigung ließ er alle führenden Anhänger des Antigonus und damit mehr als die Hälfte der Mitglieder des Sanhedrin, des obersten religiösen und zivilen Rats der Juden, hinrichten. Im Lauf seiner Regierung beseitigte er seine Frau Mariamne, zufällig eine Hasmonäerin, ihren Großvater, den alten Hyrkan, seinen populären Schwager, seine Schwiegermutter, seine beiden Söhne von Miriamne und seinen ältesten Sohn. Er stand treu zu seinen römischen Lehnsherren und unterdrückte unnachsichtig bei seinen Untertanen jedes Anzeichen von Rebellion. In Jerusalem hatte er stets römische Legionäre zur Hand.

Trotz allem war Herodes zweifellos ein erfolgreicher Administrator und ein glänzender Organisator. Er besaß eine unbändige Bauleidenschaft und das entsprechende Talent dazu und baute die erstaunlichen Befestigungen auf der Höhe von Masada, die erst kürzlich ausgegraben wurden, ferner die Stadt Cäsarea an der Mittelmeerküste, und zwar in solcher Pracht, daß die Römer sie später zu ihrer Hauptstadt des Landes machten. Dazu baute er andere Städte, Festungen und Paläste überall im Lande. Auch in Jerusalem betätigte er sich leidenschaftlich – Reste seines Werkes kann man noch heute in der Altstadt sehen – und veränderte das Antlitz der Stadt völlig.

Palast des Herodes und andere Bauten

Der Antrieb zu Herodes' riesigen Bauvorhaben in Jerusalem war vielleicht der Wunsch, sich dadurch die Gunst seiner widerspenstigen Untertanen zu erwerben, sich selbst vor ihrem Zorn zu bewahren, die innere Sicherheit zu erhöhen – wie wir aus Lage

und Plan zweier Baulichkeiten sehen werden – und seinen Namen durch die sichtbare Verbindung seines Werkes mit der großen Stadt zu ehren.
Die Gelehrten sind sich darüber einig, daß er wohl erst die alten Mauern, die durch ihn selbst während der Belagerung erheblich gelitten hatten, wiederhergestellt und verstärkt haben muß, aber darüber liegt uns kein Bericht vor. Dagegen haben wir Nachrichten von seinen Neubauten, von denen es auch einige Überreste gibt. Der erste war der großartige Königspalast an der Nordwestecke der Oberstadt (das heißt: auf dem südwestlichen Hügel) nahe dem heutigen Jaffa-Tor. Am nördlichen Ende des Palastes errichtete er drei hohe Türme, die «er dem Andenken seines Bruders, seines Freundes und seiner Frau weihte» und die daher Phasaelturm, Hippikusturm und Mariamneturm heißen. Jeder erhob sich auf einer großen, stabilen und verkleideten Steinbasis und war mit Brustwehren und Zinnen versehen. Als einziges sind die Grundmauern des Phasaelturmes gleich hinter dem Jaffa-Tor erhalten. Ihre Steine sind ohne Mörtel dicht zusammengefügt; die Ausmaße des Mauerwerks kommen den Angaben bei Josephus nahe: jeder Stein ist ein Würfel von 1,2 Meter Kantenlänge. Viele Besucher Jerusalems sehen diese Ruine aus der Zeit des Herodes, ohne sie als solche zu erkennen, denn einige Jahrhunderte nach Herodes wurde sie Davidsturm genannt, und dieser Name blieb.
Herodes errichtete noch einen vierten Turm, etwa 900 Meter nordwestlich von den anderen drei, den er Psephinus nannte. Er stand allein, wurde aber später, zur Zeit des Königs Agrippa (41–44 n. Chr.), durch die neue, die sogenannte Dritte Mauer mit den anderen verbunden.
Der Königshof oder Palast des Herodes war eigentlich eine Zitadelle. Die alte Stadtmauer, die erste Mauer, bildete die Nord- und die Westseite, und um den Einschluß zu vervollständigen, wurden im Süden und Osten entsprechende Mauern errichtet. Zwei riesige Hallen (mit Liegen für mehr als hundert Gäste) und viele Kammern gliederten sich um offene Höfe mit Kolonnaden und Anpflanzungen; Wasser kam über einen hochliegenden Aquädukt.
Palast und Türme beherrschten die ganze Oberstadt. Von ihnen aus konnte man alle Vorgänge am Ort beobachten. Und im Falle des Aufruhrs würde der König dort wohl geschützt sein.
Herodes hat gut gebaut, so gut, daß sein Palast auch die Residenz seines unmittelbaren Nachfolgers und der römischen Prokuratoren wurde; später diente sie als Festung für die jüdischen Widerstandskämpfer in der großen Schlacht um Jerusalem 70 n. Chr., in der sie nach dem Fall der Stadt noch einen Monat lang aushielten, dann als Lager für die römische Legion, als Kastell der Byzantiner, als Festung der Moslems, als «Davidsturm» der Kreuzritter und endlich, bis in unsere Tage, als türkische Zitadelle.
Der Bau des großen Palastes an diesem Orte, wodurch das Herrschaftszentrum der Stadt vom östlichen auf den südwestlichen Hügel verlagert wurde, mag den Glauben gefördert haben, daß dieser Südwesthügel auch der Ort der alten Davidsstadt gewesen sei. Heute ist man sich aber unter Gelehrten allgemein einig, daß die Stadt Davids im Südosten, südlich des späteren Tempelberges lag.
Das zweite Gebäude, das Herodes aufführte oder doch wesentlich vergrößerte, wobei er wohl wiederum die innere Sicherheit im Auge hatte, war die Antoniafestung, die an die Stelle von Baris, der Burg der Hasmonäer an der Nordwestecke des Tempelberges, trat und nach Marcus Antonius benannt wurde. Herodes errichtete hier ein schweres Kastell auf einer riesigen Basis mit steilen Seitenmauern, die an den Ecken vier hohe Türme trugen. Der im Südosten war höher als die

Modell der Antoniafestung, ausgestellt im Konvent der Schwestern Zions, Jerusalem.

anderen und diente als Wachtturm über den Tempel. Dort war eine römische Infanterieeinheit stationiert, die besonders an jüdischen Feiertagen, wenn die Massen zum Gottesdienst im Tempel drängten, schwer bewaffnet «auf jedes Zeichen der Unzufriedenheit im Volke achtete». Eine verborgene Treppe und ein Durchgang führten von der Festung in den Tempelbezirk.

Im Innern der Antoniafestung, sagt Josephus, «gab es alle möglichen Häuser und Annehmlichkeiten: Kolonnaden, Bäder und breite Höfe zum Lagern, so daß es, da alle nützlichen Einrichtungen vorhanden waren, eine Stadt zu sein schien, aber wegen der Pracht ein Palast». Die starke Antoniafestung sollte auch in den späteren Kämpfen um Jerusalem eine Schlüsselrolle spielen und nach der allgemeinen Überlieferung den Schauplatz zum Prozeß Jesu am Beginn des folgenden Jahrhunderts abgeben.

Viele Gebäude in Jerusalem gehen auf Herodes zurück, aber das stolzeste von allen, das sein Zeichen in dieser Stadt bis auf den heutigen Tag blieb, war sein Tempelneubau. Im achtzehnten Jahr seiner Regierung, 20 v. Chr., begann er mit den Arbeiten, und sehr schnell, innerhalb von achtzehn Monaten, wurde das Haus, das eigentliche Heiligtum vollendet. Für die umgebenden Säulengänge und äußeren Einfriedungen benötigte man weitere acht Jahre, und die Arbeiten bis zur endgültigen Vollendung des Baues gingen noch lange nach seinem Tode weiter. Erst wenige Jahre vor 70 n. Chr. war der Tempel fertig geworden, als dann das ganze Gebäude in Flammen aufging und nie wieder aufgebaut wurde.

Warum hat der ungläubige Herodes, im Herzen den jüdischen Angelegenheiten fremd, so zur Verherrlichung des zentralen jüdischen Heiligtums beigetragen? Es war ganz eindeutig eine Geste des Entgegenkommens gegenüber den Juden, die ihm schon immer feindlich gesonnen und noch zorniger geworden waren wegen der hellenistischen und römischen Tempel, die er in den neuen Städten gebaut, und wegen der heidnischen Zeremonien und Schauspiele, die er in Jerusalem eingeführt hatte. Mit dem Tempelneubau aber tat er etwas für den Judaismus – und gleichzeitig konnte er seiner Freude an großartigen Bauten freien Lauf lassen. Um die Juden noch weiter zu beruhigen, ließ er tausend Priester zu Maurern und Zimmerleuten ausbilden, die jene Teile des Heiligtums bauten, die von profanen Händen nicht berührt werden durften.

Der Grundplan und die innere Anlage des eigentlichen Tempels, des Hauses der Anbetung selbst, blieben bestehen, denn sie konnten gar nicht geändert werden; sie richteten sich nach den Vorschriften der Bibel. Aber Herodes verdoppelte die Höhe und erweiterte großzügig die Säulenhalle, so daß das Gebäude emporzusteigen schien. Diesen Eindruck verstärkte noch eine Reihe darangesetzter, absteigender Terrassen mit weiten Höfen und Kolonnaden, alles von Mauern umgeben. Der Tempel wurde aus großen weißen Steinblöcken aufgeführt und seine Fassade mit Gold verkleidet, so daß er aus der Entfernung «wie ein schneebedeckter Berg erschien».

Als Basis für seinen immensen Bau – ein Heiligtum, das sich turmhoch über einen Hügel aus weiten Terrassenhöfen erhob – errichtete Herodes eine großartige Plattform, ein weites Rechteck von 360 auf 270 Meter, das von einem Unterbau und hohen Stützmauern, die aus den Tälern zu Seiten des Tempelberges aufstiegen, ge-

rechts: Pompejus begeht das Sakrileg und betritt das Allerheiligste des Tempels. Aus einer französischen Handschrift, 1470 von Fouquet illustriert.

nächste Seite: Eine Bildkarte Jerusalems des späten 16. Jahrhunderts aus Köln, mit Stadtansichten und Darstellungen von frühen biblischen Szenen und bedeutenden Ereignissen aus der Zeit Jesu.

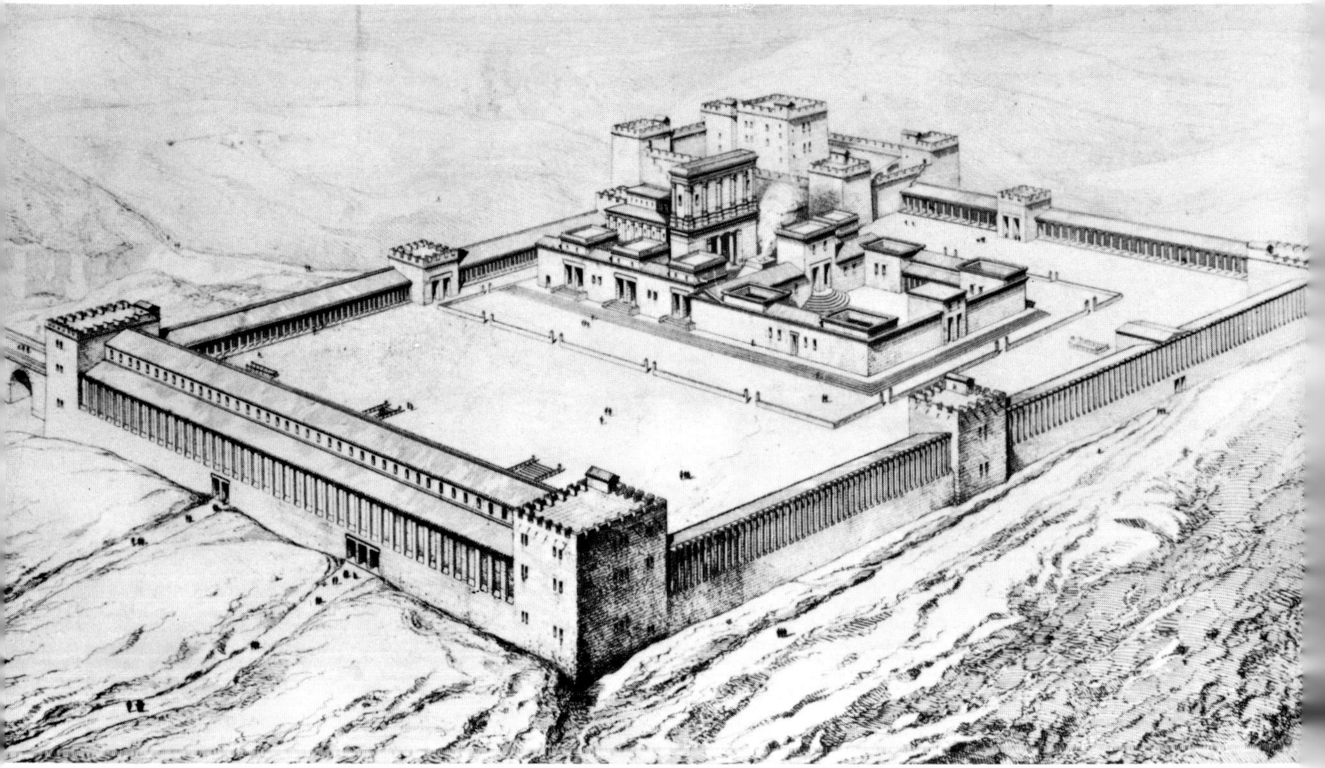

tragen wurde. Die «Klagemauer» oder «Westmauer», von den Juden in aller Welt während der letzten 1900 Jahre als der heiligste Ort verehrt, ist eine dieser Stützwände.

Hoch oben über einer gewaltigen Steintreppe erhob sich das vergoldete Haus der Anbetung, das in das Heilige, wo der Räucheraltar, der Tisch der Schaubrote und ein siebenarmiger Leuchter standen, und das Allerheiligste geteilt war, in dem jetzt nichts stand, das aber zur Zeit Salomos die Bundeslade beherbergte. Nur einem Sterblichen war es gestattet, das Allerheiligste zu betreten: dem Hohepriester; und auch er durfte dies nur an einem einzigen Tag im Jahr, dem Versöhnungstag (Jom Kippur).

Darunter erstreckte sich die jetzt erweiterte Säulenhalle. Zwölf breite Stufen führten hinab in den Altarhof, den Hof der Priester und den Hof der Israeliten, die alle ein großer Hof gewesen zu sein scheinen, in die entsprechenden Bezirke abgeteilt. Der

links: Rekonstruktion des Herodestempels vom Comte d Vogue, 19. Jahrhundert.

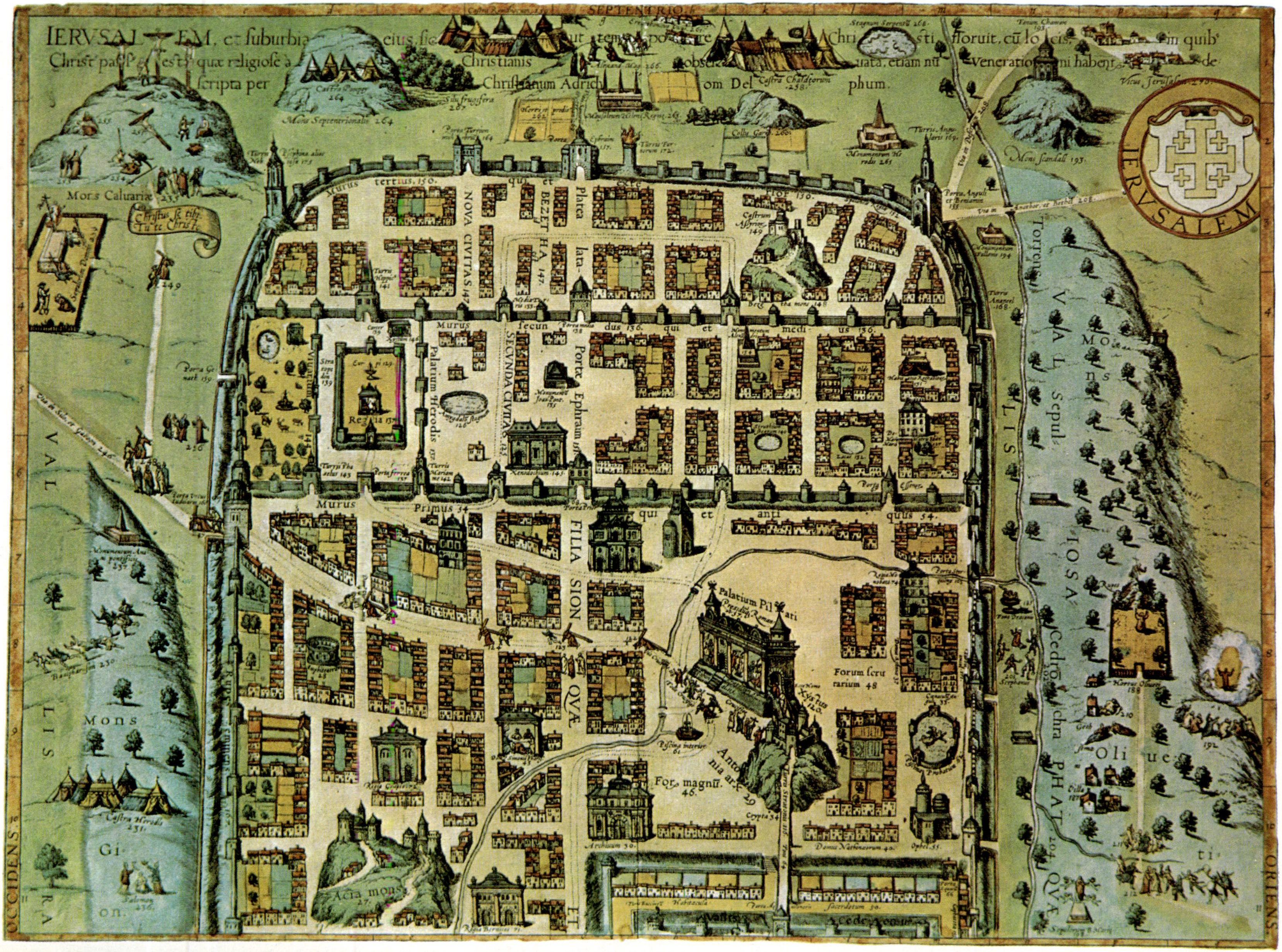
IERVSALEM
SEPTENTRIO
ORIENS
OCCIDENS
Mons Caluariæ
Christus se tibi Tu te Christo
NOVA CIVITAS 147
BEZETHA 147
Platea lata
SECVNDA CIVITAS
Porta Ephraim
Palatium Herodis
FILIA SION QVÆ
Palatium Pilati
Forum scrutarium 48
For. magnu 46
Antonia arx 29
Acra mons
Torrens
VAL IOSA PHAT
Cedron
LIS
Mons Oliueti
Mons Gion
VAL LIS
Moni Scandali 193

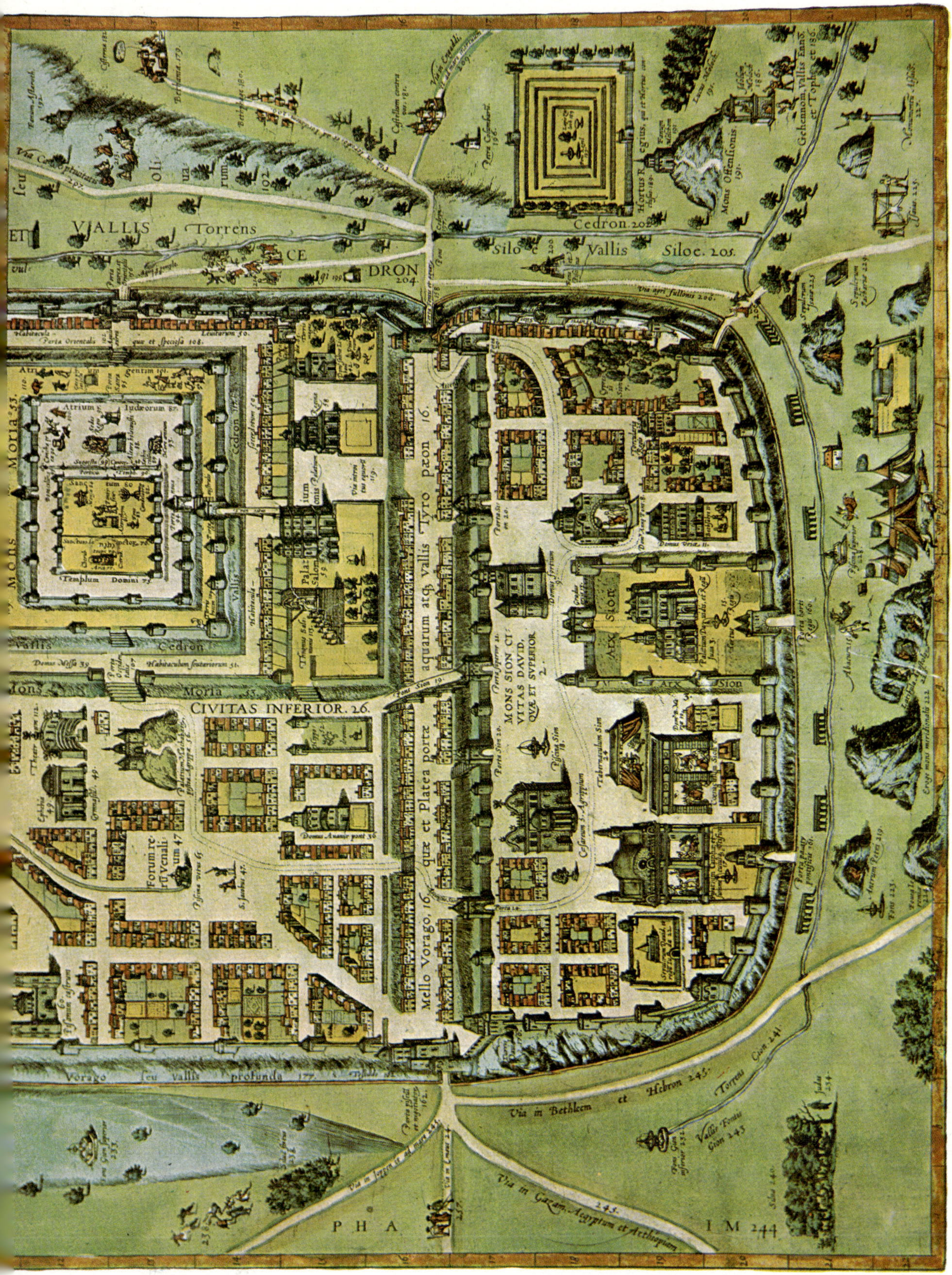
VALLIS Torrens CE DRON 204
Cedron 205
Vallis Siloe. 205.
CIVITAS INFERIOR. 26.
Templum Domini 75
MONS SION CIVITAS DAVID, QUÆ ET SVPERIOR 2.
Vorago seu vallis profunda 177
Via in Bethleem et Hebron 243.
Via in Gazam, Aegyptum et Aethiopiam
PHA
IM 244

Altar bestand aus großen unbehauenen Steinen. Die Priester allein vollzogen das Opfer. Der Hof der Israeliten war für die männlichen Juden bestimmt, die Opfer darbrachten und der Zeremonie zusehen mußten.
Eine Steinmauer schloß den Hof der Israeliten im Osten ab, und durch eine eindrucksvolle Bronzetür in ihrer Mitte gelangte man über fünfzehn Stufen in den Hof der Frauen hinab. (Da dieser Hof auf einer niedrigeren Terrasse lag, wird die Mauer eine Galerie gehabt haben, von wo die Frauen den Gottesdiensthandlungen im oberen Hof zusehen konnten.) Entgegen seinem Namen durften in den Hof der Frauen «alle nach dem Gesetz reinen» Juden, Männer und Frauen eintreten, und hier wurden auch die Verwaltungsangelegenheiten des Tempels erledigt. In seinen Ecken hatte dieser Hof große Kammern; von hier aus gelangte man in die Gewölbe unterhalb des Hofes der Israeliten, wo die Tempelschätze und die Abgaben der Juden aus dem Lande und der Diaspora verwahrt wurden.
Die bisher genannten Höfe und Gebäude gehörten alle zum Inneren Tempel und waren von einer hohen Mauer mit Toren und Türmen umschlossen, um die sich wiederum eine schmale Terrasse mit der rituellen Schranke herumzog. Es war eine in sich geschlossene Festung, und in der Tat konnten die Juden im Jahre 70 n. Chr. diese abgetrennte Zitadelle noch einige Zeit halten, nachdem Titus bereits in den Äußeren Hof eingedrungen war.
Der Äußere Hof oder der Hof der Heiden lag vierzehn Stufen tiefer und war die unterste Terrasse auf der Basis des Ganzen. Er zog sich rings um den Inneren Tempel herum und war im Süden und Osten etwas breiter, so daß das Heiligtum und der Innere Tempel nicht genau in der Mitte, sondern etwas im Nordwesten des großen Platzes lagen. In diesen Hof kam die Menge zumeist durch die Tore im Süden, darunter Heiden aus vielen Ländern, die aber nur diesen Bezirk betreten durften. Inschriften auf Steinen in Latein und Griechisch warnten sie davor, bei Strafe des Todes die rituelle Schranke in den Inneren Tempel zu passieren.
Um diesen Äußeren Hof waren im Norden, Westen und Osten zwei Säulenreihen gezogen; im Süden bildete eine glänzende vierreihige Kolonnade von insgesamt 162 korinthischen Säulen die bekannte Stoa Basilica oder Königshalle. Jede Säule war aus einem einzigen massiven Steinblock am Orte herausgehauen worden. (Eine, die offensichtlich bei der Arbeit zerbrach, ließ man liegen, wo das Mißgeschick geschah, und da liegt sie heute noch.)
Der Äußere Hof und die ganze Tempelplattform waren von einer dicken Mauer mit starken Toren umgeben. Vom Tor im Norden sah man auf die Vorstadt Bethesda herab, vom Osttor überblickte man das Kidrontal. Im Süden, die Unterstadt und den Ort der Stadt Davids vor Augen, gab es die beiden «Huldatore», ein Doppel- und ein Tripeltor; sie öffneten unten an der Mauer den Weg zu Passagen, durch die man unter der Königshalle hindurch in den Äußeren Hof gelangte. Diese Eingänge wurden am meisten benutzt, ihre Überreste kann man heute noch sehen. Die Mauer im Westen hatte, nach Josephus, vier Tore zur Oberstadt hin. Zwei von ihnen führten zu zwei Viadukten, die die Oberstadt mit dem Tempelberg verbanden. Lange Zeit wurde angenommen, dass es sich um die «Königsbrücke» und die «Priesterbrücke» handelte. Nach neuesten Entdeckungen (s. S. 275) ist dies jedoch nicht der Fall. Der Tragstein eines Bogens zwischen einem Viadukt und der ganze Stützbogen des anderen wurden von E. Robinson im Jahre 1838 und von C. Wilson dreissig Jahre später entdeckt und nach ihnen benannt.
Der übrige Teil der Westmauer vom Robinsonbogen bis zur Südwestecke und die Südmauer des Tempelbezirkes sind jüngst Gegenstand eines aufregenden neuen

Der Hof der Frauen im Tempel mit den fünfzehn Stufen, die durch die Nikanortore (benannt nach ihrem Stifter, einem Juden aus Alexandria) in den Hof der Israeliten, den Hof der Priester und den Altarhof führten. Aus Professor Avi-Yonahs Modell.

archäologischen Forschungsunternehmens unter der Leitung von Professor Masar von der Hebräischen Universität gewesen. Er begann im Frühjahr 1968 mit den Ausgrabungen, und hundert Tage später, am ersten Jahrestag, seit israelische Fallschirmjäger die Mauer wiedergewannen, legten Masar und sein Team einen Teil des alten Steinplatzes vor dem Haupteingang zum Tempelbezirk vor der Südmauer frei, den Herodes im ersten Jahrhundert v. Chr. gebaut hatte. Dazu mußten sie neun Meter tief unter das heutige Niveau graben, bis die untersten Lagen der ursprünglichen Mauer mit den riesigen, großartigen Steinblöcken, die jahrhundertelang zugedeckt waren, zum Vorschein kamen. Zusammen mit späteren Aufbauten erhebt sich die Südmauer also jetzt zu einer Höhe von 27 Metern. Jede Platte aus der Pflasterung des Vorplatzes ist etwas größer als 0,90 × 1,35 Meter und wiegt fast eine Tonne. Einige sind durch schwere Steine beschädigt, die bei der Zerstörung des Tempels durch Titus im Jahre 70 n. Chr. von den oberen Teilen der Mauer herabstürzten. Diese Trümmer hat man dort gefunden, außerdem noch Lampen und Topfscherben aus jener Zeit und jüdische Münzen, die in den fünf Kampfjahren vor der römischen Zerstörung geprägt worden sind. Durch dreizehn Schichten, die jeweils einer anderen Eroberung zugehören, von den Mameluken des 15. Jahrhunderts n. Chr. bis ins 1. Jahrhundert v. Chr., mußten die Archäologen sich durchgraben, um diese Lage aus der Zeit des Herodes zu erreichen. Die Ausgrabungen gehen weiter.

Das also war der wunderbare Tempelneubau des Herodes. Mag der König von seinen Untertanen gehaßt worden sein, von dem wiederaufgebauten Heiligtum waren sie sicher mächtig beeindruckt. Gerade aus dem Talmud erfahren wir, daß die Rabbiner, die von den Wundern Jerusalems sagten, die Stadt sei «mit neun Maßen der Schönheit gesegnet» gewesen, dieses auf die Architektur des verachteten Herodes bezogen: «Wer nicht seine Augen auf den Bau des Herodes geworfen hat, hat in seinem ganzen Leben kein Gebäude von Schönheit gesehen.»

Der Tod des Herodes

Herodes' blutiger Tod im Jahre 4 v. Chr. war das Signal für eine jüdische Erhebung, die von den römischen Legionen unter der persönlichen Führung von Varus, dem römischen Statthalter in Syrien, gewaltsam unterdrückt wurde. Varus machte dann einen Sohn des Herodes, Archelaus, zum Marionettenkönig über Judäa. Zehn Jahre (von 4 vor bis 6 nach Christus) hatte er diesen Posten inne, dann setzten die Römer ihn ab und stellten Judäa offen und direkt unter römische Herrschaft. Es wurde zu einer annektierten Besitzung und von nun an, mit Ausnahme der Jahre 41 bis 44 n. Chr., von römischen Beamten, sogenannten Prokuratoren, regiert.

Ihre Verwaltung unterbrach im Jahre 41 n. Chr. die Ernennung von Agrippa zum König von Judäa. Der wahnsinnige Caligula war Kaiser von Rom geworden, und Agrippa, am Hof in Rom aufgewachsen, war ein Jugendfreund von ihm und zugleich der Enkel von Herodes und Mariamne – der Sohn des Vaters, den sein Großvater ermordet hatte –, und durch Mariamne also ein Hasmonäer. Als solcher schätzten ihn die Juden, und als Freund des Kaisers akzeptierten ihn auch die Römer. Da er mit beiden auskam, war seine kurze Regierungszeit von ungetrübter Popularität. Es muß aber hinzugefügt werden, daß die Begeisterung seiner jüdischen Untertanen auch von seiner eifrigen Gottesverehrung, der unbedingten Treue zur Thora, von seinem Wohlwollen und seiner Großmut herrührte. Er suchte nicht Roms Interessen, sondern die der Juden zu fördern. Man kann annehmen, daß dies auch den Römern nicht lange verborgen blieb, denn als er plötzlich im Jahre 44 starb, kehrte man zur Prokuratorenherrschaft zurück.

Agrippas sichtbare Hauptleistung in Jerusalem war der Bau einer neuen Stadtmauer

Ein typischer Torweg im alten Jerusalem.

Die Innenseite des Stützbogens einer der beiden Brücken, die zur Zeit Herodes' den Tempelberg und die Oberstadt miteinander verbanden.

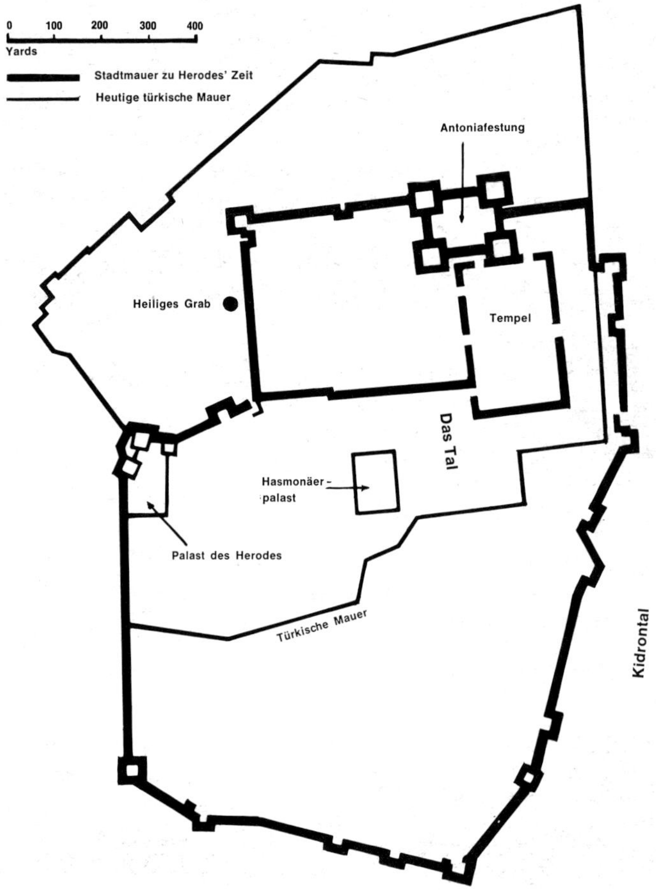

links: Lageplan der wichtigsten Gebäude im Jerusalem zur Zeit des Herodes.

im Norden, bekannt als die Dritte Mauer. Er wollte damit die neue nördliche Vorstadt Bethesda schützen, die, außerhalb der Mauern, sich entwickelte, und gleichzeitig die Seite der Stadt stärken, die bei einem äußeren Angriff so verletzlich war. Agrippas Mauer lief vom Hippikusturm des Herodes zum Psephinusturm nordwestlich davon, von hier aus wandte sie sich nach Nordosten zu einem Punkt mit dem Namen Eckturm – entlang dieser Strecke standen, was Josephus die «Frauentürme» nennt –, von da ging es südwärts zum Kidrontal und der Nordostecke der Tempelplattform. Die Dritte Mauer umschloß ganz Bethesda und hatte einen Graben an ihrer Außenseite. (Die Grundmauern der «Frauentürme» und des «Eckturms» sind vor einigen Jahren entdeckt worden. Auf Grund ihrer jüngsten Ausgrabungen kommt die britische Archäologin Kathleen Kenyon zu dem Schluß, daß der Verlauf von Agrippas Mauer sich ungefähr mit dem der heutigen Nordmauer decke. Andere Archäologen sind dagegen nach wie vor der Meinung, daß Agrippas Mauer viel weiter im Norden lag und daß die einzige antike Mauer, die dem Verlauf der heutigen entspreche, die Hadrians aus dem zweiten nachchristlichen Jahrhundert sei.)
Agrippa erlebte die Vollendung dieser Mauer nicht, obwohl das meiste schon stand, als die Römer die Fortsetzung der Arbeit untersagten. Zwischen ihm und seinen Untertanen bestand eine so große Harmonie, daß man sein Verteidigungswerk als Vorspiel zu einer Erhebung verdächtigen mußte.

rechts: Eine andere Ansicht des Modells vom Palast des Herodes. Heute nimmt die Zitadelle den Platz des ehemaligen Palastes ein.

11 Jerusalem und Jesus

Einer der römischen Prokuratoren, bevor Agrippa König wurde, war Pontius Pilatus. Sein Name wäre mit ihm gestorben, stünde er nicht unter einem Exekutionsbefehl, den er während seiner Amtszeit von 26 bis 36 n. Chr. unterzeichnete. Um das Ansehen und die Wichtigkeit von Jerusalem zu mindern – man hoffte auch, daß die Stadt ihren Einfluß als Zentrum der jüdischen Rebellionen gegen die Römerherrschaft verlieren würde –, hatten die Prokuratoren den Sitz ihrer Verwaltung in die von Herodes gebaute Stadt Cäsarea am Mittelmeer verlegt. Aber sie besuchten Jerusalem an den größten jüdischen Festtagen, den Pilgerfesten, wenn der Tempel eine große Zahl von Gläubigen aus dem ganzen Lande und der Diaspora anzog und folglich die Gefahr der Empörung am größten war.

Es war am Passahfest, dem traditionellen «Freiheitsfest» der Juden, wenn sie die Erinnerung an den Auszug aus Ägypten und ihre Befreiung aus der Sklaverei wachriefen, daß Pontius Pilatus nach Jerusalem kam. Während seines Aufenthaltes in der Stadt befahl er die Kreuzigung eines jüdischen Predigers aus Galiläa, Jesus von Nazareth, kaum ahnend, welche Bedeutung diese Handlung für die Menschheit haben sollte.

Das geschah im Jahre 33 n. Chr. Jesus und seine Jünger, gläubige Juden, waren nach Jerusalem gekommen, um das Fest zu feiern. Er machte diese Pilgerfahrt seit seiner Jugend. «Und da er zwölf Jahre alt war», lesen wir bei Lukas (Kap. 2), nahmen ihn «seine Eltern, (die) alle Jahre auf das Osterfest nach Jerusalem gingen», mit. Auf dem Heimweg nach den Tagen des Festes vermißten sie ihren Jüngsten, dachten aber, er sei bei ihren Landsleuten. Sie waren schon eine Tagereise weit gegangen, als sie entdeckten, daß er nicht bei ihrer Gruppe war, und sie kehrten um nach Jerusalem, um ihn zu suchen. Sie suchten drei Tage lang, und «endlich fanden sie ihn im Tempel sitzen mitten unter den Lehrern, daß er ihnen zuhörte und sie fragte. Und alle, die ihm zuhörten, verwunderten sich seines Verstandes und seiner Antworten.»

Das war Jesus mit zwölf Jahren. Er fuhr fort zu lernen und zu studieren, zu diskutieren und zu predigen, wurde in der Thora bewandert und bekannt mit den Meinungen und Lehren der zeitgenössischen und der älteren Rabbiner. Alles, was er lernte und sah, machte ihn zu einem Mann des Volkes: gerührt von der Armut, zornig über die drückende römische Macht und voll Verachtung für die priesterliche Tempelverwaltung, von der er glaubte, daß ihnen mehr an den äußeren Zeremonien als an

:in altes Gewölbe unter der :apelle an der sechsten :reuzesstation.

dem religiösen Gehalt lag. Er wanderte durch das Land, sprach und verkündete die ethischen Werte des Alten Testamentes und der hebräischen Propheten in einer einfachen Sprache und in Gleichnissen von einleuchtender Kraft. Er war ein Mann mit Charisma und ein Führer mit unwiderstehlicher Anziehung, dessen mahnende Erinnerungen an die biblischen Gedanken der menschlichen Brüderlichkeit, der Freundlichkeit, der Nächstenliebe und der Gleichheit der Reichen und Armen vor Gott für die Demütigen und Hungrigen Balsam waren. Die Mächtigen haßten ihn.

Das Letzte Abendmahl

Als er zu seinem letzten Passah nach Jerusalem kam, war er bereits wohlbekannt – und als gefährlicher Rebell gebrandmarkt. Er wußte von der Gefahr, die seinem Leben drohte, wenn er das vergleichsweise sichere Galiläa verließ und seine Pilgerfahrt nach Jerusalem unternahm, wo sich die Pilger drängten und die Römer stets eine Revolte gewärtigten. Er wußte, daß viele rebellische Prediger vor ihm am Kreuz geendet hatten. Dies war die übliche Form der Exekution bei den Römern, und die Juden haßten sie, da sie darin das grausame Bild einer grausamen Tyrannei sahen. Aber Jesus kam dennoch.

Was seine Fahrt noch gefährlicher machte, war die wiederholte Behauptung, er sei der Messias. Das erzürnte die meisten Juden und die jüdischen Oberen, die es schon häufiger mit einem «falschen Messias» zu tun gehabt hatten und die auch den Anspruch, er sei «Gottes Sohn», für gotteslästerlich hielten. Und die Furcht, der Messias würde als Engel der Befreiung und Erlöser seines Volks von den fremden Herrschern begrüßt werden, rief die Römer zur Wachsamkeit auf.

Von Galiläa wanderten er und seine Jünger nach Süden, erreichten Jericho und machten den Aufstieg nach Jerusalem, gingen durch Bethanien und Bethphage, überquerten die Flanke des Ölberges und hatten plötzlich den Tempel, der den Berg bekrönte, die Höfe und Säulengänge und die Stadt selbst vor sich. Wie Tausende anderer Pilger kam er kurz bevor das Fest begann, verbrachte seine Tage in und außerhalb der Stadt und nächtigte mit seinen Freunden in Bethanien, oder sie lagerten, «wie es sein Brauch war», auf den baumbestandenen Hängen seines Lieblingsortes, des Ölbergs.

Der Abend des Passah kam heran. An ihm feierte man, damals wie heute bei Juden in aller Welt, ein rituelles Mahl, der sogenannte «Seder», wenn die Geschichte des Auszugs aus Ägypten vorgelesen wird und man bestimmte Speisen ißt, die die dramatischen Ereignisse bei der Befreiung symbolisieren. Das Brot (Matzen) ist ungesäuert, um die Hast beim Aufbruch der Israeliten anzudeuten: der Teig hatte keine Zeit mehr aufzugehen. Man ißt bittere Kräuter als Erinnerung an das schwere Leben und die Arbeit der Israeliten in der Sklaverei, ein Beinknochen steht für das geschlachtete Passahlamm, dessen Blut auf die Türpfosten der Israelitenhäuser gestrichen wurde, damit der Engel des Todes vorüberginge, wenn er kam, um die Erstgeborenen der Ägypter zu töten. Und vier Gläser geweihten Weines werden während der Vorlesung getrunken.

Dies war das Passahmahl, das Jesus, der Jude, und seine Jünger feierten und das sehr viel später mit dem Aufstieg des Christentums als das Letzte Abendmahl bekannt wurde, aus dem sich dann das Ritual der Messe entwickelte.

Das Mahl wurde im «oberen Saal» eines bestimmten Hauses gehalten, und in späteren Jahrhunderten ist viel darüber gestritten worden, wo genau dieses Haus stand. Die Evangelien geben keinen Hinweis; sie erzählen lediglich, daß seine Jünger ihn fragten: «Wo willst du, daß wir hingehen und bereiten, daß du das Osterlamm issest?» Und er sagte ihnen, daß sie in die Stadt gehen und einem Manne mit einem Krug Wasser folgen, in das Haus, in das er eintrat, gehen und zum Hausherrn sagen

Das Coenaculum, der traditionelle Saal des Letzten Abendmahls, auf dem Berg Zion. Dieser Raum gehört zu einer Kirche aus dem 12. Jahrhundert.

Jesus vor Pilatus, Holzschnitt aus dem 16. Jahrhundert.

sollten: «Der Meister läßt dir sagen: Wo ist das Gasthaus, darinnen ich das Osterlamm esse mit meinen Jüngern. Und er wird euch einen großen oberen Saal zeigen, der gepflastert und bereit ist; daselbst richtet für uns zu.» (Markus XIV) Nach der Überlieferung liegt dieser «obere Saal» auf dem heutigen Berg Zion und heißt das Coenaculum, Eßsaal.

An jeden Gang, den Jesus von jetzt an in den letzten Stunden seiner Erdentage tat, erinnerte man später durch einen Altar. Nach dem rituellen Mahl gingen er und seine Jünger durch das Kidrontal zum Ölberg und kamen nach einem Stück Weges den Hang hinauf an ein eingefriedetes Grundstück, das Gethsemane hieß – Gat-Schemen ist das hebräische Wort für Öl-Presse. In der Nähe ist eine Höhle, wo sie in der Nacht ruhten. Die meisten seiner Jünger ließ Jesus in der Höhle zurück, als er sich entschied, die letzten Stunden in Gedanken und Gebeten unter dem Mond und den silbernen Ölbäumen zu verbringen, und er nahm nur drei mit sich als Zeugen seiner letzten Seelenqualen. Hier im Garten Gethsemane wurde er gefaßt, und von hier führte ihn der Weg schließlich zum Kreuz.

rechts: Die unteren Lagen der Mauer links gehören zu den Grundfesten eines Turmes vo Herodes' Antoniafestung.

Zuerst wurde er zum «Palast des Hohenpriesters», Kaiphas, gebracht. Die Gelehrten glauben heute, daß dies ein Gebäude des Hasmonäerpalastes war, dort, wo früher die Seleukidenfestung Akra stand, auf dem Südwesthügel jenseits des Tyropoion-Tales gegenüber dem Tempelbezirk. Aber nach der Tradition lag er beim Coenaculum.

Das Urteil des Pilatus

Von hier aus wurde er geradewegs zum Prokurator Pontius Pilatus ins Prätorium

und in die «Gerichtshalle» geführt. Die Juden blieben draußen. Unter den Wissenschaftlern herrscht keine Einigkeit darüber, ob das Prätorium die Antoniafestung neben dem Tempel auf dem Osthügel, wo die Hauptmasse der römischen Garnison kampierte, oder ob das Prätorium – so hieß jedes Amt oder das Haus eines römischen Praetor, in dem er einen Schild aufhing und vor das er seinen Tribun stellte – der Palast des Herodes war. Eine römische Armee-Einheit war nämlich auch dort stationiert. Die meisten glauben an die zweite Möglichkeit, der Prozeß Jesu fand demnach auf dem Südwesthügel statt, nahe dem heutigen Jaffator und der Zitadelle. Aber nach der Überlieferung war es die Antoniafestung.

Als Pilatus sein Urteil gefällt hatte – dieser Teil des Prozesses fand in der Festung statt, der öffentliche im Hof vor allem Volk –, «führten die Kriegsknechte des Statthalters Jesus in das Richthaus ... und führten ihn aus, daß sie ihn kreuzigten». In diesem «Richthaus» wurde er gegeißelt und mit Dornen gekrönt. Dann ging er seinen Leidensweg, die Via Dolorosa, nach Golgatha, der Hinrichtungsstätte. Wenn das Prätorium der Palast des Herodes war, so mußte er am Nordteil der Ersten Stadtmauer entlanggehen, dann durch das Gennath- oder Gartentor, das etwa auf halbem Wege zwischen dem Hippikusturm des Herodes und dem Südwestteil des Tempelberges lag, und sich dann nach Norden durch ein Tor in der Zweiten Mauer wenden und draußen zum Westteil der Vorstadt Bethesda im Norden. War hingegen der Ort des Gerichtes die Antoniafestung, dann mußte die traurige Prozession von Nordosten nach Golgatha gekommen sein, und zwar durch dasselbe Tor in der Zweiten Mauer, aber ohne die Erste zu berühren. Dies ist der Weg der Überlieferung, die heutige Via Dolorosa mit den Kreuzesstationen. Hinrichtungen wurden außerhalb der Stadtmauern vorgenommen, und damals lag Golgatha noch außerhalb der Stadt. Doch schon wenige Jahre später wurde der Ort durch die Dritte Mauer, die König Agrippa bauen ließ, eingemeindet. Mit einer Tafel um den Hals, darauf geschrieben stand, wessen man ihn beschuldigte, erreichte Jesus den kleinen Hügel, auf dem die Hinrichtungen stattfanden, «die Stätte Golgatha, das ist verdolmetscht: Schädelstätte». Daher kommt auch der bekanntere Name Kalvarienberg. (Das lateinische Wort calva bedeutet kahler Schädel, denn so sah der Hügel aus.)

Dann folgte die Passion Jesu, seine Kreuzigung. Als die Sonne unterging, «gab er seinen Geist auf». Nun kamen Joseph von Arimathia und Nikodemus und nahmen den Leichnam vom Kreuz «und wickelten ihn in ein Leintuch mit Spezereien, ihn nach der Weise der Juden zu bestatten». Nahebei ist ein Garten «und in dem Garten ein neues Grab», das in den Felsen gehauen war. «Dort hinein legten sie Jesum» und verschlossen den Eingang mit einem großen runden Stein.

Zu jener Zeit, einer Zeit der Spannung und des Konflikts, in einer Atmosphäre der Auflehnung gegen das kaiserliche Rom, erregte der Tod Jesu kaum großes Aufsehen. Seine Jünger verehrten sein Andenken, sprachen immer wieder von seinen Taten und seiner Güte und erzählten von seinen Wundern, von Auferstehung und Himmelfahrt. Aber auch sie wurden in Jerusalem nicht beachtet. Weit vom Ort der Kreuzigung entfernt redeten sie zu den Leuten und gewannen auf dem Lande und jenseits der Grenzen Judäas kleine Gruppen von Anhängern. So ist auch für die nächsten zweihundert Jahre die Geschichte des Christentums in diesem Lande durchaus dunkel und unklar, und kein Zeichen erinnerte in Jerusalem oder sonstwo an die Stätten, die mit dem Leben Jesu verbunden waren. Die ersten Berichte, in denen von Christen die Rede ist, beziehen sich auf Ereignisse außerhalb von Judäa. Sogar der Name – zunächst ein Schimpfwort – wurde anderswo geprägt, nämlich in Antiochia (heute im Süden der Türkei, nahe der syrischen Grenze), einst eine

l der Via Dolorosa.

links: Venezianischer Holzschnitt von 1647 mit der Kirche des Heiligen Grabes.

bedeutende Stadt im Römischen Reich. Der hellenistische Einfluß war hier noch sehr stark und Griechisch weit verbreitet. So wurden die Anhänger Jesu von den Einwohnern Antiochias geneckt als die, die nur an den Einen glauben, von dem sie behaupten, er sei «Christos» (was der griechische Ausdruck für «der Gesalbte» ist) oder der Messias. «Christen» war der Spottruf, der ihnen nachschallte, wenn sie vorübergingen, aber sie trugen diesen Namen mit Stolz.

Es war ein streng orthodoxer Jude und angehender Rabbiner, Saul aus Tarsus (Tarsus, ebenfalls in der Türkei, liegt über dem Golf von Alexandrette Antiochia gegenüber), der mehr als jeder andere zur Verbreitung des christlichen Evangeliums beitrug. Er ist der Welt als Apostel Paulus bekannt. Dieser «Pharisäer aller Pharisäer», jener eifrigsten jüdischen Sekte, war zum Christentum übergetreten und machte nun als ein glühender Missionar seine Reisen durch den ganzen Mittleren Osten und das östliche Mittelmeer und suchte Juden zum neuen Glauben zu bekehren.

rechts: Die Ädikula (Grabkapelle) mit dem marmorverkleideten Heiligen Grab (das sich noch weiter, ohne Marmor, bis in die angrenzende Koptische Kapelle erstreckt

Die Lehren, die er verkündete, waren zum größten Teil jüdisch, aber er ließ die einschränkenden und lästigen Bestimmungen des Alten Testamentes fallen, und das machte seinen Aufruf zweifellos anziehender.

Das berührte die Juden Jerusalems und die jüdischen Gemeinden außerhalb wenig, denn sie suchten nicht äußere Erleichterung ihrer Religion oder Lockerung der rituellen Verpflichtungen. Am Ende wandte Paulus seinem eigenen Volk, den Juden, den Rücken, gab sie auf als hoffnungslos verstockt, wurde ihnen gegenüber sehr erbittert und trug seine Verkündigung in die größere nichtjüdische Welt. Er fand offene Ohren, und so begann die weltweite Ausbreitung des neuen Glaubens. Man ist sich allgemein darüber einig, daß ohne das Werk des Juden Paulus das Christentum kaum zu einer Weltreligion geworden wäre.

In Jerusalem machte das Christentum zunächst wenig Fortschritte. Jakob, «der Bruder des Herrn», führte eine kleine Gruppe von Anhängern. Und es vergingen noch einige Jahrhunderte, bis der christliche Herr der Stadt auch über das ganze Heilige Land gebot. Das war im Jahre 451 n.Chr. Bis dahin war er nur der Suffraganbischof des Metropoliten von Cäsarea, der seinerseits dem Patriarchen von Antiochia unterstand, obwohl ihm seit dem dritten Jahrhundert aus Höflichkeit eine gehobene Stellung zuerkannt wurde.

Die Bedeutung Jerusalems als ein christliches Zentrum wuchs wie die anderer Teile des Römischen Reiches, als Konstantin der Große im vierten Jahrhundert das Christentum annahm, und besonders, nachdem seine Mutter, die Kaiserin Helena, die Stadt besucht hatte. Sie weilte an den Stätten, die mit den letzten Ereignissen aus dem Leben Jesu verbunden waren, und sie entschied, geführt von Überlieferungen und ihrem eigenen Glauben, über deren genaue Lokalisation und bezeichnete sie durch die Errichtung von Altären. Seit ihrem Aufenthalt beachtete und entdeckte man auch Reliquien, und sie begann – was auch in den folgenden Jahrhunderten und besonders während der Kreuzritterzeit geübt wurde –, Kirchen, Klöster, Konvente und Hospize zu bauen, um das Andenken an die letzten Stunden Jesu, seine Auferstehung und Himmelfahrt zu bewahren. Das zog mehr und mehr Pilger nach Jerusalem. Bis ins vierte Jahrhundert – 300 Jahre nach Jesu Tod – war die Stadt nur das Ziel jüdischer Wallfahrten gewesen, jetzt wurde es auch zum Zentrum der christlichen Pilger.

Aber bis dahin sollte dieser außerordentlichen Stadt noch viel geschehen.

rechts: Flämisches Gemälde aus dem späten 15. Jahrhundert mit der Darstellung aller wichtigen Ereignisse aus dem Leben Jesu in Jerusalem, oben die Kreuzigung.

nächste Seite: Das antike Jerusalem, wie es sich ein russischer Maler dachte, Moskau 1894.

12 Die große Revolte 66-70 n. Chr.

Mit dem Tode des Königs Agrippa im Jahre 44 n. Chr. kehrten die Römer, wie gesagt, zum Prokuratorenregime zurück. Der junge Sohn des Königs herrschte nicht in Judäa, sondern ihm wurden einige Gebiete im Norden unterstellt; dennoch wird er manchmal als König Agrippa II. bezeichnet. In Jerusalem war ihm das Recht zur Oberaufsicht über den Tempel verliehen worden, in Wahrheit aber blieb die Macht in den Händen der Prokuratoren; und jeder neue spürte deutlicher als sein Vorgänger, wie es in der jüdischen Bevölkerung gärte. Sie nahmen ihre Zuflucht zu Härte und Unterdrückung. Die Folgen waren unvermeidlich: immer wieder kam es zum Ausbruch von Gewalttätigkeiten.

Das Volk war geteilt. Seine offiziellen Führer waren zum größten Teil Sadduzäer, die als Priester und Landeigentümer ein ruhiges, wenn auch unfreies Leben vorzogen und darum mit den Römern kollaborierten. Die Priester jedenfalls zeigten sich von römischer Gunst abhängig, offensichtlich von denen geführt, die sich völlig den Vorschriften der Römer unterwarfen.

Die Masse des Volkes aber folgte ihren geistlichen Führern, und das waren nicht die Priester, sondern die Rabbis, die weisen und gelehrten Männer, lauter Pharisäer. Auch ihr Lager war geteilt, aber aus anderen Gründen. Die Gemäßigten traten für einen Pazifismus ein und sahen in der Fremdherrschaft über das Land die Strafe Gottes für den Eigensinn des Volkes. Die Radikalen, nicht minder fromm und gottesfürchtig, wiesen diese Ansicht zurück und bezogen sich auf die Geschichte: Wäre von den Hasmonäern die fremdländische Tyrannei als Ausdruck von Gottes Wille angenommen worden, hätten sie nicht gekämpft und nie die Unabhängigkeit erlangt. Zum Kampf drängten die Radikalen das Volk auch diesmal. Die extremsten unter ihnen, die Zeloten, riefen auf, sofort den bewaffneten Widerstand zu beginnen. Wenn – um es in Bildern von heute auszudrücken – die Gemäßigten die «Tauben» und die Aktivisten die «Falken» waren, so muß man die Zeloten als wahre «Adler» bezeichnen. Die Reihen des Widerstands begannen sich zu füllen, als im Jahre 64 n. Chr. der Prokurator Gessius Florus auf den Schauplatz Judäas trat. Er war in seiner ganzen Person, sagt Josephus, «so lasterhaft», daß seine Vorgänger «im Vergleich dazu rein erschienen». Und schon von seinem Vorgänger schreibt Josephus, daß ihm «Geiz, Erpresserei, Korruption und sowohl öffentliche als auch private Tyrannei wohlvertraute Laster waren». Die Herrschaftszeit von Florus ist daher auch von Massakern und Ausschreitungen gekennzeichnet, und die Vergeltungsmaßnahmen des Volkes gegen seine Soldaten mehrten sich.

ruchstück einer Tafel aus er Zeit des Herodes mit teinischer und griechischer ufschrift, die im Äußeren empelvorhof die Heiden daor warnte, den Inneren Temel zu betreten. 1935 wurde e entdeckt und befindet sich un im Rockefellermuseum, erusalem.

Der Höhepunkt war erreicht, als römische Truppen auf seine Veranlassung hin einen Mordzug durch Jerusalem unternommen hatten. «Von den Dächern ihrer Häuser griffen die Juden die Römer mit einem heftigen Steinhagel an und bewarfen sie mit Speeren, so daß Florus und der Rest seiner Truppen, da sie sich nicht wehren und sich auch nicht durch die Volksmenge in den engen Gassen drängen konnten, gezwungen waren, sich in den Palast zurückzuziehen.» Dann verbarrikadierten sich die Juden im Inneren Tempel und schnitten den Zugang von der Antoniafestung ab. Florus konnte sie daraus auch nicht vertreiben, kehrte in sein Hauptquartier nach Cäsarea zurück und beschwerte sich bei seinem nächsten Vorgesetzten, Cestius Gallus, dem römischen Statthalter in Syrien, über «die rebellischen Juden». Gallus sollte ihre Widerspenstigkeit schon bald selbst erfahren.

Der «Jüdische Krieg»

Die Juden wurden durch den glücklichen Ausgang dieser bescheidenen Empörung sehr ermutigt, die Argumente für einen aktiven Widerstand gewannen immer größere Überzeugungskraft. Im Jahre 66 n.Chr. schlugen sie los. Der «Jüdische Krieg» dauerte fünf Jahre und endete im Jahre 70 n.Chr. mit der Zerstörung Jerusalems und des Tempels.

Es begann mit der Einnahme der Festung Masada durch die Zeloten. Die römische Garnison dieses Außenpostens am Toten Meer wurde niedergemacht, ihre Waffen und Vorräte waren als Beute willkommen. Der Zelotenverband unter der Führung seines zähen Kommandeurs Menahem marschierte dann nach Jerusalem. Noch während sie auf dem Weg waren, brach in der Stadt die Revolte aus. Die Juden besetzten den Tempelbezirk und stürmten dann gegen die römischen Legionäre in der Antoniafestung, die sie nach fünftägigem Kampf einnahmen. Die überlebenden Römer suchten Zuflucht im Palast des Herodes in der Oberstadt, und die Juden begannen, sie dort zu belagern. Als Menahem ankam – er wurde später ermordet –, übernahm er die Führung des Aufstandes. Schließlich kapitulierten die Römer.

Am gleichen Tag, als man in Jerusalem die römischen Truppen überwältigte, wurde von der heidnischen Bevölkerung unter dem enthusiastischen Beifall von Florus fast die ganze jüdische Gemeinde Cäsareas ermordet. Als diese Nachricht die Juden in anderen Städten erreichte, griffen sie ihre feindlichen Nachbarn an und überfielen auch römische Garnisonen. Bald war das ganze Land ein einziges Schlachtfeld. Die römische Herrschaft brach zusammen, und in Jerusalem errichteten die Juden eine Revolutionsregierung.

Nun nahm der oberste römische Beamte in diesem Gebiet, Cestius Gallus, die Sache selbst in die Hand. Er machte sich von Antiochia mit einem großen Heer auf den Weg nach Süden, marschierte nach Jerusalem und belagerte die Stadt. Josephus sagt, daß die Belagerten, wenn Gallus ausgehalten hätte, schließlich zur Kapitulation gezwungen gewesen wären; aber Gallus erkannte ihre hoffnungsvolle Situation nicht und gab als erster auf. Er brach die Belagerung ab und zog sich nach Norden zurück. Leichtbewaffnete jüdische Truppen folgten ihm. Durch ihre Ausrüstung weniger behindert, waren sie beweglicher, überfielen seine Nachhut und bedrängten ihn auf den Flanken. Als die Römer in den Engpaß von Beth-Horon, einige dreißig Kilometer nordwestlich von Jerusalem kamen, stürzten die Juden von den Hängen zu beiden Seiten der Schlucht auf sie herab und richteten Verheerung und Verwüstung unter ihnen an. Gallus' geordneter Rückzug wurde zur wilden Flucht und ging in solcher Verwirrung vor sich, daß die Römer ihre ganze Ausrüstung zurückließen, darunter «Wurfmaschinen und andere Kampf- und Belagerungsmaschinen», die nun den Juden in die Hände fielen, mit zurück nach Jerusalem genommen und drei Jahre später gegen ihre ursprünglichen Eigentümer gewendet wurden.

Stein mit der Inschrift «Leg X Fretensis», den Insignien der Zehnten Römischen Legion, die vom 1. bis zum 3. Jahrhundert in Jerusalem stationiert war. «Fretensis» war der Name der Legion.

Dieser außerordentliche Erfolg gegenüber der römischen Armee stärkte Mut und Vertrauen des Volkes von Jerusalem und der Revolutionsregierung. Aber alle wußten, daß es bis zu einer neuen, entscheidenden Schlacht nicht lange dauern würde, denn Rom konnte nicht über eine so schmähliche Niederlage einfach hinwegsehen. Daher begann die Regierung, die Verteidigung Jerusalems und der größeren Städte des Landes vorzubereiten. Man entsandte Kommandeure, die an den jeweiligen Regionalfronten den Befehl übernahmen, die Rekruten ihres Gebietes trainierten und die Verteidigung organisierten. Zum ersten Mal seit der römischen Prokuratorenherrschaft waren die Juden im eigenen Lande wieder unabhängig. Es wurden auch wieder Münzen geprägt – mit neuer Datierung, etwa: «Jahr eins», das erste Jahr der Revolte. Fünf so datierter Münzausgaben hat es gegeben, Jahr zwei, Jahr drei und so weiter. Bei den kürzlich unternommenen Ausgrabungen in Masada fand man eine beträchtliche Menge solcher Münzen, Silbersekel, halbe Sekel und eine große Zahl Bronzemünzen aus allen Jahren des Krieges, vom Jahr eins bis zum selten vertretenen Jahr fünf. «Jerusalem, die Heilige» stand auf der einen Seite, «Sekel von Israel» auf der anderen.

Vespasians Unternehmung

Während die Juden ihre Vorbereitungen trafen, waren auch die Römer nicht untätig. Vespasian, der hervorragende General und Kommandeur der Zweiten Legion bei der Eroberung Britanniens, wurde entsandt, um die römische Herrschaft wieder

herzustellen. Nachdem er um jeden Zentimeter des Weges nach Süden auf seinem Marsch durch Palästina hatte kämpfen müssen, hatte er Jerusalem im Jahr 68 vollständig isoliert und war bereit, die Belagerung der Stadt zu beginnen. Wie das Glück es wollte, wurde Rom zu der Zeit von politischen Umwälzungen erschüttert, deren Ausgang Vespasian abwarten wollte. Die Auseinandersetzungen endeten 69 mit Vespasians Ernennung zum Kaiser. Er machte seinen Sohn Titus zum Befehlshaber über die Armeen in Judäa, die er erheblich verstärkte und die den Auftrag hatten, die Operationen gegen die Juden und Jerusalem abzuschließen.
Den Juden war eine Atempause gegeben, aber sie verschwendeten sie an heftige und sogar blutige innere Auseinandersetzungen. Sie suchten ihre Meinungsverschiedenheiten erst beizulegen, als im Frühjahr des Jahres 70 Titus mit seinem mächtigen Heer, das aus vier Legionen und einem großen Kontingent Hilfstruppen bestand, gegen die Stadt vorging. Die Zwölfte Legion näherte sich Jerusalem von Westen, die Fünfte und die Fünfzehnte rückten von Norden und die Zehnte von Osten vor. Die Zehnte schlug ihr Lager auf dem Ölberg auf und sah von dort auf den Tempelberg herab; die anderen drei lagerten auf der Westseite gegenüber der Oberstadt und begannen, das Terrain zu erkunden und den Angriff vorzubereiten. Während sie damit noch beschäftigt waren, machten die Juden einen Ausfall. Es gab heftige Scharmützel, die die Römer in Verwirrung setzten. Aber nicht für lang. Titus konnte schließlich näher an die Mauer herankommen und seine Hauptmacht in zwei Gruppen aufteilen. Er konzentrierte die eine etwas nördlich des heutigen Zionplatzes (jetzt mitten in der Stadt), etwa 500 Meter vom Psephinusturm an der Nordwestecke der Dritten Mauer (Agrippas Mauer) entfernt. Die andere wurde nicht weit vom heutigen King David Hotel aufgestellt, etwa in gleicher Entfernung vom Hippikusturm am Herodespalast. Die Zehnte Legion blieb auf dem Ölberg, einem ausgezeichneten Beobachtungsposten.

Die Verteidigung der Juden gegen Titus

Die jüdischen Verteidiger wurden von zwei Zeloten geführt, die früher miteinander rivalisiert hatten, nämlich Simon bar Giora und dem unerschrockenen Jochanan von Gush-Halav in Galiläa, besser bekannt als Johannes von Gischala, der verzweifelt im Norden gekämpft hatte und mit seiner kleinen Gruppe Überlebender nach Jerusalem heraufgekommen war. Johannes unterstand der Ostteil – der Tempel und die angrenzenden Gebiete im Norden und Süden –, Simon war für den Westen verantwortlich – für die Oberstadt und das Gebiet bis zur Nordmauer.
Titus entschloß sich zum Angriff von Nordwesten her. Sein Ziel war, genau nördlich vom Herodespalast in die am wenigsten befestigte Nordmauer eine Bresche zu schlagen – Agrippa durfte, wie berichtet, die Mauer nicht fertig bauen und die jetzigen Verteidiger hatten durch ihre Zankereien keine Zeit gehabt, den Verteidigungswall zweckentsprechend zu verstärken. Danach plante Titus den Angriff auf die Zweite Mauer, und dann wollte er eine Streitmacht nach Süden zum Sturm auf die Oberstadt senden und die andere nach Osten zum Angriff auf die Antoniafestung führen und sich von hier den Weg zum Tempel erzwingen. Nach diesem Plan ließ er seine Leute Bäume fällen und daraus Plattformen bauen als Rampen an der Basis der Mauer; darüber sollten die Sturmrammen herangeführt werden. Speerwerfer, Bogenschützen, Katapultschützen und Steinschleuderer schützten die Männer, die die Belagerungswerke bauten, vor den Störversuchen der Verteidiger, die nicht nur von der Mauer herab mit Steinen und Pfeilen schossen, sondern auch in plötzlichen Ausfällen aus der Stadt gestürmt kamen und den Kampf Mann gegen Mann suchten. Außerdem benutzten die Juden die Waffen, die sie einige Jahre zuvor von Cestius Gallus erbeutet hatten.

Die Zerstörung des Tempels in Jerusalem durch Titus, wie sie im 17. Jahrhundert von einem holländischen Maler dargestellt wurde.

Aber sie konnten doch nicht mehr als einen Aufschub erreichen. Endlich waren die Rampen fertig, und die Sturmrammen wurden an die Mauer beordert. Die Rammen waren Teil beweglicher Türme, auf deren oberer Plattform Bogenschützen und Steinschleuderer standen, die die Verteidiger auf der Mauer zwangen, ihre Köpfe unten zu behalten, so daß die Rammen ungestört arbeiten konnten. Dennoch eilten, als das Einstoßen der Dritten Mauer begann, die Verteidiger zu der verwundbaren Stelle und schleuderten trotz der feindlichen Geschosse Feuerbrände gegen die Belagerungsmaschinen und überschütteten die Soldaten, die sie bedienten, mit Steinen und Pfeilen. Noch kühnere Gruppen schwärmten aus und suchten die Mannschaften der Rammen zu überwältigen. Titus brachte Kavallerie und weitere Bogenschützen herauf, um die Maschinen zu schützen, die Feuerwerfer zu vertreiben und die Verteidiger auf den Mauertürmen in Schach zu halten. Nach hartem Kampf wurden die Juden zurückgeschlagen. Einer wurde gefangengenommen und auf Titus' Befehl auf der Mauer gekreuzigt; das sollte die Verteidiger erschrecken und zur Übergabe bewegen.

Der Kampf dauerte eine ganze Weile. Aber es war unabwendbar, daß die Mauer schließlich gestürmt wurde und die Römer in die nördliche Vorstadt eindrangen. Hier setzten sie sich fest und begannen die Sondierungen für den Angriff auf die Zweite Mauer. Die Männer des Johannes von Gischala kämpften auf der Antoniafestung

und in der nördlichen Säulenhalle des Tempels zur Verteidigung ihres Mauerabschnittes, Simons Streitmacht bemannte den Südwestteil, der die Oberstadt beschützte.
In Simons Abschnitt wurde schließlich eine Bresche in die Zweite Mauer geschlagen, und die Römer schwärmten ein, wurden aber hart von den Verteidigern bedrängt, die die kleinen Gassen besser kannten, und wieder hinausgetrieben. Sie brauchten vier Tage, um die notdürftigen Breschenfüllungen zu durchbrechen und ihre Stellung innerhalb der Mauern zu festigen. Nur noch eine Mauer, die Erste Mauer, lag zwischen ihnen und den belagerten Juden. Der Angriff auf den Tempel und die Oberstadt konnte jetzt beginnen.

Der römische Angriff auf den Tempel

Titus ließ wieder Plattformen für seine Sturmrammen bauen, einmal vor der Antoniafestung – dem Schlüssel zum Tempel – und zum andern vor dem Grabmal des Hyrkan – dem Schlüssel zum Herodespalast und der Oberstadt. (Das Grabmal des Hasmonäers Hyrkan, auch bekannt als «Johannesgrab», lag – nach Josephus – nahe dem Amygdalon-Teich, dem «Turmteich». Heute heißt er Birket Hammam el Batrak, der Patriarchenteich, und liegt zwischen dem Jaffator und der Grabeskirche.)
Johannes und Simon wußten sehr genau, daß dies ihre letzte Verteidigungslinie war, und ihre Männer kämpften erbittert, um die Vollendung der Belagerungswerke zu verhindern. Sie erkannten auch die Gefahr der Demoralisierung in ihrem hungernden Volk. Die Ernährungslage war so verzweifelt, daß kleine Kommandotrupps nachts Raubzüge machten und andere draußen Kräuter und Wurzeln suchten – so wie es auch 1948 jüdische Frauen bei der Belagerung Jerusalems taten. Titus ließ ihnen schon bald Reiter auflauern, und jeder, der die daraus erfolgenden Scharmützel überlebte, wurde gegeißelt und gefoltert und schließlich auf den Mauern gekreuzigt. Josephus, der auf römischer Seite Zeuge dieser großen Belagerung Jerusalems war, berichtet, daß an manchen Tagen mehr als 500 Kreuzigungen stattfanden, so daß es nach einer Weile nicht mehr genug Kreuze für die Menschen und nicht mehr genug Mauer für die Kreuze gab.
Nach siebzehn Tagen ununterbrochener, mühevoller Arbeit und schwerem Kampf war die Plattform an der Antoniafestung fertiggestellt, und Titus konnte nun die Sturmrammen hinüberschaffen. Indessen hatte Johannes von Gischala von der Stadt aus einen Tunnel gegraben und mit hölzernen Pfeilern gestützt; das Holz war «mit einem teerartigen, brennbaren Material bestrichen». Als die Rammen oben in Stellung gebracht waren und gerade losstoßen wollten, zündeten die Männer des Johannes die Pfeiler an. Als diese verbrannt waren und zusammenfielen, brach der Tunnel ein, und in diesen Krater stürzte «auch das ganze Belagerungswerk mit entsetzlichem Krachen», Plattform, Sturmrammen und alles.
«Zuerst war nur Staub und Rauch zu sehen, aber dann schlugen auch die Flammen heraus, und die Römer waren vollkommen verwirrt.» Sie versuchten erst gar nicht, die Flammen zu löschen, denn ohne die Plattform konnten sie die Mauer nicht einnehmen. Der Angriff auf die Antoniafestung war gescheitert.
Zwei Tage später hatten Simons Zeloten ihre große Chance. In ihrem Abschnitt waren zwei Plattformen errichtet worden, und die Rammen arbeiteten bereits und schlugen gegen die Mauer. Ein Einbruch stand unmittelbar bevor. Da stürmten drei der tapfersten Zelotenoffiziere mit Fackeln in den Händen hervor, «als ginge es zu Freunden – sagt Josephus – und nicht zu überlegenen Feinden. Sie zögerten nicht, sondern stürzten sich mitten unter die Feinde und setzten die Maschinen in Brand. Und obwohl ihnen Wurfspeere und Pfeile entgegenflogen, hielten sie entschlossen aus, bis das ganze Werk in Flammen stand. Die Römer machten alle Anstrengung,

Der Tempelleuchter wird im Triumphzug mitgeführt. Darstellung auf dem Titus-

die Sturmrammen zu retten, deren Schutzdecken das Feuer bereits zerstört hatte. Aber den Juden gelang es trotz der Flammen, sie fernzuhalten. Und sie gaben ihren Posten auch nicht auf, als mittlerweile die Eisenteile glühend heiß waren.» Als das Feuer sich stark ausgebreitet und die Plattformen selber erreicht hatte, «sahen sich die Römer von Flammen umgeben und zogen sich in ihr Lager zurück».
Jetzt hielt Titus Kriegsrat mit seinen Hauptleuten. Es war den meisten klar, daß die herkömmlichen Waffen nichts ausrichteten, solange der Kampfgeist der Belagerten ungebrochen war. Erst wenn sie durch Hunger noch mehr geschwächt waren, sollte ein neuer Angriff unternommen werden, beschloß Titus. Er bestand hingegen darauf, daß der Belagerungsring fest geschlossen werde, damit kein Nachschub von außen die Juden erreichen konnte, und daher führte er rings um die Stadt einen Belagerungswall auf. Er war 7,2 Kilometer lang und lief von einem Punkt im Westen an der Jaffastraße im heutigen Jerusalem nach Osten quer durch das Kidrontal und über den Ölberg nach Süden zum Teich Siloah, dann nach Westen zur heutigen Eisenbahnstation und wieder zurück nach Norden zur Jaffastraße, vorbei am «Grab des Herodes» (eigentlich das Grab von Herodes' Familie) nahe beim King David Hotel.

Rückzug auf den Tempelberg

Titus machte sich nun zum letzten Streich bereit. Er konzentrierte seine Truppen, um die Antoniafestung zu bezwingen, und befahl, vier Plattformen gegen sie aufzurichten, größer und stärker als die glücklosen früheren. Als sie fertig waren und die Rammen vor die Mauer gebracht wurden, fielen die Verteidiger wieder von den Stadtmauern mit Fackeln, Pfeilen und Steinen über sie her. Aber die römischen Pioniere, die unter einem Dach aus Schilden und unter dem «Feuerschutz» ihrer Kameraden arbeiteten, gingen die Mauer an und untergruben ihre Fundamente mit Brecheisen, während die Ramme gegen die oberen Partien stieß. Schließlich gelang es ihnen, eine Bresche zu schlagen. Blutige Kämpfe folgten nun innerhalb der Antoniafestung, und die Juden wurden ständig weiter zurückgedrängt. Sie zogen sich in den angrenzenden Tempelbezirk zurück, wo sie sich zur Verteidigung verbarrikadierten.
Titus' Aufruf zur Kapitulation wurde höhnisch zurückgewiesen, so befahl er seinen Leuten, die Antoniafestung zu schleifen und Plattformen gegen die Außenmauern des Tempels zu errichten. Sechs Tage berannten sie die Mauern, aber ohne Erfolg, sie waren zu stark. Versuche, sie mit Leitern zu erklimmen, schlugen ebenfalls fehl. Dann legten die Römer Feuer an die Tore, das das Metall zum Schmelzen brachte und die Holzteile den Flammen aussetzte. Als das Feuer niedergebrannt war, erkämpften sich die besten Soldaten aus allen Kohorten einen Weg durch diese Öffnungen und drängten im Kampf Mann gegen Mann ständig weiter vor, bis sie schließlich die Kolonnaden des äußeren Tempelhofes eingenommen hatten. Die Juden zogen sich noch weiter, nämlich in den Inneren Tempel zurück und setzten von hier ihren Widerstand fort. Ihre Festung bestand aus dem eigentlichen Heiligtum, dem Hof der Israeliten und dem Hof der Frauen, die alle zusammen von einer Mauer umschlossen waren.
Am neunten Tag des jüdischen Monats Ab, auf den Tag genau 675 Jahre, nachdem die Babylonier den ersten Tempel an diesem Ort, Salomos Tempel, geplündert hatten, brachen Titus' Truppen in den Inneren Tempel ein und setzten das Heiligtum in Brand. «Die Flammen waren so stark und heftig, daß der Berg, auf dem der Tempel stand, von seinen Grundmauern aus wie ein einziger Feuerkörper aussah.» Neben den Soldaten, die bei den Kämpfen fielen, wurden Tausende Zivilisten, Priester und Laien, Frauen und Kinder, niedergemacht, als die Legionäre in den

So sieht es heute im Hof der Zitadelle an der Stelle von Herodes' Palast aus, der an d westlichen Stadtmauer errich tet wurde.

oben: Von Bar Kochba geprägte Münze aus dem «Jahr Zwei» der Befreiung (133 n. Chr.) mit der Inschrift «Jerusalem».

zweite Reihe: (links) Bronzemünze aus dem «Jahr Vier» (69 n. Chr.) der großen jüdischen Revolte gegen die Römer mit der hebräischen Inschrift: «Für die Freiheit von Zion»; (Mitte) Bronzemünze aus dem «Jahr Eins» (132 n. Chr.) der Bar Kochba-Zeit. Die Inschrift auf dem Rand lautet wieder «Jerusalem»; (rechts) Münze vom «Jahr Drei» (68 n. Chr.) des Jüdischen Krieges mit der Inschrift: «Freiheit für Zion».

dritte Reihe: Alle drei sind Silbermünzen, die während Bar Kochbas Widerstandskampf (132–5 n. Chr) geprägt wurden. Obwohl die Embleme verschieden sind, stammen alle aus dem «Jahr Drei» der Befreiung und tragen die Inschrift: «Für die Freiheit Jerusalems».

unterste Reihe: (links) Silberschekel aus dem «Jahr Zwei» (67 n. Chr.) des großen Aufstandes mit der Inschrift «Jerusalem die Heilige»; (rechts) Silbermünze, «Jahr Drei» der Bar Kochba-Periode, mit der Inschrift: «Für die Freiheit Jerusalems».

Tempelbezirk vorstürmten; und viele Tausende mehr fielen den Römern auf ihrem Weg am Ostrand entlang in die Unterstadt bis nach Siloah zum Opfer, denn sie töteten und brannten nieder, wohin sie kamen.

Simon bar Giora und Johannes von Gischala hatten ihre Truppen vereinigt, als Titus seinen Hauptschlag gegen die Antoniafestung und den Tempel führte. Beide konnten jetzt mit ihrem dezimierten Rest Zeloten vom Südwesttor der Tempelsäulenhalle durch das Tyropoiontal in die Oberstadt fliehen. Dort sammelten sie sich zu dem letzten Widerstand, dessen stärkster Verteidigungspunkt der Herodespalast war. Einen weiteren Monat hielten sie hier stand; dann war alles vorbei. So endete die große Belagerung von Jerusalem. Titus befahl, die ganze Stadt dem Erdboden gleichzumachen außer den drei Herodestürmen Phasael, Hippikus und Mariamne und der Westmauer; sie sollten das Lager der Zehnten Legion schützen, die als Garnison hier stationiert blieb.

Nach der Hinrichtung vieler Überlebender nahm Titus den Rest als Sklaven mit sich, von denen viele bei Gladiatorenkämpfen umkamen oder wilden Tieren bei den «Spielen» vorgeworfen wurden, die die Römer zur Feier ihres Sieges in Cäsarea veranstalteten. Dann kehrte Titus nach Rom zurück, wo er zusammen mit seinem Vater, dem Kaiser Vespasian, den Triumph feierte. Die bedeutendsten Beutestücke, die man vorzuzeigen hatte, waren die Tempelschätze aus Jerusalem, besonders der goldene siebenarmige Leuchter und die Schriftrollen der jüdischen Gesetze.

Im Zug wurden auch jüdische Gefangene aus Jerusalem mitgeführt und zur Schau gestellt, darunter der Zelotenführer Simon bar Giora. Am Ende des Triumphmarsches warteten die Würdenträger, wie es im Altertum Sitte war, bis die Nachricht vom Tod des führenden Generals der feindlichen Armee kam. Simon bar Giora wurde hervorgezerrt und an einem Seil um den Hals auf das Forum geführt und öffentlich hingerichtet. Titus und Vespasian konnten in den Palast zurückkehren, um ihrem Siegesmahl zu präsidieren.

Zur Erinnerung an die Eroberung Jerusalems wurde der Triumphbogen des Titus auf dem Forum des kaiserlichen Rom errichtet. Auf seinem hervorragenden Relief kann man heute noch jüdische Gefangene im Triumphzug um den Karren mit den Beutestücken aus dem Tempel sehen, am berühmtesten ist die Darstellung des Leuchters aus dem Heiligtum.

13 Bar Kochba, Hadrian und Aelia Capitolina 132–135

Trotz der Zerstörung Jerusalems im Jahre 70 n. Chr., der Niedermetzelung vieler Einwohner und der Deportation einer großen Zahl in die Gefangenschaft erlosch das jüdische Leben im umgebenden Judäa nicht. Die unterdrückte jüdische Bevölkerung dort war allerdings schwer dezimiert, denn der Krieg gegen die Römer hatte im ganzen Lande getobt. Immerhin gelangten die Überlebenden zu einer erträglichen, wenn auch düsteren Existenz unter römischer Herrschaft.
Von seinem Sitz in Cäsarea aus brauchte der römische Statthalter Jerusalem jetzt nur wenig Aufmerksamkeit zu schenken. Für ihn war es bloß eine Garnisonsstadt. Seine Leute von der Zehnten Legion hatten sich hinter der Westmauer eingerichtet, obwohl ihre Familien wahrscheinlich in den Vorstädten wohnten, denn Stadt und Tempel durften nicht wieder aufgebaut werden. Als Juden in die Ruinen der Stadt zurückwanderten, gezogen von den Erinnerungen, die sich mit diesem heiligen Ort verbanden, konnten sie keine neuen Unruhen entfachen und blieben daher unbehelligt.
Nachdem die Führerschaft der Juden tot oder aus Jerusalem vertrieben war und keine Gottesverehrung im Tempel mehr stattfinden konnte, verlagerte sich der Schwerpunkt des Judentums nach einem neuen Zentrum talmudischer Gelehrsamkeit, nach Jabne (Jamnia) an der Mittelmeerküste nördlich von Askalon, noch heute ein bekannter Ort des talmudischen Studiums. Kurz vor dem Fall Jerusalems war es von dem überragenden Rabbi Johannes ben Sakkai gegründet worden. Und die Rabbiner und Lehrer erlangten bald anstelle des Hohepriesters, dessen Amt mit dem Verlust des Tempels sinnlos geworden war, die Führerschaft über das Volk. Das Sanhedrin, das oberste jüdische Gericht, wurde jetzt und fernerhin mit den führenden jüdischen Gelehrten besetzt. In dieser Zeit bildeten sich jene Formen der jüdischen Erziehung, von denen man auch später sich stets leiten ließ, vor allem im Respekt vor Gelehrsamkeit und Lerneifer. Damals legten die Rabbiner auch den Grund für das strikte Festhalten an den jüdischen Religionsformen, die dadurch stark einigend auf die verstreuten jüdischen Gemeinden wirkten und sie vor dem Aufgehen im Römischen Reich – oder irgendeinem anderen Reich – wo immer und zu welcher Zeit bewahrten.
Die Synagoge, eine Einrichtung, die die Rückkehrer aus dem babylonischen Exil etwa 600 Jahre früher eingeführt hatten und die während der ganzen Periode des Zweiten Tempels eine Art Behelfsort für die lokale Gottesverehrung war, trat jetzt

Jüdischer Sarkophag aus der Endzeit des Zweiten Tempels, gefunden in Jerusalem.

an die Stelle des Tempels – außer für das Opfer. Nach jüdischem Gesetz waren Opfer nur im Zentralheiligtum erlaubt, so daß von da an die jüdische Religion das Opfer nicht mehr kennt.

Ganz gleich, wo nun die jüdische Führung ihren Ort hatte, Jerusalem blieb das heilige Zentrum und die Stadt der Pilgerfahrten; die Mitglieder der Gemeinden in Judäa und der Diaspora reisten dorthin, um die Ruinen des Tempels zu besuchen. Die verarmten Juden Jerusalems wurden von ihren Brüdern von draußen unterstützt, und aus den zeitgenössischen Berichten geht hervor, daß sogar einige ihrer Synagogen – denn auch sie konnten ihre Gottesdienste jetzt nur noch in der Synagoge verrichten – von Juden aus der Diaspora unterhalten wurden.

Jerusalem gewann bald wieder seinen überwiegend jüdischen Charakter trotz der Anwesenheit einer römischen Garnison und anderer nichtjüdischer Gruppen zurück. Zu diesen Nichtjuden gehörten auch die Christen, die die Stadt zu Beginn des jüdischen Aufstandes im Jahre 66 n.Chr. verlassen hatten und alle zusammen nach Pella auf der anderen Jordanseite gezogen waren. Am Ende des Krieges kehrten sie zurück. Aber immer noch war es keine große Gemeinde.

In den nächsten sechzig Jahren ging das Leben im Lande ohne große Erhebungen fort; die kleinen vereinzelten Revolten – kaum dazu angetan, die Römer ernstlich zu bedrohen – genügten doch, um die Herrscher daran zu erinnern, daß ihre jüdischen Untertanen den Drang zur Unabhängigkeit nicht verloren hatten.

Nachwirkung von Hadrians Besuch in Jerusalem

Im Jahre 130 n.Chr. besuchte der vielgereiste Kaiser Hadrian diesen Teil seines Reiches und kam auch nach Jerusalem. Hier erlebte er das ungebrochene jüdische Nationalgefühl, weswegen er später eine Reihe antijüdischer Edikte erließ; so verbot er die Einhaltung des Sabbat und den Ritus der Beschneidung, und er entschloß sich auch, Jerusalem zu einer römischen Kolonie zu machen und den Namen der Stadt zu ändern. Dies alles löste den letzten und verzweifeltsten Aufstand der Juden gegen die Römer aus, den jüdischen Freiheitskrieg unter dem heroischen Führer Bar Kochba. Im Jahre 132 n.Chr. schlugen er und seine jüdischen Verbände los. Ihr Hauptziel war die Befreiung Jerusalems von römischer Herrschaft und die Verhinderung der römischen Pläne. Die Flamme der Rebellion verbreitete sich rasch, und bald loderte in ganz Judäa der Aufstand. Unermeßlich war der Einfluß des Rabbi Akiba, des größten Gelehrten seiner Zeit, der Bar Kochba von ganzem Herzen unterstützte.

Die Erhebung war am Anfang erfolgreich. In schweren und erbitterten Kämpfen nahmen die Juden viele römische Festungen in Judäa und nach kurzer Zeit Jerusalem selbst. Für die nächsten drei Jahre wußten sich die Juden wieder frei im eigenen Lande mit Jerusalem als Hauptstadt und religiösem Mittelpunkt. Münzen, die Bar Kochba prägen ließ – einige von ihnen besitzen wir noch –, tragen die Inschrift «Jerusalem» oder «Für die Freiheit Jerusalems», um damit zu unterstreichen, daß man gegen den römischen Versuch kämpfte, Namen und Charakter der Hauptstadt von Israel zu ändern. Die Münzen haben die Datierungen «Jahr Eins», «Jahr Zwei» und «Jahr Drei» der Befreiung; weiter als bis zum dritten Jahr gehen sie nicht.

Die Römer brauchten ziemlich große Streitkräfte, um die Juden niederzuwerfen. Bar Kochbas Männer verließen Jerusalem, um sie auf dem Anmarsch zu treffen. Sie griffen sie aus dem Hinterhalt von den Hängen herab an und lauerten ihnen an engen Schluchten auf, die sie auf dem Weg zur Hauptstadt passieren mußten. Schließlich kam sogar Hadrian selber ins Land und brachte eine große Armee und seinen erfolgreichen General Julius Severus mit, den er aus Britannien abberufen und mit der Niederwerfung der Rebellion betraut hatte. Severus ging vorsichtig

Ein hellenistischer Reliefsarkophag, den man woande[rs] gefunden, aber am Eingang der Zitadelle ausgestellt hat.

und systematisch vor, indem er einen jüdischen Außenposten nach dem anderen eroberte. Als Jerusalem fiel, zogen sich Bar Kochba und seine Leute in die nahegelegenen Berge zurück und setzten den erbitterten Kampf fort. (Im Jahre 1960 machte Professor Yadin bei Ausgrabungen am Toten Meer aufregende Entdeckungen, darunter fünfzehn Depeschen des jüdischen Befehlshabers, auf Papyrus geschrieben, die ihn als dynamischen Anführer und zugleich gewissenhaften Anhänger des jüdischen Religionsgesetzes zeigen. Außer seinem meteorgleichen und schicksalhaften Auftritt auf der Bühne der jüdischen und römischen Geschichte, außer seinem militärischen Genie und der Bewunderung, die der Rabbi Akiba ihm entgegenbrachte, hat man nur wenig von ihm gewußt.)

Das Ende des Aufstandes

Das Ende kam im Jahre 135 bei Beth-Ther, einer Hügelfestung nur wenige Kilometer südwestlich von Jerusalem, wo Bar Kochba hartnäckig letzten Widerstand leistete. Der Tag, an dem die Festung fiel, ist nach der Überlieferung der 9. Ab, also der Tag, an dem sowohl der Erste als auch der Zweite Tempel zerstört wurden. Bar Kochba fiel in der Schlacht, Rabbi Akiba wurde gefangengenommen und von den Römern mit äußerster Grausamkeit zu Tode gequält. Von da an mußten die Juden 1813 Jahre warten, ehe sie ihre Unabhängigkeit wiedergewannen.

Hadrian suchte nun sofort, Name und Erinnerung an Jerusalem auszulöschen, indem er alle sichtbaren Spuren der Stadt beseitigte und auf dem Platz eine römische Stadt mit Namen Aelia Capitolina errichtete. (Aelius war Hadrians Familienname und Jupiter Capitolinus der höchste römische Gott.) Er zerstörte die stehengebliebenen Mauern und Gebäude, pflügte das ganze Gelände um und errichtete die neue Stadt in einem kleineren, eng begrenzten Gebiet, im Plan einem römischen Lager ähnlich.

Bei Strafe des Todes durften Juden diese Stadt nicht betreten oder sich ihr auch nur auf Sichtweite nähern. Erst zweihundert Jahre später, im 4. Jahrhundert n. Chr., wurde dieses Verbot etwas gelockert, nämlich für einen Tag im Jahr, den 9. Ab, wenn Juden den Ort des Tempels besuchen und an seinen Ruinen trauern durften. Im folgenden Jahrhundert wurde das Verbot ganz abgeschafft dank des Einspruchs der Kaiserin Eudoxia, der Witwe des Kaisers Theodosius II., und Juden konnten wieder in der Stadt wohnen.

In Hadrians Tagen aber war das Verbot so streng, daß sogar zum Christentum übergetretenen Juden der Eintritt verwehrt wurde. Heidnische Christen dagegen durften kommen, sie hatten Jerusalem während Bar Kochbas Erhebung verlassen und kehrten jetzt zurück. Und ihre Gemeinde wuchs.

Um ein für allemal, wie Hadrian dachte, die geistige Verbindung der Juden zu Jerusalem zu zerstören, erbaute er einen Jupitertempel, wo der alte Tempel gestanden hatte, mit einer Reiterstatue seiner selbst davor. Laut christlicher Überlieferung soll er auf Golgatha auch einen Venustempel errichtet haben.

Die Mauern von Aelia Capitolina decken sich in ihrem Verlauf weitgehend mit denen der heutigen Altstadt von Jerusalem. Sie schlossen die Stadt Davids auf dem Südende des östlichen Hügelrückens aus und ebenso den heutigen «Berg Zion» auf dem Südwesthügel. Die Nordmauer war wie heute stark eingezogen und verlief ziemlich weit südlich der Dritten Mauer des Agrippa. Die West- und die Ostmauer behielten im ganzen die alte Position, bestimmt durch das Kidron- und das Hinnomtal; nur waren sie kürzer.

Wie in einem römischen Lager kreuzten sich in der Stadt zwei Straßen, eine von Norden nach Süden, die andere von Osten nach Westen, mit Toren an ihren Endpunkten. Die eine verlief ungefähr zwischen dem heutigen Damaskus- und dem

ogen der Ecce-homo-Basilika, der einer der Triumphbogen sein soll, ie Hadrian im 2. Jahrhundert rrichtete.

Ziontor. Der Verlauf der Ost-West-Straße deckt sich mit der heutigen Davidstraße und ihrer Fortsetzung, der Kettenstraße, zwischen der Säulenhalle des Tempels und dem Jaffator. Nahe der Kreuzung war das Forum (heute der Muristan-Basar). Hadrian baute auch einen Aquädukt, ein Theater und ein öffentliches Bad, das nicht fehlen durfte. Der Bogen (der heute noch steht), bekannt als Ecce-Homo-Bogen, «Sehet, welch ein Mensch!», ist nicht der Bau, unter dem Pontius Pilatus Jesus dem Volk übergab, sondern einer der Triumphbogen, die Hadrian errichtete.

Aelia Capitolina

Nach Professor Michael Avi-Yonah von der Hebräischen Universität waren die zwei folgenden Jahrhunderte, die Jerusalem unter dem Namen Aelia Capitolina verbrachte, «die ruhigste Zeit seiner Geschichte, über die man aber auch am wenigsten weiß. Aelia war nur eine kleine, verschlafene Provinzstadt ohne jede Bedeutung außer für die Juden, die dort nicht hindurften, und für die Christen, die keinen Beschränkungen unterworfen waren und in größerer Zahl hierherkamen, denn die Kirche gewann zahlreiche Anhänger. Immer mehr Heiden begannen, das Leben Jesu zu studieren, und interessierten sich zunehmend für den Ort der Kreuzigung. Für das offizielle Rom aber war die Hauptstadt der Provinz Syria Palaestina Cäsarea

links: Reste des zugemauerten Dreibogentores in der Südmauer des Tempelbezirks.

am Mittelmeer, während Aelia als eine unter den vielen anderen kleinen Städten dieses Gebietes kaum Beachtung fand.»

In dieser Zeit, als die Juden nicht in Jerusalem wohnen durften, das umgebende Judäa verwüstet lag und seine Bevölkerung von den Eroberern niedergemetzelt oder versklavt war, verlagerte sich das Zentrum des jüdischen Lebens von der heiligen Hauptstadt nach Galiläa im Norden. Von damals bis heute waren die Juden in ihrem Lande eine Minderheit.

Im 3. Jahrhundert n. Chr. allerdings scheuten jüdische Pilger, obwohl das Verbot immer noch in Kraft war, nicht davor zurück, den Tempelplatz zu besuchen. Dies erfahren wir aus talmudischen Quellen. Solche Pilgerfahrten fanden offensichtlich statt, wenn die Römer nachsichtig waren und das Verbotsgesetz nicht so streng angewendet wurde.

Als im 4. Jahrhundert Kaiser Konstantin auftrat und das Christentum annahm, fegte ein wahrer Sturm der Veränderung über Jerusalem hinweg. Von jetzt an wurde es für die Christen, was es für die Juden schon vierzehnhundert Jahre lang gewesen war – ihre heilige Stadt, und von jetzt an übernahmen die Christen die jüdische Sitte der Pilgerschaft nach Jerusalem, aber sie pilgerten nicht zum Tempelplatz, sondern zu den Orten, die mit den letzten Erdentagen Jesu verbunden waren.

Der Name Jerusalem wurde wieder eingesetzt und Aelia Capitolina gestrichen. Heute ist es nur noch der Name eines kleinen Hotels außerhalb der Mauern der Altstadt.

rechts: Eine Mosaikdarstellung von Jerusalem aus dem 5. Jahrhundert in der Kirche Santa Maria Maggiore in Rom

HIERVSALEM

14 Das christliche Jerusalem 324-638

Konstantin der Große

Konstantin der Große nahm als erster römischer Kaiser das Christentum an. Durch seine Konversion sicherte er die Zukunft dieser Religion. Aus dem Glauben einer kleinen Sekte wurde die Staatsreligion des Römischen Reiches.

Nur mit dem geringeren Titel eines Cäsar trat Konstantin seine Herrschaft über die westlichen Teile des Reiches im Jahre 306 an. Das Reich war Stück für Stück in den letzten Jahrhunderten gewachsen, und um die aufgeblähte Verwaltung zu straffen, hatte es Kaiser Diokletian, der 305 abdankte, in vier große Regionen geteilt und jede mit einem eigenen Herrscher besetzt. Zwei hießen ebenfalls Imperator, die anderen beiden Cäsar. Diokletian übernahm die Ostregion, die die heutige Türkei und den Mittleren Osten umfaßte. Seine Hauptstadt war Byzanz (das Konstantin 330 erneuerte und Konstantinopel nannte), und daher hieß dann der Ostteil, als sich später im selben Jahrhundert das Römische Reich in West und Ost spaltete, das Byzantinische Reich.

Nach Diokletians Abtreten kam es zu heftigen Kämpfen unter den Herrschern, aus denen nach zwanzig Jahren Konstantin als alleiniger Kaiser hervorging; unangefochten übte er die Macht von 324 bis zu seinem Tode im Jahre 337 aus, und seine direkte Herrschaft umfaßte auch Palästina und Jerusalem.

Er war mittlerweile ein leidenschaftlicher Anhänger des Christentums geworden und wider Willen in kirchliche Kontroversen verwickelt. Bischöfe aus allen Teilen des Reiches, West und Ost, kamen zu ihm, damit er in Streitfragen der Lehre entscheide. Da er aber wenig von den feinen theologischen Unterscheidungen verstand, berief er eine Art ökumenisches Konzil aller Kirchen nach Nicäa nahe Byzanz im Jahre 325 ein. Mit ihm auf dem Konzil in Nicäa war die ihm gleichgesinnte Mutter, eine vom Heidentum bekehrte Christin, die Kaiserin Helena. Einer der Delegierten war der Bischof Makarios aus Aelia Capitolina, wie Jerusalem immer noch genannt wurde. Er traf mit der Kaiserin zusammen und sprach lange mit ihr über den traurigen Zustand der Orte, die durch die Schritte Jesu geheiligt waren. Sie war von der kummervollen Erzählung über die Vernachlässigung so bewegt, daß sie sich am Ende des Konzils entschloß, Jerusalem zu besuchen. 326 verließ sie ihren Sohn, den Kaiser, der ihr Vollmachten, Geld und seinen Segen mit auf den Weg gab. Ihre Fahrt war eine Entdeckungsreise. Sie und Makarios stellten die Orte der Kreuzigung Jesu, der Grablegung und anderer Ereignisse aus seinen letzten Tagen fest. Sie entdeckten auch – oder wenigstens wurden diese Entdeckungen

Bemalte Kacheln aus dem 8. Jahrhundert mit Dar-tellungen biblischer Szenen er frühen Christenheit, in er Kirche St. Jakob im rmenischen Konvent.

links: Himmelfahrtskapelle auf dem Ölberg; ursprünglich stand hier eine Kirche aus dem 4. Jahrhundert.

später Helena zugeschrieben – Reliquien, die mit der Kreuzigung in Verbindung standen. Solche Funde und Ortsbestimmungen begründeten die christliche Tradition, der man auch heute noch folgt. Andere Entdeckungen, die diese Tradition bereicherten, wurden während der ganzen Zeit der byzantinischen Herrschaft über dieses Gebiet gemacht, die 614 durch eine Invasion der Perser unterbrochen und 638 mit der Eroberung Jerusalems durch die Moslems beendet wurde.

Konstantin entschloß sich, den heiligen Orten angemessene Kirchen zu bauen, was in diesem Anfangsstadium des Christentums von großer Bedeutung war, die heidnischen Tempel durch christliche Bauten zu ersetzen und die durch Jesus geheiligte Stadt zu vergrößern. Das großartigste dieser Denkmäler – von unermeßlicher Bedeutung als heilige Stätte für die künftige christliche Pilgerschaft – war die Grabeskirche, die man auf dem Felsen, den man für Golgatha, den Hügel der Kreuzigung hielt, und über dem nahegelegenen Grab, bekannt als der Ort der Anastasis, auf griechisch Auferstehung, errichtet hatte.

Damals und nach den beiden größeren Erneuerungen im 7. und 11. Jahrhundert war sie ein rechteckiger Rahmenbau in west-östlicher Richtung. Das noch immer hervorstechendste Merkmal war die Rotunde der Anastasis, eine Rundkirche mit dem Grab in der Mitte, von Säulen umgeben und von einer großen Kuppel überwölbt; daran schloß sich im Osten ein offener, von Kreuzgängen umgebener Hof an; darin lag der traditionelle Kalvarienberg. Östlich davon stand die Kirche, das

rechts: Eingang zur Grabkapelle in der Rotunde der Grabeskirche.

sogenannte Martyrium, in der die Gottesdienste gehalten wurden. Zwei Säulenreihen auf jeder Seite des Schiffes gaben der Basilika vier Seitenschiffe; die Apsis lag ungewöhnlicherweise am Westende, also in Richtung auf das Grab. Man betrat die Kirche im Osten durch einen überdeckten Portikus, das Atrium, in das man wiederum von Osten durch drei Portale über Stufen von der Straße her gelangte. Vor den Stufen standen entlang dem Cardo Maximus, der nord-südlichen Hauptstraße der römischen Aelia Capitolina, einige Säulen. Unter der Kirche lag eine nicht mehr benutzte Zisterne, die später – so heißt sie heute noch – die Kreuzauffindungskapelle genannt wurde, zur Erinnerung an die der Kaiserin Helena zugeschriebene Entdeckung des Kreuzes, an das Jesus geschlagen worden war.

An dieser Stelle stand der Venustempel des Hadrian, der Helena und Makarios auf die Lokalisation der heiligen Stätte der Grablegung geleitet haben soll, denn man glaubte, daß Hadrian eben genau diesen Punkt für die heidnische Götterverehrung gewählt habe, um jede Erinnerung an den doppelt gehaßten Jesus zu tilgen – Jesus als Jude und Jesus als Begründer des Christentums. Der Venustempel war mithin ein deutliches Zeichen. Er wurde abgerissen. Und auf dem Platz, an den die Erinnerung gerade hatte ausgemerzt werden sollen, erhob sich die Grabeskirche, die in Teilen noch heute erhalten ist. Die Grundmauern der Rotunde und Teile des Kircheneingangs und der Stufen davor kann man noch sehen.

Im Jahre 614 zerstörten die Perser weitgehend die Kirche, aber schon wenige Jahre später baute sie Abt Modestos in etwas kleineren Ausmaßen wieder auf. Im Jahre 1010 wurde sie neuerlich, diesmal vom Kalifen Hakim aus Ägypten, zerstört, und 1048 von Kaiser Konstantin Monomachos während der kurzen Zeit, als sie wieder unter byzantinischem Schutz stand, neu gebaut. Die erste Tat der Kreuzfahrer 1144 war die vollständige Wiederherstellung des Heiligtums, so daß alles wieder unter einem Dach vereinigt war. Die heutige Kirche geht im ganzen auf diesen Plan zurück. Zu der ursprünglichen Kirche fügte man eine Marmorverkleidung für den Kalvarienberg, eine Einfriedung aus Marmor für das Grab, einen Glockenturm, den Salbungsstein (auf dem der Körper vor der Grablegung gesalbt wurde) und verschiedene Kapellen und Oratorien hinzu. Auch die Kuppel erfuhr verschiedene Erneuerungen, die heutige ist hundert Jahre alt. Konstantins Kirche des Heiligen Grabes wurde zur verehrtesten Stätte der Christenheit und der mächtigste Anziehungspunkt für Pilger.

Die andere bemerkenswerte Basilika, die Konstantin oder seine mütterliche Vertreterin in Jerusalem baute, war die Kirche von Eleona (auf dem Ölberg). Der Ort Eleona (griechisch für «im Olivenhain», wie der Ölberg hieß) war von Helena als die Grotte bezeichnet worden, «wo Jesus seinen Jüngern unerforschliche Wunder offenbarte». Die Reste dieser Kirche wurden 1910 bei archäologischen Ausgrabungen entdeckt; darüber erhebt sich heute die Basilika des Heiligen Herzens. Sie liegt neben dem Karmeliterkonvent und der Paternosterkirche und ein kurzes Stück südlich der Himmelfahrtskapelle, von der die Gläubigen meinen, daß hier Jesus zum Himmel auffuhr.

Übrigens wurde auch die ursprüngliche Himmelfahrtskapelle im 4. Jahrhundert, etwa fünfzig Jahre nach Helenas Tod und auch auf den Befehl einer Frau, einer frommen römischen Dame namens Pomenia, gebaut. Auch ihre Reste kann man noch heute sehen. Es war ein runder, zum Himmel offener Bau und hieß Imbomon, griechisch für «auf dem Hügel». Der bestehende oktogonale Bau stammt aus der Kreuzfahrerzeit.

Basiliken waren nicht die einzigen christlichen Bauten, die Konstantin und andere

Blick vom Glockenturm des russischen Klosters auf dem Ölberg auf die Kirche im Garten.

reiche Christen, die seinem Beispiel folgten, errichteten. Die größer werdende christliche Gemeinde, die wachsende Zahl der Mönche, Nonnen und Pilger machten den Bau von Klöstern, Konventen und Hospizen nötig. Nach und nach gab es in der Stadt viele solcher Bauten, die ihrerseits wieder mehr und mehr Besucher anzogen. Bis zum Ende des 4. Jahrhunderts, als die Juden noch bis auf einen Tag im Jahr von der Stadt ausgeschlossen waren, wurde Jerusalem zu einer rein christlichen Stadt, der einzigen dieses Landes. Die jüdischen Zentren befanden sich weiterhin in Galiläa.

Dieser Prozeß setzte sich bis ins 5. Jahrhundert hinein fort. Berichte aus der Zeit erzählen von den Besuchen und der Niederlassung vornehmer christlicher Familien, hochgestellter, frommer – und reicher – Frauen aus Rom und Byzanz, die hier ihr

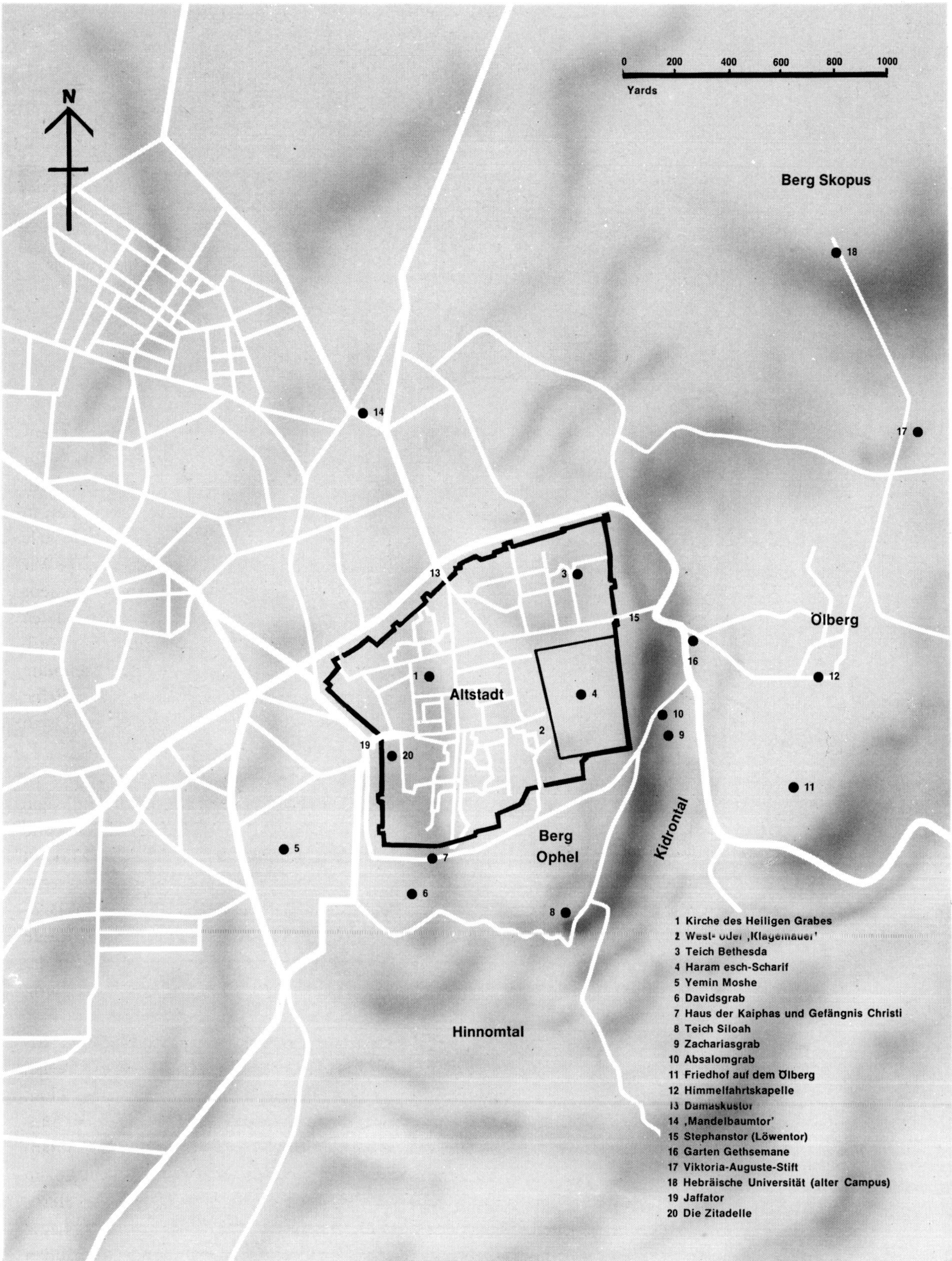
N
0 200 400 600 800 1000
Yards
Berg Skopus
Ölberg
Altstadt
Berg Ophel
Kidrontal
Hinnomtal
1 Kirche des Heiligen Grabes
2 West- oder ‚Klagemauer'
3 Teich Bethesda
4 Haram esch-Scharif
5 Yemin Moshe
6 Davidsgrab
7 Haus der Kaiphas und Gefängnis Christi
8 Teich Siloah
9 Zachariasgrab
10 Absalomgrab
11 Friedhof auf dem Ölberg
12 Himmelfahrtskapelle
13 Damaskustor
14 ‚Mandelbaumtor'
15 Stephanstor (Löwentor)
16 Garten Gethsemane
17 Viktoria-Auguste-Stift
18 Hebräische Universität (alter Campus)
19 Jaffator
20 Die Zitadelle

rechts: Die Mosaikkarte von Jerusalem aus dem 6. Jahrhundert, die man 1897 in Medeba, östlich des Toten Meeres gefunden hat.

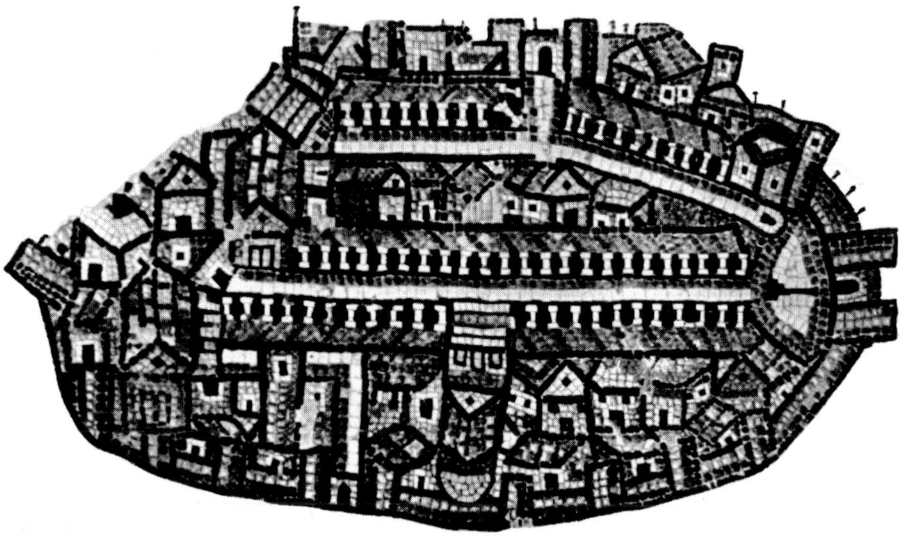

Geld für Bauten ausgaben und ihre Zeit dem Dienst der Stadt widmeten. Eine ebenfalls sehr mächtige Frau, die Kaiserin Eudoxia, die die Aufhebung des Verbots für die Juden, die Stadt zu betreten, erwirkte, übte einen bleibenden Einfluß auf Jerusalem aus. Sie war die Witwe eines früheren Kaisers und im Jahre 438 vom Hof in Byzanz vertrieben worden und hatte in Jerusalem eine Zuflucht gefunden – wie viele andere römische Aristokraten bei der Eroberung der Stadt durch die Barbaren. Wir wissen, daß Eudoxia einen großartigen Palast baute, und wir wissen von wenigstens einer Kirche, die sie errichtete, nämlich die Kirche St. Stephan zu Ehren des ersten christlichen Märtyrers. Reste dieser Kirche hat man bei Ausgrabungen genau nördlich des heutigen Damaskustores gefunden. Eudoxia soll auch für eine Ausdehnung der Stadtmauern verantwortlich gewesen sein, die jetzt weiter im Süden verliefen und wieder einmal auch den Berg Zion im Westen und den Berg Ophel im Osten einschlossen. Auch von diesen Bauten haben Archäologen Reste freigelegt.

Älteste Karte Jerusalems

Weitere christliche Kirchen kamen im 6. Jahrhundert hinzu, deren bekannteste ist die neue Marienkirche, nicht weit von der Klagemauer entfernt, erbaut von dem bedeutenden byzantinischen Kaiser Justinian I. (527–565). Wieviele Kirchen und Klöster es zu dieser Zeit tatsächlich in Jerusalem gab, geht deutlich aus einem höchst bemerkenswerten «Dokument» hervor, das man 1897 in den Ruinen einer Kirche in Medeba in Jordanien, östlich des Toten Meeres, gefunden hat. Es ist eine Bildkarte des Heiligen Landes mit einem besonderen Teilstück für Jerusalem, ein Mosaik auf dem Fußboden der Kirche. Aus der Vogelperspektive zeigt sie den Plan der Stadt. Sie stammt aus dem späten 6. Jahrhundert und ist die älteste Darstellung Jerusalems, die wir besitzen.

Auf der Medeba-Karte sind die Stadtmauern zu erkennen, einschließlich der Erweiterung durch Eudoxia, die den Berg Zion einbezog. Wir sehen Eudoxias Palast, die Grabeskirche, Justinians St. Maria Nova und die Kirche auf dem Berg Zion. Eine deutliche Teilung auf der Karte bildet die Nord-Süd-Straße Hadrians mit Säulen auf beiden Seiten, von denen einige den Eingang der Konstantinsbasilika flankieren. Auch was heute das Damaskustor ist, läßt sich erkennen. Ganz nahe am Westtor, dem heutigen Jaffator, liegen zwei der ursprünglich drei Türme des Herodes, einer davon offensichtlich der Phasaelturm, dessen Fundamente sich bis heute als «Davidsturm» erhalten haben. Und zwischen diesen hervorstechenden Gebäuden drängen sich viele kleine Kirchen und Hospize.

…arte von Jerusalem mit den …chtigsten Stätten.

Dies war Jerusalem auf der Höhe und im Glanz der byzantinischen Macht etwa fünfzig Jahre vor dem Fall. Im Jahre 614 überrannte eine Armee des wiedererstandenen Persischen Reiches unter Chosrau II. das Land und nahm Jerusalem nach einer Belagerung von nur zwölf Tagen. Die Perser wurden von den Juden aus Galiläa unterstützt, die sich in großer Zahl unter die Invasoren als Hilfstruppen einreihten. Sie hatten erst kurze Zeit zuvor weitere Repressalien von seiten der Byzantiner erfahren müssen, als der Kaiser Herakleios den Juden des Reiches befahl, die Taufe anzunehmen, und ihre Sympathien gehörten daher den Persern. Bei der Einnahme Jerusalems wurden viele Christen getötet, Kirchen zerstört oder beschädigt. Der Patriarch Zacharias, Tausende anderer Christen und das Wahre Kreuz wurden nach Persien gebracht.

Teil der westlichen Stadtmauer, die die Zitadelle umgrenzt; der Oberbau der Mameluken und Osmanen steht auf den Ruinen der Kreuzfahrer, des Herodes und der Hasmonäer. Das Minarett wurde im 17. Jahrhundert an eine Moschee aus dem 14. Jahrhundert angefügt.

Die persische Eroberung

Die Juden scheinen gehofft zu haben, daß Jerusalem nun wieder ihnen übergeben würde, aber nach wenigen Jahren änderten die Perser ihre Haltung, und die örtliche Gewalt ging auf den Priester Modestos über. Er muß vor allem wegen des Wiederaufbaus einiger zerstörter Kirchen, darunter die Grabeskirche, genannt werden.

Die persische Eroberung dauerte nicht lange. Im Jahre 629 gewann Herakleios die Oberhand, Chosrau II. wurde besiegt, und Palästina fiel an die Byzantiner zurück. Der Patriarch und das Wahre Kreuz kamen wieder nach Jerusalem. Gegenüber den Juden, sagen die Historiker, soll Herakleios trotz ihrer Allianz mit den Persern zur Schonung geneigt haben, bis ihn Anklagen erreichten, die Juden hätten an den Christenmorden bei der Invasion der Perser teilgenommen. Es folgte ein fürchterliches Massaker unter den Juden; die Überlebenden wurden vertrieben.

Die Byzantiner glaubten wohl, jetzt wieder für lange Zeit die Herrschaft im Heiligen Land auszuüben. Aber noch während Herakleios seine Wiedereroberung feierte, festigten die Anhänger einer neuen Religion in Arabien, an der Spitze der Prophet Mohammed, ihre Macht in Mekka. Mohammed starb im Jahre 632, und sein alter Freund und Nachfolger Abu Bekr konsolidierte in den nächsten zwei Jahren die Herrschaft der Moslems über die Arabische Halbinsel. Der zweite Kalif, Omar, trug 634 den Krieg nach Byzanz und Persien und drang zwei Jahre später in Palästina ein. 638 erreichten die Moslems Jerusalem und belagerten die Stadt. Es folgten Verhandlungen, die mit der friedlichen Übergabe an Kalif Omar endeten. Die Christen blieben unbehelligt und hatten die Erlaubnis, ihre Religion auch weiterhin auszuüben. Den Juden wurde wieder die Rückkehr gestattet, ungeachtet der Vorhaltungen des christlichen Patriarchen Sophronios. So wurde Jerusalem zum Besitz der Moslems.

15 Jerusalem und die Moslems 638-1099

Kalif Omar war, wie wir gesehen haben, darauf bedacht, Jerusalem unversehrt zu lassen, weil nämlich die Stadt in den Augen der Anhänger jener neuen Religion, des Islam, auch eine besondere Heiligkeit hatte. Zwar war sie darin nicht mit Mekka, Mohammeds Geburtsstadt, oder mit Medina, das ihn nach seiner Flucht aus der Heimat aufnahm und wo er starb, vergleichbar, aber der jüdische Tempel in Jerusalem war der Ort in Mohammeds Vision, zu dem er von seinem legendären Roß el-Burak gebracht und von wo er für eine Nacht durch die sieben Himmel hinauf und vor das Angesicht des Allmächtigen getragen wurde. Der Eröffnungsvers der Sure (Kapitel) des Koran über die Kinder Israel lautet: «Preis Ihm, Der bei Nacht Seinen Diener hinwegführte von der Heiligen Moschee (Mekka) zu der fernen Moschee (Jerusalem), deren Umgebung Wir gesegnet haben . . .»

Kein Wunder also, daß Kalif Omar die Stadt nach der Kapitulation mit Ehrfurcht betrat. Die Überlieferung der einzelnen, dem Islam heiligen Stätten aber entstand viel später und möglicherweise aus ganz anderen als religiösen Gründen. Eine mittelalterliche Geschichte erzählt, daß Omar den christlichen Patriarchen Sophronios gebeten habe, ihn geradwegs zum Ort des jüdischen Tempels zu führen. Sophronios soll in große Verwirrung geraten sein, da die Christen den Tempelbezirk in einen großen Mist- und Abfallhaufen verwandelt hatten. Er antwortete ausweichend, aber Omar blieb bei seinem Wunsch, und – so die Geschichte – als sie den Platz erreichten, war Omar so empört, daß er den Patriarchen auf Händen und Knien durch den Dreck kriechen ließ als Strafe dafür, daß die Christen einen Ort so entwürdigt hatten, den – die Moslems verehrten!

Omar erbaute eine hölzerne Moschee im Tempelbezirk. Der berühmte Kuppelbau, der sich heute hier erhebt und seinen Namen trägt, die Omarmoschee, wurde nicht von ihm selbst errichtet. Besser ist der Name Felsendom oder Kuppelmoschee. Sie steht nach dem Glauben der Moslems genau an dem Platz, von dem aus Mohammed seinen geheimnisvollen Flug zum Himmel unternahm. Von dem Stein in der Moschee glaubt man auch, er sei der Notaltar, auf dem Abraham seinen Sohn Isaak opfern sollte, der Felsen des Berges Morija, wie auch, daß es der Ort des Allerheiligsten im jüdischen Tempel gewesen sei.

Die Moschee wurde unter einem späteren Kalifen, Abdal Malik (685–705), aus der Dynastie der Omaijaden, gebaut und war das Werk byzantinischer Architekten und Handwerker dieser Gegend. In den folgenden Jahrhunderten nahm man wiederholt

Der Felsendom. Gesamtansicht von Nordwesten. Gleich rechts davon, noch eben am Horizont sichtbar, die Silberkuppel der Moschee El-Aqsa.

größere Ausbesserungen vor und fügte vielfachen Schmuck hinzu. Aber der großartige oktogonale Bau mit der goldenen Kuppel ist im Kern noch heute derselbe wie im Jahr seiner Vollendung 691. Er steht auf dem höchsten Punkt des jüdischen Tempelbezirks, der von den Arabern in «Haram esch-Scharif» (Vornehmes Heiligtum) umbenannt wurde, und ist auf allen Seiten von breiten Treppenfluchten umgeben. Jede der acht äußeren Mauern schmücken zierliche Bogen; die vier Tore der Moschee weisen in die vier Himmelsrichtungen. Ein innerer Pfeilerring trägt die riesige Kuppel, äußere Säulenringe stützen die Bogengänge. Genau unterhalb der Kuppel liegt der Fels, arabisch «as-Sakhra».

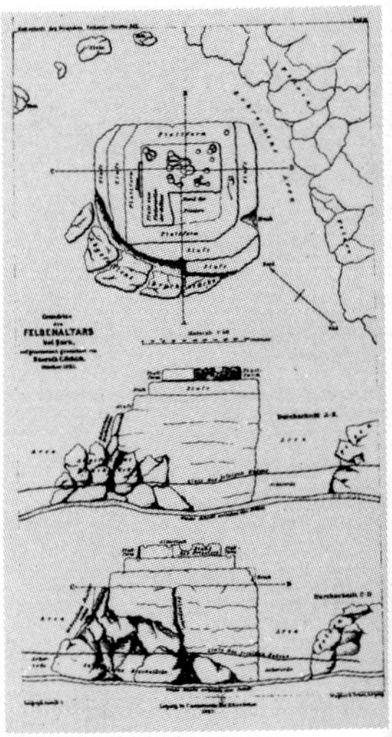

Grundriß und Querschnitt des Felsens, von dem der Dom seinen Namen hat, angefertigt von einem deutschen Reisenden im Oktober 1883.

Politische, ökonomische und religiöse Überlegungen führten Abdal Malik dazu, dieses prächtige mohammedanische Heiligtum zu bauen. Seine Macht wurde von einem anderen Kalifen bedroht, der Mekka in seiner Hand und dadurch bedeutenden politischen Einfluß hatte. Mekka zog auch beträchtliche Steuereinkünfte aus den Pilgerfahrten, von denen nicht wenige gerade aus Abdal Maliks Herrschaftsbereich kamen. Ein Heiligtum in Jerusalem würde die politische Bedeutung der Stadt vergrößern, Pilger anlocken und Einnahmen bringen. Darüber hinaus ließ die Tatsache, daß es so viele schöne Kirchen in Jerusalem gab, beim Kalifen den Wunsch entstehen, die christliche Glorie noch zu übertreffen; der Felsendom war sicherlich das geeignete Mittel dazu.

Jeder Moslemherrscher wäre stolz darauf gewesen, wenn ihm dieses schöne Gebäude zugeschrieben würde, und so versuchte ein späterer Kalif, al-Ma'mun aus dem Hause Abbas, das der Dynastie der Omaijaden folgte, diese Ehre für sich zu gewinnen. Das Gebäude mußte im Jahre 813 ausgebessert werden, und als die Renovation vollendet war, änderten die Maurer den Namen auf der ursprünglichen Erinnerungstafel und ersetzen Abdal Malik durch den Abbasiden al-Ma'mun als «der Diener Gottes», der die Moschee erbaute. Aber sie ließen den Rest der Inschrift stehen und vergaßen das ursprüngliche Datum zu ändern!

Spätere Geschichte des Felsendoms

Im Jahre 1016 wurde der Bau bei einem Erdbeben schwer beschädigt und sechs Jahre später mit stärkeren Mauern wiederhergestellt. 1067 ereilte Jerusalem ein anderes Erdbeben: Der Felsen wurde gespalten, aber das Gebäude selbst erlitt keine schweren Schäden.

Während der Eroberung Jerusalems durch die Kreuzritter (1099–1187) wurde der Felsendom in eine christliche Kirche verwandelt, wegen der Assoziation des Ortes mit dem jüdischen Tempel Templum Domini genannt. Christliche Bilder und Malereien wurden in dem Heiligtum aufgestellt, auf die Spitze der Kuppel setzte man ein goldenes Kreuz. Frühe Kreuzritterpilger begannen damit, kleine Stückchen des Felsens abzubrechen und als heilige Andenken mit nach Hause zu nehmen. Um dem ein Ende zu machen, ließen die Kreuzritterkönige den Felsen mit Marmor bedecken und errichteten darumherum ein Eisengitter. Das Gitter blieb bis heute. (Übrigens wurde der militärische und religiöse Kreuzritterorden, der den Tempelbezirk übernahm, bekannt als der Templerorden. Als die Ritter später in Europa Kirchen bauten, folgten sie dem Rundplan des Felsendoms, daher heißen diese Kirchen manchmal Tempelkirchen. Die berühmteste ist die Tempelkirche in London.)

Als die Moslems im Jahre 1187 Jerusalem zurückerobert hatten, entfernte Saladin alle christlichen Zutaten und schmückte das Innere mit Marmorverkleidungen für die Wände und Mosaiken auf der Innenseite der Kuppel.

Was die Mameluken im 14. und 15. Jahrhundert in der Hauptsache beitrugen, waren die Marmorkanzel, die noch steht, und die Kupferverkleidungen der Türen. Sie

oben: Luftaufnahme des Tempelbezirks von Südwesten. Im Zentrum der Felsendom, rechts die Moschee El-Aqsa. Die «Klagemauer» liegt im Vordergrund im Schatten – der Platz davor wurde nach den Kämpfen im Juni 1967 geräumt. Oben rechts der Garten Gethsemane und die Hänge des Ölbergs.

nächste Seite: Blick nach Westen vom höchsten Punkt in Jerusalem, dem Turm im russischen Kloster auf dem Ölberg. Die Himmelfahrtskapelle (in einem Mauerkreis) im Vordergrund, die Altstadt in der Mitte und in der Ferne die Neustadt.

mußten außerdem die Kuppel erneuern, die 1448 in Brand geraten war und einstürzte, obwohl – wie es ein Schriftsteller ausdrückte – «ganz Jerusalem herbeieilte, um sie zu retten».

Eindrucksvolle Erneuerungen wurden von dem Osmanensultan Suleiman dem Prächtigen (1520–1566) vorgenommen, vor allem die Füllung der Fenster in der Kuppel mit farbigem Glas, auf das goldene Blumenmuster gemalt waren, und die Verkleidung von Teilen der Außenwand mit außerordentlich edlen Kashan-Kacheln. (Entweder wurden sie direkt aus der für Fayencen berühmten Stadt in Persien hergebracht, oder Handwerker aus Kashan kamen nach Jerusalem, um sie am Orte selbst herzustellen. Viele der jetzigen Kacheln sind schlechte Kopien aus dem 19. Jahrhundert.)

Vor einigen Jahren wurde das unansehnliche graue Bleidach durch eine Lage vergoldeter Aluminiumplatten ersetzt. Wieder strahlte die Kuppel in der Farbe von reinem Gold, mit der schon Abdal Malik sie geschmückt haben soll – er befahl dann aber, sie mit einer Lage Haar, Wolle und Leder zu bedecken, um das Gold vor dem Wetter zu schützen. Es gibt heute auf der Welt kaum ebenso großartige Aussichten wie den Blick auf die goldene Kuppel über dem Tempelberg in der Morgendämmerung vom Ölberg aus.

El-Aqsa Moschee

Lange hat man geglaubt, der Erbauer des Felsendoms habe auch die nahegelegene, von einer Silberkuppel überwölbte Moschee El-Aqsa am südwestlichen Ende des Tempelbezirks errichtet. Das ursprüngliche Gebäude war aber nach heutiger Ansicht ein Werk von Abdal Maliks Sohn, dem Kalifen Al Walid, zu Beginn des 8. Jahrhunderts. Von diesem alten Bau ist bis auf einige Pfeiler der Kolonnade östlich der Kuppel nichts mehr erhalten.

Die Silber- und Goldverkleidungen der ersten Türen hat man später im selben Jahrhundert für die Finanzierung der ersten Ausbesserungsarbeiten – es folgten verschiedene andere – nach dem Erdbeben benutzt. Die wichtigste Erneuerung ließ der Fatimidenkalif Al-Zahir 1034 durchführen. Die Kuppel und sieben Türen im Norden des heutigen rechteckigen Gottesdienstraumes, der fünftausend Gläubige faßt, sind sein Werk. Er soll als Baumaterial Säulen und Kapitelle aus den zerstörten Kirchen in der Umgegend benutzt haben.

Während der Kreuzritterzeit war die Moschee das Hauptquartier des Templerordens, der noch einige Flügel anbaute. Sie nannten es Palatium Salomonis, Salomos Palast, im Glauben, an diesem Platz genau südlich des Tempels habe Salomo seine Residenz erbaut. Die Gewölbe unter der Moschee benutzten die Knappen der Kreuzritter als Ställe – man kann sie heute noch sehen –, und demgemäß hießen sie, wie auch heute noch, die «Ställe Salomos». Sie stammen aber durchaus nicht aus Salomos Zeiten, sondern wurden von Herodes als Stützkonstruktion für den südöstlichen Teil der Tempelplattform errichtet.

Saladin stellte El-Aqsa in dem früheren Zustand wieder her, schmückte die Kuppel mit Mosaiken, die man heute noch sehen kann, und fügte das Mihrab hinzu, das noch täglich benutzt wird. (Das Mihrab ist die Nische für den Imam, der das Gebet leitet. Es bezeichnet die Qibla, die Richtung nach Mekka.) Aus Aleppo brachte er eine schön geschnitzte Zedernholzkanzel, die schon sein Vorgänger in der Hoffnung auf die Eroberung Jerusalems eben für diese Moschee gemacht hatte. Saladin ließ auch den Fußboden und die unteren Wände mit Marmor verkleiden, die oberen schmückte er mit Mosaiken. Die Säulenhalle und die Bogen im Norden wurden im frühen 13. Jahrhundert hinzugefügt.

Die heutige Moschee El-Aqsa ist ein während der britischen Mandatsherrschaft über

uppel der El-Aqsa Moschee
ıd links die Doppelkuppel
:r Grabeskirche.

dieses Land wiederhergestellter Bau, vollendet 1943. Ganz dem Brauch gemäß, die Namen der arabischen Herrscher und Prinzen, die die Reparaturen oder Ausgestaltungen der Moschee bezahlten, auf Marmortafeln zu schreiben, die man dann in die Wand einließ, wurde auch der letzte herrschende Monarch von Ägypten, König Faruk, mit einer Inschrift auf der Wand gleich westlich vom Haupteingang geehrt: «Der Oberste Rat der Moslems hat das östliche Querschiff, das Zentralschiff und die Front des nördlichen Schiffes dieser gesegneten Moschee El-Aqsa restauriert ... Die ägyptische Regierung gab dazu die hölzerne Decke des Hauptschiffes (was sie 10000 Pfund Sterling kostete). Es geschah dies unter der Herrschaft des guten Königs Faruk I. Gott möge ihn erhalten und sein Königreich unterstützen.»
Am Eingang dieser Moschee wurde im Juli 1951 König Abdallah von Jordanien, der Großvater des Königs Hussein, von einem arabischen Extremisten ermordet.
Jerusalem war niemals die Hauptstadt des arabischen Reiches. Unter Abdal Malik und unter den Omaijadenkalifen war der Königssitz Damaskus, mit einer Ausnahme: Abdal Maliks zweiter Sohn Suleiman gründete die Stadt Ramla in der Nähe des heutigen internationalen Flughafens Lod. Dies war die einzige Stadt in Palästina, die die Moslems erbauten. Abbas al-Saffah, der im Jahre 750 den Omaijadenkalifen stürzte und die Dynastie der Abbasiden begründete, verlegte die Hauptstadt nach Mesopotamien, und sein Nachfolger erbaute Bagdad und machte es zur Hauptstadt.

Heilige christliche Stätten

Unter den Omaijaden und den frühen Abbasiden nahm die Zahl der Konversionen zum Islam zu, aber Christen und Juden waren toleriert und durften ihre kommunalen Angelegenheiten selbst regeln. Die Mönche und Pilger in Jerusalem spürten nicht viel von der mohammedanischen Herrschaft, obwohl gelegentlich einsame Klöster von Beduinen geplündert wurden. Die Probleme der christlichen Gemeinde von Jerusalem waren dieselben wie auf internationaler Ebene, verursacht durch die größer werdende Kluft zwischen der östlichen, griechisch-orthodoxen und der westlichen, lateinischen Kirche, deren Spaltung bis heute andauert. Vor der arabischen Eroberung war die Ostkirche in sich selbst durch Schismata zerrissen. Das Patriarchat von Jerusalem blieb der, wie sie der Einfachheit halber heißt, griechischen Orthodoxie treu. So wurden die von allen Christen gleichermaßen verehrten Heiligtümer Jerusalems zum ausschließlichen Besitz einer Sekte, und es gab eine Zeit, da sie anderen Christen verschlossen waren. Nach der Eroberung, als sich Jerusalem im arabischen Herrschaftsbereich befand, war das Jerusalemer Patriarchat vom obersten Lateinischen Patriarchat in Rom und vom obersten Patriarchat des Ostens in Konstantinopel abgeschnitten.
Merkwürdigerweise kam gerade während dieser frühen moslemischen Periode der universale Charakter der heiligen christlichen Stätten von Jerusalem wieder zum Vorschein. Die Moslems respektierten christliche und jüdische Heiligtümer und sahen an den Pilgerfahrten vor allem die einträgliche Seite. Daher ermunterten sie die Pilger aus Ost und West. Besondere Aufmerksamkeit widmete dem allgemeinen christlichen Interesse an Jerusalem Harun al Raschid, der bedeutendste Abbasidenherrscher, der Karl dem Großen erlaubte, Einrichtungen für die Pilger des Westens zu stiften und zu unterhalten. Dies ärgerte natürlich den Patriarchen von Jerusalem und soll den Konflikt zwischen beiden Parteien noch verschärft haben.
Die Herrschaft der Moslems hatte den Status der Christen verändert. In byzantinischer Zeit waren sie die Herren, die Bürger erster Klasse gewesen, jetzt mußten sie sich mit dem zweiten Rang zufriedengeben. Die Juden waren zwar auch Bürger zweiter Klasse, aber unter den Christen waren sie viel weniger gewesen und besten-

Anderer Blick in den Hof Zitadelle mit Ruinenresten aus verschiedenen Zeiten.

ایکی کیشی قلبدردلر رسول حضرتی بیوردی کم اوس جماعتندن
یکرمه دورت کیشی کلدی ایتدی بوا ایکی کیشی سیز اولدورکز
دردی هر ایکی مسلمان بر جهودی اولدردلر ابن هشام ایدر اول تاجرکم
محیصه بسلمشدی انی اولکون اولدردی قرنداشی حویصه اول کونک

Die Behandlung der Juden durch die Moslems

falls nur intolerant behandelt, oft jedoch heftig verfolgt worden. Eine Zeitlang war ihnen sogar wieder verboten worden, in Jerusalem zu leben; unter den Moslems durften sie es wieder. Sie kehrten kurz nach Omars Eroberung zurück und wohnten im südlichen Viertel nahe der Klagemauer. Als ihre Zahl wuchs, breiteten sie sich auch auf den Nordteil nahe dem Damaskustor aus. Zu Zeiten der Pilgerfeste, besonders beim Sukkotfest, sah man in Jerusalem wieder viele Besucher aus den Gemeinden des übrigen Palästina und aus der Diaspora.

Nicht daß der Islam plötzlich duldsam und aufgeklärt gegenüber den Anhängern anderer Religionen geworden wäre! Im Innern Arabiens wurden die Juden mit wenig Barmherzigkeit behandelt. Ihre Zurückweisung des Islam war für Mohammed eine bittere Enttäuschung gewesen, denn er hatte für sie eine Anziehung darin gesehen, daß er mit gleicher Konsequenz den Monotheismus (wenngleich mit Mohammed als dem Propheten) vertrat, daß er den Ritus der Beschneidung annahm und daß er die hebräischen Patriarchen und Jerusalem verehrte. So wurden die benachbarten jüdischen Stämme sehr schlecht behandelt. Aber als der arabische Herrschaftsbereich sich ausdehnte, besonders unter dem Kalifen Omar, da erwies es sich als klüger, nicht alle auszuweisen oder zu verbannen, die die Konversion zum Islam ablehnten, da nur wenige übriggeblieben wären, um die eroberten Gebiete zu bevölkern.

Zu Beginn des 9. Jahrhunderts begannen die Abbsidenkalifen sich mehr und mehr auf türkische Söldner zu stützen, die mit der Zeit immer größere Macht erlangten. In der Mitte des Jahrhunderts waren einige Führer dieser angeheuerten Truppen Provinzstatthalter und übten im Grunde unabhängig ihre Macht aus. Einer von ihnen, Achmed ibn-Tulun, begann als Adjutant des Statthalters von Ägypten im Jahre 868, ernannte sich aber bald selbst zum Gouverneur und brach mit dem Hof in Bagdad. Im Jahre 877 eroberte er Palästina und Syrien, und Jerusalem wurde Teil einer ägyptischen Provinz.

Unter der Dynastie der Fatimiden im nächsten Jahrhundert sollte Jerusalem einen Höhepunkt und einen Tiefpunkt erleben. Die Fatimiden (die den Anspruch erhoben, von Fatima, Mohammeds Tochter, abzustammen) eroberten Ägypten im Jahre 969 und gründeten eine neue Hauptstadt – Kairo. Wenige Jahre später dehnte der Kalif Al-Asis die Herrschaft der Fatimiden auf Syrien und Palästina aus, und während der wohltätigen Herrschaftszeit von Al-Asis (979–996) erfreuten sich Christen und Juden in Jerusalem beträchtlicher Freiheit. Aber unter seinem Nachfolger Al-Hakim (996–1021), bekannt als der «wahnsinnige Kalif», wurde Jerusalem verwüstet.

Al-Hakim verbot die Pilgerfahrten nach Jerusalem und befahl die Zerstörung aller Kirchen und Synagogen im ganzen Reich. Daraufhin wurde die von allen Christen verehrte Grabeskirche niedergerissen, und das – heißt es – half mehr als jede andere Einzeltat, den Kreuzrittern den Weg zu ebnen. Al-Hakims Befehl hatte noch eine andere Rückwirkung. Als die Nachricht, daß die heilige Kirche vernichtet worden war, die Länder im Westen erreichte, ging das Gerücht um, der Kalif sei dazu von den Juden angestiftet worden, und es kam zu schweren Judenpogromen.

Nach dem Tode Al-Hakims wurden das Heilige Grab und die anderen Kirchen wiederaufgebaut und die Pilgerfahrten wieder aufgenommen. Die nächsten fünfzig Jahre gingen eigentlich ohne große Ereignisse hin (außer den drei Erdbeben, von denen eins den Felsendom schwer beschädigte).

Dann kam eine andere Armee türkischer Invasoren, die Seldschuken, ein türkischer

Mohammed befiehlt die Hinrichtung von Mitgliedern eines jüdischen Stammes. Aus einem türkischen Manuskript des 16. Jahrhunderts.

Seitenzweig, in den fernöstlichen Provinzen des Islam nicht weit von den Grenzen Chinas beheimatet. Sie konvertierten am Ende des 10. Jahrhunderts zum Islam, als sie den mohammedanischen Herrschern Persiens und Nordwestindiens als Söldner dienten. Auch sie stürzten bald ihre Herren, und im Jahre 1055 hatten sie die Macht erlangt und saßen in Bagdad. 1071 überrannten sie den größten Teil Syriens und Palästinas und besetzten Jerusalem für die nächsten fünfundzwanzig Jahre außer einigen wenigen Monaten im Jahre 1076, als es von den Fatimiden zurückerobert wurde.

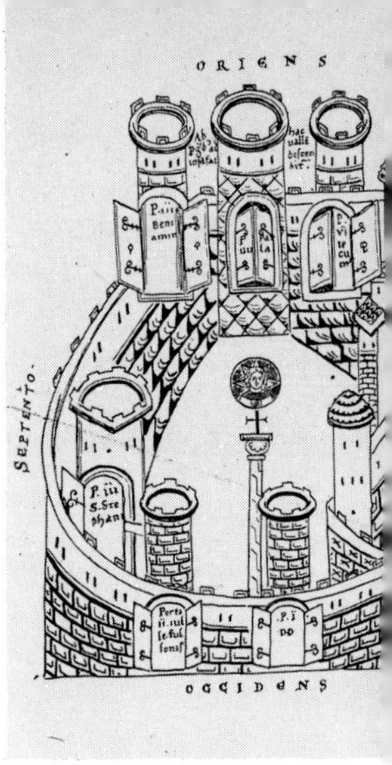

Die Seldschuken plünderten Jerusalem und verfolgten sowohl die Christen als auch die Juden. Ihre Unterdrückung der Christen, das Verbot der Pilgerfahrten und die Mißhandlung der Pilger, die dennoch die Stadt erreichten, gaben einen zusätzlichen Anstoß zur Gegenoffensive der christlichen Welt – dem Ersten Kreuzzug. Kurz zuvor jedoch konnten die Fatimiden Jerusalem wieder unter ihre Herrschaft bringen; am 15. Juli 1099 wurde Jerusalem von den Kreuzrittern erobert.

Karte von Jerusalem, die der Pilger Arculf im 7. Jahrhundert anfertigte.

Christliche Pilger zur Zeit der Moslems

Viele Pilgerberichte geben uns Eindrücke von Jerusalem während der Besetzung durch die Moslems, viel interessanter aber ist der Bericht eines hochgebildeten arabischen Geographen. Die christlichen Pilger dieser Zeit beschäftigen sich ausschließlich mit den heiligen Stätten, aber der französische Bischof Arculf macht um das Jahr 670 herum doch einige interessante Anmerkungen, was die Moslems betrifft.

Bischof Arculf

Er sah die provisorische Moschee, die Omar errichtet hatte, woraus klar hervorgeht, daß der Felsendom zu dieser Zeit noch nicht existierte. Er sagt: «An dem Ort, an dem einst der Tempel stand, nahe der Ostmauer, haben die Sarazenen (Araber oder Moslems) jetzt ein rechteckiges Bethaus errichtet, ein ziemlich unschönes Gebäude aus Balken und Planken auf alten Ruinen. Dies ist der Ort, an dem sie ihren Gottesdienst verrichten, und es sollen dort dreitausend Menschen Platz haben.»

Von den christlichen Stätten, die bislang nicht erwähnt worden waren, besuchte Arculf den Berg Zion, wo er «eine rechteckige Kirche sah und darin den Platz von unseres Herrn Abendmahl ... und den Ort, an dem die Jungfrau Maria starb». So gab es also in seinen Tagen bereits eine Tradition, nach der der Berg Zion mit dem Letzten Abendmahl und dem Tod Mariae in Verbindung stand. Das heutige Coenaculum, das als die Szenerie zu Jesu Letztem Abendmahl verehrt wird, ist der «obere Saal» eines Gebäudes, das erst einige Jahrhunderte später aufgeführt wurde. Es befindet sich auf dem Berg Zion wie die erst vor kurzem errichtete Dormitionskirche (Dormitio Sanctae Mariae – der Schlaf der Heiligen Maria), welche den Platz jener Kirche einnimmt, die Arculf gesehen hatte.

Willibalds Erzählung

Der angelsächsische Pilger Willibald erreichte Jerusalem im Jahre 721 und machte eine besonders interessante Bemerkung, nachdem er die Himmelfahrtskapelle auf dem Ölberg besucht hatte. «Darinnen standen zwei Säulen, und dem Manne, der zwischen den Säulen und der Wand durchkriechen kann, dem werden seine Sünden vergeben werden.» Dies ist der erste Hinweis auf eine Vorstellung, die später zu großer Bedeutung kommen und eine beträchtliche Rolle in der Ideologie der Kreuzritter spielen sollte, nämlich die Idee vom Sündenerlaß durch eine Pilgerfahrt nach Jerusalem.

Bernhard der Weise

Der bretonische Mönch Bernhard der Weise kam ungefähr 870 nach Jerusalem und wurde «in der Herberge des glorreichen Kaiser Karl aufgenommen, wo alle versorgt werden, die hierherkommen, um ihre Andacht zu verrichten, und die die römische Sprache sprechen».

Bernhard beschreibt als erster die «Zeremonie des Heiligen Feuers»:

Beinhaus des Klosters, das ›m 16. Jahrhundert am Treffpunkt von Hinnom- und Kidrontal gebaut wurde. In ler Antike befanden sich hier üdische Grabhöhlen.

«... Am heiligen Sonnabend, dem Abend vor Ostern, wird morgens in dieser Kirche (der Grabeskirche) mit dem Gottesdienst begonnen, und nachdem er beendet ist, wird das Kyrie Eleison gesungen, bis ein Engel kommt und die Lampen anzündet, die über dem oben erwähnten Grab hängen. Der Patriarch reicht dies Feuer weiter zum Bischof und zum übrigen Volk, damit jeder damit das Licht im eigenen Hause anzünden kann.»

Das «Heilige Feuer» war im Mittelalter ein berühmtes Wunder; es soll einer der Gründe gewesen sein, aus denen der wahnsinnige Kalif Hakim die Christen verfolgte und die Grabeskirche zerstörte. Ein christlicher Schriftsteller aus dem Osten, Abulfaragius, schreibt, daß «die Urheber dieser Verfolgung einige Feinde der Christen waren, die Hakim erzählten, wenn die Christen sich in ihrem Tempel in Jerusalem versammelten, um Ostern zu feiern, begingen die Kapläne der Kirche einen frommen Betrug, indem sie die Eisenkette, die die Lampe über dem Grab hält, mit Balsamöl fetteten. Wenn der arabische Offizier die Tür, die zum Grab führte, dann versiegelte, hielten sie durch das Dach ans andere Ende der Kette ein Feuer, und die Flamme setzte sich schnell nach unten zum Docht hin fort und entzündete die Lampe. Dann brachen die Gläubigen in Tränen aus und riefen Kyrie Eleison, weil sie glaubten, das Feuer falle vom Himmel auf das Grab. Und also waren sie in ihrem Glauben bestärkt.»

Dies Wunder wurde wahrscheinlich nach der Zeit Karls des Großen eingeführt, denn in den Werken vor Bernhard ist es nicht erwähnt, andererseits spielen spätere Schriftsteller oft darauf an, und es wird noch immer in der Griechisch-Orthodoxen Kirche vollzogen.

rechts: Der großartige von dem Mamelukensultan Kait Bey im 15. Jahrhundert installierte Brunnen im Westen des Tempelgebietes; dahinter sieht man den Felsendom.

Mukaddasis Beschreibung

Zweifellos der lebensnahste Bericht über Jerusalem aus der Zeit vor den Kreuzfahrern stammt von einem Moslem, einem Eingeborenen der Stadt, der seine Aufzeichnungen Ende des 10. Jahrhunderts machte, wenige Jahre vor den Zerstörungen des Kalifen Hakim. Es ist der bekannte Geograph Mukaddasi, zu deutsch «Der, der aus der heiligen Stadt kommt», der tatsächlich 946 n.Chr. in Jerusalem geboren wurde. Jerusalem nimmt einen besonderen Platz im Bericht über seine verschiedenen und langen Reisen ein.

«Unter den Provinzstädten», schreibt er, «ist keine größer als Jerusalem, ja viele Hauptstädte sind in Wahrheit kleiner ... Weder ist es hier sehr heiß noch ungewöhnlich kalt, und Schnee fällt nur selten. Der Kadi Abu'l Kasim, der Sohn des Kadi der zwei Heiligen Städte, fragte mich einmal über das Klima in Jerusalem. Ich antwortete: ‹Es ist so halb und halb – weder sehr heiß noch sehr kalt.› Darauf gab er zur Antwort: ‹Also wie im Paradies.› Die Gebäude in der heiligen Stadt sind aus Stein, und man wird nirgends schönere und festere Bauten finden. Und an keinem anderen Ort wird man einem keuscheren Volk begegnen. Die Lebensmittel sind ausgezeichnet, die Märkte sauber, und die Moschee ist eine der größten; nirgends gibt es so viele heilige Stätten ... Und zu jeder Zeit des Jahres drängen sich Fremde auf den Straßen der Stadt.»

Mukaddasi wendet sich dann einer Beschreibung der Stadt und der wichtigsten mohammedanischen Heiligtümer zu.

«Jerusalem ist kleiner als Mekka, aber größer als Medina. Über der Stadt liegt eine Burg, deren eine Seite am Hügelabhang liegt, während die andere durch einen Graben geschützt wird. Jerusalem hat acht eiserne Tore ... Die Moschee El-Aqsa liegt an der Südostecke der heiligen Stadt. Die Steine ihrer Grundmauern, die David aufgeführt hat, sind zehn Ellen oder etwas weniger lang. Sie sind fein geschnitten, geglättet und fest zusammengefügt und bestehen aus härtestem Stein. ... Die Moschee ist noch schöner als die von Damaskus, denn während des Baues nahmen sie sich die große christliche Kirche in Jerusalem zum Vorbild, und ihre eigene sollte noch schöner werden als sie. Im Hof der Moschee befinden sich auf der rechten Seite Kolonnaden, getragen von Marmorpfeilern und Pilastern; an den anderen Seiten ziehen sich Hallen mit steinernen Gewölben hin. Der innere Teil des Moscheehauptgebäudes ist mit einem prächtigen Dach gedeckt, stark geneigt und mit Giebeln versehen, dahinter erhebt sich die großartige Kuppel. Überall, außer in den Hallen auf der anderen Hofseite, bestehen die Decken aus Bleiplatten, aber in den Hallen sind sie innen mit Mosaiken verziert.»

nächste Seite: Die Innenseite de Kuppel des Felsendomes, reich mit Gold und Mosaiken verziert. Sechzehn farbige Glasfenster ziehen sich im Kreis herum, fünf davon stammen noch aus dem 15. Jahrhundert. Die Inschriften am Rand der Mosaiken sind Zitate aus dem Koran.

Jetzt beschreibt Mukaddasi den Felsendom:

«Der Hof des Harams ist überall gepflastert, in seiner Mitte steht eine Plattform, zu der von allen vier Seiten breite Freitreppen hinaufführen. Auf dieser Plattform erhebt sich der Felsendom auf einem oktogonalen Bau, und entsprechend den Freitreppen, die vom Hof hinaufführen, hat er vier Tore. ... Alle vier sind mit Gold verziert und werden von Türen aus fein gemustertem Zedernholz verschlossen.

Mukaddasi über den Felsendom

... Im Gebäude selbst gibt es drei konzentrische Kolonnaden mit Säulen aus schönstem poliertem Marmor, und darüber befindet sich ein niedriges Gewölbe. Im Zentrum liegt die Halle über dem Felsen; sie ist rund, nicht oktogonal, und von Säulen aus poliertem Marmor umgeben, die runde Bogen tragen. Darauf erbaute man die sich weit in die Luft erhebende Trommel mit großen Fensteröffnungen, und darüber wölbt sich die Kuppel. Außen ist sie ganz mit vergoldeten Messingplatten bedeckt, während das übrige Gebäude, Fußboden, Wände und die Trommel innen und außen mit Mosaiken geschmückt sind ... Wenn in der Morgendämmerung das Sonnenlicht zuerst die Kuppel berührt und die Trommel die Strahlen auffängt, dann bietet dieses Gebäude einen wunderbaren Anblick; seinesgleichen habe ich im ganzen Islam nicht wieder gesehen.»

Auch vom Jerusalem des 10. Jahrhunderts berichtet uns Mukaddasi:

«Aus Jerusalem kommen Käse, Baumwolle und die berühmten Rosinen, die als Ainuni und Duri bekannt sind, ausgezeichnete Äpfel und Bananen, welchselbige der Form nach Gurken sind, deren Haut aber abgeschält wird; das Innere ist der Wassermelone nicht unähnlich, nur duftet es feiner und köstlicher, ferner Pinienkerne ... und Spiegel, irdene Lampen und Nadeln.» Und er fügt hinzu: «Der beste Honig ist der aus Jerusalem, wo die Bienen ihn aus Thymian saugen.»

ine der Arkaden, die die er-
bene Plattform des mos-
mischen Haram esch-
harif, den ehemaligen jü-
schen Tempelbezirk, wo sich
zt der Felsendom erhebt,
ngeben.

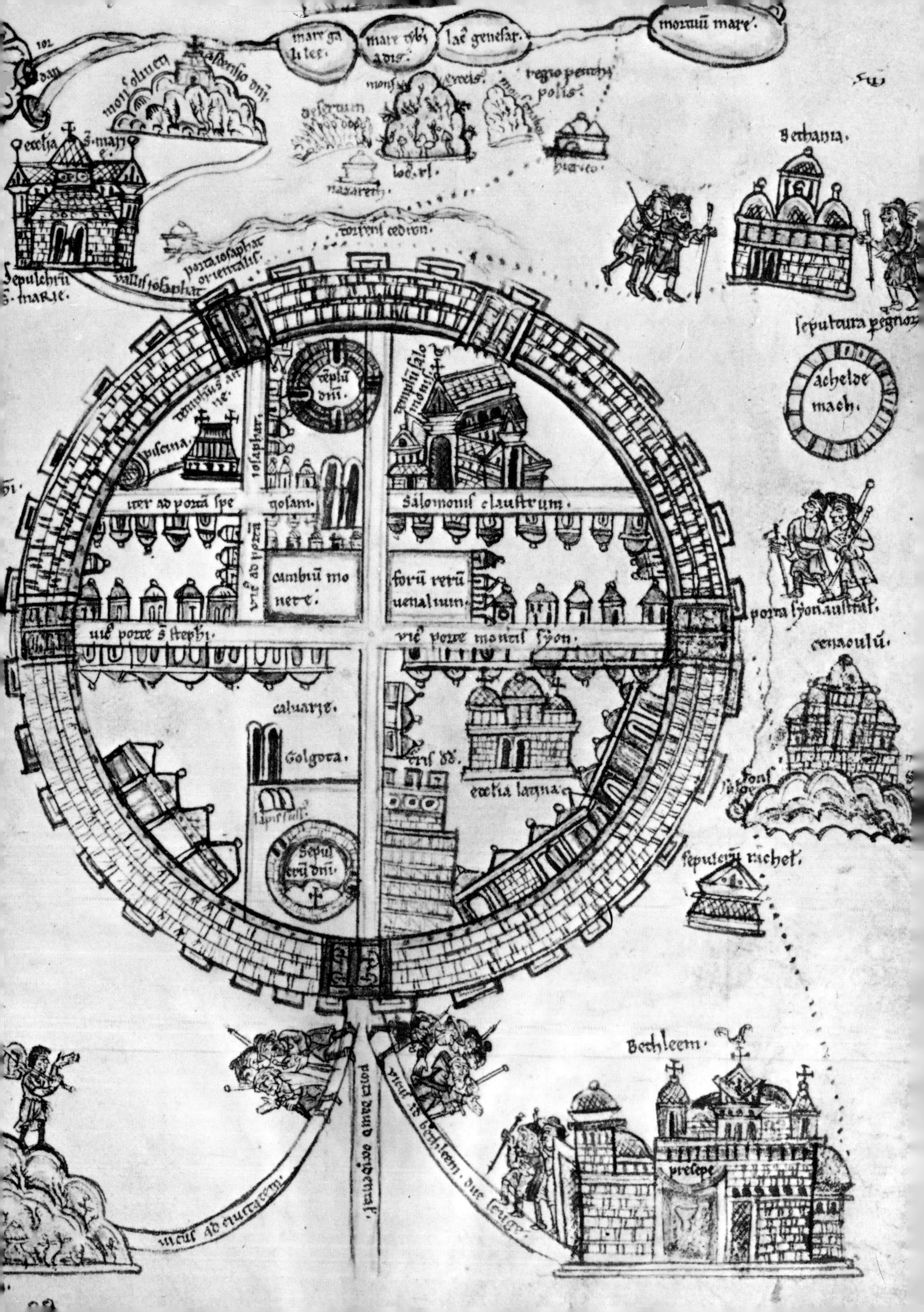

mare galilee
mare tybiadis
lac genesar
mortuu mare
mons oliveti
ascensio dni
ecclia s. marie
sepulchru s. marie
porta iosaphat orientalis
vallis iosaphat
torrens cedron
nazareth
regio pentapolis
Bethania
sepultura pegnoz
achelde mach
templu dni
templu salomonis
piscina
iter ad porta spe
salomonis claustrum
cambiu monete
foru reru venaliu
vie porte s. stephi
vie porte montis syon
porta syon australis
cenaculu
caluarie
Golgota
sepulcru dni
eccla latina
sepulcru rachel
Bethleem
presepe
vicus ad civitatem
vicus ad bethleem

16 Das Königreich der Kreuzfahrer 1099-1187

Freitag, 15. Juli 1099: Im Morgengrauen bot Jerusalem einen gräßlichen Anblick, überall Lärm und Getöse. Beim Blumentor (heute Herodestor) in der Nordmauer schoben die Soldaten des Anführers der Kreuzritter, Gottfried von Bouillon, Herzog von Lothringen, einen riesigen Belagerungsturm quer über den Graben, um ihn an die Stadtmauer heranzubringen. Er war aus Holz und zum Schutz mit Ochsen- und Kamelhaut bedeckt. Die Sarazenen versuchten, die Angreifer mit Steinen und flüssigem Feuer fernzuhalten («Griechisches Feuer» war eine brennbare Substanz, die durch Rohre hinausgeschleudert wurde – die früheste Form der Flammenwerfer). Aber die Kreuzritter hatten mit ihren mangona – Maschinen zum Steinschleudern – mehr Erfolg.

Dreihundert Meter entfernt, ebenfalls an der Nordmauer, beim Tor der Säule (dem heutigen Damaskustor) unternahm Robert von Flandern, einer von Gottfrieds Heerführern, mit seinem Belagerungsturm einen Entlastungsangriff.

Zur selben Zeit operierte der dritte Kreuzfahrerfürst, Raimund von Toulouse, vom Berg Zion aus (der wieder außerhalb der Stadt lag) und versuchte, die Südmauer zu nehmen. Ihm war es bereits am vorhergehenden Abend gelungen, seinen Turm bis an die Mauer zu bringen, aber die Verteidiger kämpften so verbissen, daß mehr nicht zu erreichen war. Der gleichzeitige Angriff der Kreuzritter von Norden und Süden spaltete nun die Kräfte der Verteidiger, die einer doppelten Bedrohung begegnen mußten.

Der Sturm hatte anderthalb Tage zuvor begonnen nach vierzigtägiger Belagerung, während der es nur hin und wieder planlose Scharmützel gegeben hatte; Freitag, der 15. Juli, war der Tag der Entscheidung.

Bis zum Mittag gelang es Gottfried, von der Spitze seines Turmes aus eine Verbindung zur Mauer herzustellen; einige seiner Männer überquerten sie und hielten den Brückenkopf. Schnell wurden jetzt Sturmleitern herbeigebracht, weitere Soldaten erstiegen die Mauer und drangen in die Stadt ein. Die Verteidiger dieses Abschnitts zogen sich in den nahen Tempelbezirk zurück. Aber noch ehe sie ihn in eine letzte Verteidigungsstellung verwandeln konnten, fielen die Kreuzritter schon über sie her, so daß sie kapitulieren mußten. Die Fahne der Kreuzfahrer wurde auf dem Felsendom und auf der Moschee El-Aqsa gehißt.

ne Karte von Jerusalem zur
euzritterzeit, 12. Jahrhundert.

Der Fatimiden-Statthalter in der Stadt, Ifthikar, leitete persönlich die Verteidigung am Südabschnitt und hielt Raimunds Truppen in Schach. Jetzt kamen die verwirrten

links: Die Gräber des Kreuzfahrerfürsten Gottfried von Bouillon und seines Bruders König Balduin I. in der Grabeskirche. Ein venezianischer Holzschnitt aus dem 17. Jahrhundert.

Einwohner und überlebenden Soldaten, die sich von der Nordmauer zurückgezogen hatten, zu ihm. Er sah die Fahnen mit dem Kreuz auf dem Haram esch-Scharif flattern und wußte, daß alles vorbei war.

Er zog sich in den früheren Palast des Herodes (die Zitadelle am «Davidsturm» beim Jaffator) zurück, bot Raimund die Kapitulation an und versprach ihm gewaltige Reichtümer für sein eigenes Leben und das seiner Leibwache. Das Angebot wurde angenommen.

Ifthikar und seine Männer gehörten zu den wenigen Überlebenden. In wildem Getobe zogen die Kreuzritter durch Jerusalem und töteten alle, die ihnen begegneten, Moslems und Juden. (Vor der Belagerung hatte Ifthikar, als ihn die Nachricht vom Heranrücken der Kreuzfahrer erreichte, allen Christen befohlen, die Stadt zu verlassen.) Die übrigen Juden suchten an diesem Sabbatabend Zuflucht in ihrer zentralen Synagoge. Die Kreuzritter zündeten das Haus an, und alle kamen um.

Zwei Tage später wanderten die Kreuzritterfürsten durch ein verwüstetes Jerusalem zur Kirche des Heiligen Grabes, um Gott für ihren Sieg zu danken. Das Viertel der Christen stand ohnedies leer, aber auch in den anderen rührte sich nichts. Moslems und Juden waren niedergemetzelt worden.

Die «Verteidiger des Heiligen Grabes»

Gottfried von Bouillon wurde der weltliche und militärische Führer mit dem Titel eines Advocatus Sancti Sepulchri; die Rivalitäten zwischen den Kreuzritterfürsten waren zu groß, als daß sie sich auf die Übertragung der Königswürde an einen hätten einigen können. Ein Jahr später boten sie nach Gottfrieds Tod seinem Bruder Balduin den Thron an, und am 11. November 1100 wurde er als König Balduin I. Herrscher über das Kreuzritterkönigreich von Jerusalem. Es bestand siebenundachtzig Jahre lang. Weder Moslems noch Juden durften in dieser Zeit innerhalb der Stadtmauern wohnen.

Auf dem Kirchenkonzil in Clermont (Frankreich) im November 1095 war der Erste Kreuzzug beschlossen worden. Papst Urban II., der Anreger des Kreuzzuges, hatte das Konzil einberufen und predigte dort über Verdienst und Ehre der Befreiung des Heiligen Landes. Was er und die Fürsten planten und endlich ins Werk setzten, war eine umsichtig geleitete Invasion mit ausgesuchten Männern. Aber was der Entscheidung von Clermont unmittelbar folgte, war der wilde Zug von Hunderten und Tausenden «leichtsinniger und armer Plebejer» quer durch Europa, wie Gibbon in seinem ‹The Decline and Fall of the Roman Empire› berichtet. Sie zogen sengend und brennend durch die Lande und ermordeten die Juden, die sie trafen, aufgepeitscht von Volksverführern wie Peter dem Eremiten (Peter aus der Picardie), einem wankelmütigen Pilger, der in Jerusalem von den Moslems schlecht behandelt worden und in den Westen zurückgekehrt war, um die Christenheit gegen die Un-

rechts: Die Kreuzritter beim Aufbruch nach dem Heiligen Land. Illustration aus einer mittelalterlichen Handschrift

mense decembris, qui subditur et est ad consumationem et robur primi libri supradicti de ostendendo modum et viam quibus recuperari potest terra sancta ad dei laudem et ecclesie sue sancte ac vestre sanctitatis honorem, quem scribere cepi anno domini nostri Jhesu Christi m. ccc. vij. mense decembris. Claritatis.

Incipit liber secundus eiusdem operis continens vias et modos quibus apte et expedite terra sancta recuperetur, habens partes quattuor.

¶ Pars prima continet formam et ordinem secundi exercitus christiani, habens capitula quattuor.

¶ Capitulum primum continet quod unus debeat preficii capitaneus et quales conditiones habere debet, quot etiam in societate sua habere oporteat et ubi debeat applicare.

Igitur cum ita sit quod longo et fundamentum debilitandi soldani potentiam babilonie et removendi a multis occasionem principaliter cum inimicis crucis, preceptum ecclesie et acquirendi terram sanctam sit ponere istud opus antedictum ad executionem, conveniet tenere fortiter pressum in terra et dicam x galeas vel xij in mari per modum iam dictum, adhuc ut nichil portaretur eis hinc vel inde, asseratur hinc potest clementia vestra ordinare et mandare de his sicut et quod pontificalis prudentia spiritu sancto dictante providerit ordinandum. Quod si ea executioni mandanda vestra determinaverit sanctitas ad plenam consumptionem, eriget si placet sanctissimo domino quarto anno vel tertio post quam succursus rex quod tres soldani xiiij [illegible] tionem sex. ccc. portari solent desuper, eligatur unus homo diligens et timens deum, bone fame, sapiens et discretus, largus et liberalis, fortis et constans, diligens et operans iustitiam, qui sit pro utilitate boni communis christianitatis et plus diligat illud quam proprium, habeatque benivolentiam et amicitiam Venetorum, ut possit cum illis facere facta sua et in eis consilium et auxilium invenire. Huic siquidem capitaneo [illegible] in omnibus xv peditum et ccc homines ad equos, ita ut uno deficiente alius subrogetur loco eius, omnes ad soldum ecclesie cum navigiis et victualibus et aliis sibi ad bellum necessariis ut oportet. Et sit unicus capitaneus cui committatur negotium, quia res ordinata unum caput requirit. Quos omnes dictus capitaneus ducet super maritima loca Egipti, ibique terram capiet et habitationem faciet iuxta consilium quod ab expertis datum est fuit et ostensum. Congregabit ibi etiam navigium tam maris quam fluminum, ut possit super inimicos currere quando et quo sibi videbitur expedire.

Capitulum secundum continet quod ratio maritima utilior sit ad huiusmodi expeditionem negotii.

Et quod armata dicti capitanei sive admiranti de uno loco ubicumque commodius poterit repleri assumatur, quia gentes exercitus galearum et navigij in diversis partibus armatorum aggregate insimul male conveniunt et male se tollerant, et facile posset oriri dissensio inter eos, propter quod tota res posset subito deperire. Et videretur quod ista armata principaliter deberet fieri Venetiis propter multa. Primo quia veneta gens ita bene attendit id quod promittit sicut aliqua gens de mundo. Secundo quia ibi et in confinibus suis homines armorum inveniuntur et marinarii tam maris

oben: Das Goldene Tor. Ein venezianischer Holzschnitt von 1647.

gläubigen aufzustacheln. Hinter Peter und anderen, wie dem fanatischen Mönch Godescal, sammelten sich nach Gibbons Schätzung 300000 Leute, «der dümmste und zügelloseste Bodensatz des Volkes, in dem sich Frömmigkeit und wilde Ausschweifung in Raub, Prostitution und Trunkenheit vermischten».
Auf seinem Zug durch Europa, sagt Gibbon, unternahm dieser riesige Pöbelhaufen «das erste Pogrom gegen die wehrlosen Juden ... in den Handelsstädten an Mosel und Rhein. ... Bei Verdun, Trier, Metz und Worms wurden viele Tausende dieses unglücklichen Volkes ausgeraubt und niedergemacht. Seit den Verfolgungen durch Hadrian hatten sie keinen blutigeren Schlag erfahren.»

Mit dem Königreich der Kreuzfahrer wurde Jerusalem wieder Hauptstadt – zum ersten Mal seit die Juden in diesem Lande unabhängig waren. Für tausend Jahre nach seiner Zerstörung durch Titus auf den Stand einer Provinzstadt herabgedrückt, gewann Jerusalem unter den Kreuzrittern wieder internationales Interesse.
Die Verwaltung durch die Kreuzritter folgte dem feudalen Muster. Das Land in der Stadt und das ganze Territorium des Reiches wurden der Kirche, die den Kreuzzug angeregt hatte, den europäischen Rittern, die den Kampf führten, und den Kaufleuten, besonders aus Italien, die die Flotten ausgerüstet hatten, zugeteilt. Später schenkte man noch ziemlich bedeutende Besitzungen an die zwei mächtigen militärischen Orden der Kreuzritter, an die Templer, die den Tempelbezirk erobert hatten, und an die Hospitalier (die Ritter des Heiligen Johannes), die ihr Hauptquartier im Muristan beim Heiligen Grab hatten. Später gab es noch einen dritten, den Deutschen Ritterorden. Der Vertreter des Papstes war der lateinische Patriarch, ein Rivale des Königs.
Die Ausdehnung der Stadt entsprach etwa römischen Zeiten; der Berg Zion lag außerhalb der Mauern. Innerhalb aber hatte sich ein fieberhafter Betrieb entwickelt: Man errichtete kirchliche Bauten aller Art, Kirchen, Konvente, Hospize, Klöster und Residenzen für den Klerus. Der Grabeskirche wurde dabei die größte Aufmerksamkeit gewidmet, man baute sie vollständig um. Dabei erhielt sie den Grundriß, wie er zum großen Teil heute noch besteht. Der rechteckige Grundplan von Konstantins Kirche wurde in eine Kreuzform gebracht, und alle vier Altäre wurden unter einem einzigen Dach vereinigt. Nur die Rotunde über dem Grab entsprach noch Konstantins Plan und erhob sich auf den ursprünglichen Grundmauern. Weitere Kapellen und Kreuzgänge schlossen sich an.
Überall in der Stadt entstanden christliche Gebäude und bedrängten sich gegenseitig, hauptsächlich im «Patriarchenviertel» – dem heutigen «Christenviertel» – im Nordwesten und im «Armenierviertel» (wie es heute noch heißt) im Südwesten. Auch im Südosten errichteten die Kreuzritter Häuser, im heutigen «Judenviertel». Der Nordostteil, das heutige «Araberviertel», hieß damals – wie wir aus Pilgerberichten erfahren – «jüdisches» oder «syrisches Viertel». Einige Kirchen entstanden auch dort, die bekannteste ist die Kirche St. Anna, vielleicht überhaupt die am besten erhaltene Kirche Jerusalems aus der Kreuzritterzeit. Hier wohnten syrische Christen, die König Balduin nach Jerusalem gebracht hatte, um die Stadt wieder zu bevölkern, und zu ihnen stießen andere christliche Gruppen aus den moslemischen Nachbarländern.
Wie Jerusalem in der Periode der Kreuzritter aussah, ist uns hauptsächlich durch den lebendigen Bericht mit dem Titel «La Citez de Jherusalem» eines unbekannten Pilgers bekannt. Die Stadt hatte «vier Haupttore», und er beginnt seine Schilderung mit den ersten zwei im Osten und Westen, dazwischen die ganze Stadt. «Das

Die Innenseite des Goldenen Tores zum Tempelberg hin. Der wuchtige Bau ist byzantinisch.

Davidstor (gemeint ist das heutige Jaffator) geht nach Westen. Und es liegt genau gegenüber dem Goldenen Tor im Osten hinter dem Templum Domini.»

rechts: Schmuckreliefs aus verschiedenen Perioden an einer Wand gegenüber der armenischen Kirche St. Jakob.

Das Goldene Tor, ein großartiger Bau mit einem Doppelbogen in der östlichen Stadtmauer (die zugleich die östliche Begrenzungsmauer des Tempelbezirks ist), kann man noch sehen. Es mag ursprünglich das «Schöne Tor» aus Herodes' Zeit gewesen sein; der Klang des griechischen Wortes für schön, araia, hat sich im Lateinischen durch aurea erhalten, und das bedeutet eben golden. Der heutige Bau ist byzantinisch. Nach einer frühen jüdischen Überlieferung glaubt man, daß der Messias durch dieses Tor die Stadt betreten werde. Nach christlicher Tradition kam Jesus auf diesem Weg nach Jerusalem hinein. Zur Zeit der Kreuzritter wurde es zweimal im Jahr geöffnet, einmal am Palmsonntag und dann am Fest zur Erinnerung an die Kreuzesfindung im 4. Jahrhundert. Die Moslems glauben, daß dies das Tor des Gerichtes sei, auf das im Koran (Sure 57, Vers 13) angespielt wird: «dessen Innenseite wird Barmherzigkeit sein und seine Außenseite Strafe». Die Zumauerung des Goldenen Tores von außen – man kann es nur noch vom Tempelbezirk aus betreten – schreiben einige Saladin im 12. Jahrhundert, andere Suleiman dem Prächtigen im 16. Jahrhundert zu. Wer immer es getan haben mag, er tat es jedenfalls aus Sicherheitsgründen, aber die Moslems glauben, daß man entweder den befreienden jüdischen Messias am Betreten der Stadt hindern wollte, oder um sicherzustellen, daß das Tor am Tag des Gerichtes keine «Außenseite ... gegen die Strafe» hat.

Ein Pilger der Kreuzritterzeit beschreibt die Stadt

Dann führt uns der anonyme Pilger aus den Tagen der Kreuzfahrer durch das Davidstor hinein.

«Wenn man zum Haus der Geldwechsler kommt, wo die Davidsstraße endet, so ist da eine Straße, Berg-Zion-Straße genannt, denn sie führt geradewegs auf den Berg Zion, und links vom Haus der Geldwechsler ist eine von Gewölben überdeckte Straße, genannt die Straße der Kräuter, wo sie alle Kräuter und Früchte der Stadt und Gewürze verkaufen. Am Ende dieser Straße liegt ein Platz, wo sie Fische verkaufen. Und hinter dem Fischmarkt liegt linker Hand ein sehr breiter Platz, wo Käse, Hühner und Eier feilgeboten werden. Rechter Hand von diesem Markt liegen die Läden der syrischen Goldschmiede ... Vor dem Haus der Geldwechsler und nahe bei der Straße der Kräuter ist eine andere Straße, die heißt Mal-quisinat (schlechtes Kochen); hier bereitete man das Essen für die Pilger ...»

Als unser Pilger dies schrieb, hatte die Via Dolorosa noch nicht diesen Namen. Aber wir erhalten einen Hinweis auf seinen Ursprung in der Beschreibung des entsprechenden Gebietes: was heute der Ecce-Homo-Bogen ist, wurde zur Zeit der Kreuzritter Schmerzenstor genannt.

Wieviele kirchliche Bauten es im Jerusalem der Kreuzritter gab, beweisen die letzten Worte des Pilgerautors:

«Jetzt habe ich von den Abteien und Klöstern in Jerusalem gesprochen ... aber ich habe nicht die Kirchen und Klöster der Syrer, Griechen, Jakobiten, Georgier, Nestorianer, Armenier und anderer Völker genannt, die nicht Rom gehorsam sind, aber viele Abteien und Kirchen in der Stadt haben.»

In den ersten Jahrzehnten der Kreuzritterherrschaft wurde das Gesetz, das die Juden am Betreten Jerusalems hinderte, streng beachtet. In der Mitte des 12. Jahrhunderts scheint es aber eine ganz geringe Lockerung gegeben zu haben; so wurde berühmten Juden aus Europa wie dem großen Maimonides der Besuch der Stadt erlaubt, und einige wenige Familien durften sogar dort wohnen – möglicherweise weil man

nächste Seite: Das von Kreuzrittern und Georgiern erbaute Kreuzkloster, das nach der Überlieferung an Stelle des Baumes stehen soll, aus dem das Kreuz gemacht wurde.

sie als geschickte Färber brauchte. Benjamin von Tudela, einer der größten Reisenden des Mittelalters, der Jerusalem kurz nach 1167 besuchte, hat sie gesehen. Dieser spanische Jude, normalerweise Rabbi Benjamin genannt, fand «Jerusalem eine kleine, mit drei Mauern stark befestigte Stadt. Das Färberhaus wird auf ein Jahr gepachtet, und das Färberrecht haben die Juden Jerusalems, von denen zweihundert in einer Ecke der Stadt unter dem Davidsturm wohnen, vom König gekauft.»

Das Leben der Juden in der Kreuzritterzeit

Das Färben scheint in dieser Zeit die Hauptbeschäftigung der dezimierten jüdischen Gemeinde in Palästina gewesen zu sein, denn der Rabbi Benjamin traf auch in anderen Städten solche kleinen Gruppen von Färberfachleuten.

Er erwähnt keine Synagoge in Jerusalem. Die Juden hielten ihren Gottesdienst an der Westmauer, der Klagemauer, die – so der Besucher – «Tor der Gnade genannt wird, und alle Juden begeben sich dorthin, um ihre Gebete zu sprechen». Späteren jüdischen Pilgern zufolge hieß das Goldene Tor das Tor der Gnade, und unter diesem Namen ist es noch heute im Hebräischen bekannt.

Diese kleine jüdische Gruppe scheint in den folgenden Jahren fast verschwunden zu sein, denn als Rabbi Patachja aus Ratisbon (Regensburg) Jerusalem fünfzehn Jahre später besuchte, bemerkte er: «Der einzige Jude dort ist Reb Abraham, der Färber, und er bezahlt eine hohe Steuer an den König, damit er dort bleiben darf.»

Der Sieg Saladins

Im Jahre 1187 verloren die Kreuzritter Jerusalem nach der entscheidenden Niederlage ihrer Armee in der berühmten Schlacht bei den Hörnern von Hattin, beim See Genezareth; sie unterlagen dem glänzenden militärischen und politischen Führer Salah ad Din, der in der westlichen Welt als Saladin bekannt ist.

Saladin (1138–1193), von Geburt ein Kurde aus Armenien und dem Glauben nach Moslem, war der Begründer der Ajjubidendynastie. Er wuchs in Damaskus auf, wo sein Vater Ajjub Statthalter war. In dem damals größten Zentrum arabischer Gelehrsamkeit erzogen, nahm er die besten Traditionen der islamischen Kultur in sich auf. Als junger Mann diente er bei seinem Onkel, der sich selbst zum Wesir von Ägypten gemacht hatte. Saladin folgte ihm und dehnte binnen weniger Jahre seine Herrschaft bis nach Syrien aus. Bis zum Jahre 1186 beherrschte er, durch Eroberungen oder Verträge, das ganze Gebiet rings um das Königreich der Kreuzfahrer.

Wenige Monate später brach ein undisziplinierter Kreuzritter, Rainald von Chatillon, einen auf vier Jahre festgesetzten Waffenstillstand und forderte damit die Moslems heraus. Auf den törichten Befehl des unerfahrenen Kreuzritterkönigs Guido von Lusignan wurde die ganze Militärmacht des Reiches nach Galiläa in den Kampf geworfen und am 4. Juli 1187 fast vollständig vernichtet. Die Städte und Kastelle des Königreiches lagen offen vor Saladin. Am 20. September erschienen seine Truppen vor den Mauern Jerusalems. Zwölf Tage später kapitulierte die Stadt.

Saladin zeigte sich von äußerster Ritterlichkeit und Großmut, er ließ Milde gegenüber den Christen walten und verschonte ihre Kirchen – ganz im Gegensatz zu dem Verhalten der Kreuzfahrer bei ihrer Einnahme der Stadt achtundachtzig Jahre früher. Aber er nahm den Tempelberg in Besitz – das Haram esch-Scharif mit dem Felsendom und der Moschee El-Aqsa, die er mit Rosenwasser reinigte und in ihrem früheren Zustand wiederherstellte.

Die Kreuzritter hatten Jerusalem zwar verloren, aber sie hielten noch eine Küstenfestung im Norden, die sie ausbauten, weil sie über Flotten geboten, die Saladin fehlten. So konnten sie Verstärkung aus dem Westen herbeiholen, und die Männer des Dritten Kreuzzuges unter König Philipp von Frankreich und König Richard Löwenherz aus England halfen ihnen, im Jahre 1191 Akko einzunehmen. Von hier aus sollten sie ein Rumpfkönigreich weitere hundert Jahre regieren.

Eine alte Synagoge in Jerusalem, die Nachmanides (Rabbi Moshe ben Nachman) zugeschrieben wird. Sie ist abgebildet und beschrieben in einem Führer zu den Heiligen Stätten Palästinas aus dem 16. Jahrhundert.

In den fünfzehn Monaten, die er im Lande verbrachte, nahm König Richard einige Küsten- und andere Städte und versuchte auch, Jerusalem zurückzuerobern – obwohl Saladin auch weiterhin christliche Pilgerfahrten nach Jerusalem gestattete. Aber hier hatte Richard kein Glück. Im September des Jahres 1192 unterzeichnete er, als er seine Ohnmacht erkannte, einen Friedensvertrag mit Saladin auf der Basis des status quo. Der Küstenstreifen (im Süden bis nach Jaffa) wurde den Kreuzrittern überlassen; Christen durften die heiligen Stätten in Jerusalem besuchen, und Moslems wie Christen durften einer des andern Land passieren.

Richard ging nach Europa zurück und Saladin nach Damaskus, wo er im folgenden Frühjahr starb. Trotz aller Heiligkeit war Jerusalem für den Moslem Saladin doch nicht mehr als eine Provinzstadt gewesen.

Juden haben wieder Wohnrecht

Mit Saladins Eroberung hatten die Juden wieder einmal die offizielle Genehmigung, in Jerusalem zu wohnen, und diese Politik wurde auch von seinen Nachfolgern beibehalten. Schon nach kurzer Zeit gab es wieder eine Gemeinde in der Heiligen Stadt, obwohl wir über ihre Zahl in dieser frühen Periode keine Angaben haben. Sie muß wohl sehr klein und genauso arm gewesen sein wie die anderen Bewohner Jerusalems zu dieser Zeit. Ein kurzer Hinweis auf sie findet sich in dem ‹Itinerarium› eines gewissen Rabbi Samuel ben Simson, der eine Pilgerfahrt im Jahre 1210 unternahm. «Wir erreichten Jerusalem am Westende der Stadt, und wir zerrissen unsere Kleider, als wir sie sahen, wie uns zu tun befohlen ist» – als Zeichen für die Trauer um die Zerstörung des Tempels. Beim Tempelberg «sprachen wir unser Gebet zweimal mit einem minjan (der Mindestzahl von wenigstens zehn Juden, die zum Gottesdienst erforderlich ist) ...»

Ein Jahr später kamen dreihundert Rabbiner und Gelehrte aus Frankreich und England, um im Lande zu wohnen, und bereicherten dadurch das kulturelle Leben der Juden sehr. Die Berichte über die nächsten fünfzig Jahre sind spärlich, aber 1267 erreichte einer der größten Gelehrten dieses Zeitalters Jerusalem, der spanische Jude Rabbi Moshe ben Nachman, besser bekannt als Nachmanides. Er belebte die jüdische Gemeinde von Jerusalem, errichtete ein jüdisches Lehrzentrum und erneuerte eine Synagoge, die seither seinen Namen trägt.

Wiedergewinn durch die Kreuzritter

In den Jahrzehnten vor seiner Ankunft hatte es aber im Status von Jerusalem einige Veränderungen gegeben. Zweiundvierzig Jahre nach dem Sieg Saladins erhielten die Kreuzritter die Stadt wieder zurück – aber nicht durch Eroberung, sondern als Geschenk. Saladins Reich war unter seine Söhne aufgeteilt worden, von denen jedoch keiner den Geist seines Vaters geerbt hatte, und die Gegensätze führten wiederholt zum Konflikt zwischen dem syrischen und dem ägyptischen Zweig der Dynastie. Beide ersuchten die Kreuzfahrer um Hilfe gegen den anderen, und im Jahre 1229 bot der ägyptische Sultan el-Kamil, der damals mit seinem Neffen el-Nasir von Damaskus im Krieg lag, Jerusalem dem deutschen Kaiser Friedrich II. als Gegengabe für eine Allianz, was für ihn nur eine Kleinigkeit, für den Kaiser aber ein funkelnder Preis war. Friedrich war ein hochbegabter und kluger Mann. Als König von Sizilien verbrachte er dort die meiste Zeit und besaß Freunde unter Moslems und Christen. Lange hatte er dem Drängen des Papstes nach einem neuen Kreuzzug widerstanden, aber nach seiner Hochzeit mit der Tochter des Titularkönigs von Jerusalem, Johannes von Brienne, machte er sich im Jahre 1227 auf nach Palästina, kehrte aber schnellstens zurück und behauptete, er sei seekrank; prompt wurde er exkommuniziert. Immer noch exkommuniziert, begab er sich im folgenden Jahr wieder auf den Weg und schloß im Jahre 1229, nach wenig Kampf, aber vielen diplomatischen Zügen, Frieden mit el-Kamil. Gemäß diesem Vertrag, der zehn Jahre gelten sollte, erhielten die Kreuzritter Jerusalem, Bethlehem, Nazareth und andere Orte. Die Moslems behielten jedoch den Felsendom und die Moschee El-Aqsa. Der Vertrag wurde vom Papst öffentlich gerügt, denn er hielt dafür, daß man die Moslems bekämpfen, nicht aber mit ihnen verhandeln solle. Kurz danach verließ Friedrich, der Kaiser des Heiligen Römischen Reiches, das Land.

Kreuzfahrer erstürmen die Mauern Jerusalems. Aus einer französischen Handschrift des 14. Jahrhunderts.

. . . und neuerlicher Verlust

Die Kreuzritterfürsten, die zurückblieben, waren nicht so weise wie er. Sie stritten untereinander und ergriffen oft entgegengesetzt Partei in den ewigen Kämpfen zwischen Kairo und Damaskus. Im Jahre 1244 nahm als Folge einer solchen Intervention die Armee nomadischer Türken aus Chowares in Zentralasien, die in Diensten des Sultans Ajjub (al-Salih) von Ägypten stand, Jerusalem, raubte und mordete und plünderte die Stadt. Und für fast sieben Jahrhunderte sollte sie nicht wieder von Christen regiert werden.

17 Unter den Mameluken 1250-1517

Jerusalem stand nun wieder unter der Kontrolle des ägyptischen Hofes, aber nur noch kurz unter den Ajjubiden. Nach dem Tode Ajjubs im Jahre 1249 ging die Kontrolle auf Ajbak, einen Mameluken, über, und mit ihm begann eine Reihe von Sultanen, die über dieses Gebiet 267 Jahre lang herrschten.

Die Mameluken waren Sklaven – mamluk ist das arabische Wort für «zu eigen» –, und sie gehörten einem Souverän oder Emir, der seinerseits oft ein Mameluke war. Es waren zum größten Teil Türken oder Tscherkessen aus Rußland, dem Kaukasus und Zentralasien, von den Kalifen von Bagdad angeschleppt, um das Militärpotential zu vergrößern. (Der Terminus «Türken», wie er hier und an anderen Stellen gebraucht wurde, meint nicht unbedingt Türken im ethnischen Sinn, sondern türkisch sprechende Sklavensoldaten, zu denen auch Kurden, Mongolen und Angehörige anderer Völker gehörten.) Als Armeebefehlshaber übten sie in Wahrheit die Macht aus und stürzten, wie wir bei anderer Gelegenheit gesehen haben, oftmals ihre Herren und rissen die politische Macht an sich.

In den voraufgehenden Fällen, also zum Beispiel bei den Abbasiden, den Seldschuken und bei Saladins Familie, gründeten die Kommandeure, die an die Macht kamen, eine Dynastie. Bei den Mameluken jedoch gab es keine Erbfolge, sondern bei ihnen galt gewissermaßen der Grundsatz, daß «der Stärkste oder Listigste überlebt», denn sie wußten aus Erfahrung mit ihren Herren, daß Geist und Mut sich nicht immer vererben.

Das Dilemma, dem sich jeder Mamelukenherrscher gegenübersah, bestand in der Wahl eines Kommandeurs zur Verteidigung entfernter Regionen. Ein fähiger Mann mit einer entsprechenden Armee wäre stets versucht, gegen seinen Herrn zu rebellieren und dessen Macht zu bedrohen. Ein ungeeigneter Mann andererseits konnte wahrscheinlich eine Invasion von außen nicht zurückschlagen. Meistens wurde das Problem dadurch gelöst, daß man zwei Führer bestimmte, einen als Statthalter des Distrikts und einen als Kommandeur der Zitadelle, und daß man die Männer auf ihren Posten oft wechselte.

Genau das geschah auch in Jerusalem. Da der Statthalterposten unsicher und die Amtszeit kurz war, so machte jeder das beste daraus, manchmal für seine eigene Tasche, manchmal zum Wohl der Stadt – und seinem eigenen Ruhm. Die Steuerlast war immer schwer, aber manchmal dienten die Einnahmen auch guten Zwecken. Die Mameluken waren große Baumeister und beschützten die Künste. Obwohl sich

abil (Brunnen) in der Tal-
:raße, 1536 von Suleiman dem
'rächtigen errichtet.

die Bauvorhaben zum größten Teil auf ihre wichtigsten Städte bezogen, profitierte doch auch Jerusalem davon. Sie erneuerten die Stadtmauern, die man hatte verfallen lassen, und einer Karte aus dem Jahr 1321 im «Buch der Geheimnisse für Kreuzfahrer, betreffend die Wiedergewinnung und Erhaltung des Heiligen Landes», das von dem Venezianer Marino Sanuto herausgegeben und dem Papst überreicht wurde, entnehmen wir, daß die Mauern jetzt auch wieder den Berg Zion einschlossen. Es gab aber auch wieder Zeiten, in denen man die Mauern einfach zerbröckeln ließ. Die Mameluken bauten auch die Zitadelle (an der Stelle des alten Herodespalastes) in der Form neu, wie wir sie heute kennen. Und sie erweiterten die Wasserversorgung der Stadt, besserten einen Aquädukt aus, der Wasser von den Hebronhügeln heranführte, und legten neue Teiche an.

Architektonische Verschönerungen durch die Moslems

Ihre schönsten Arbeiten aber waren islamische Bauten, so die vier Madrasahs (eine Verbindung aus Moschee und Schule), wodurch sie Jerusalem zu einem Sitz arabischer Gelehrsamkeit zu machen hofften. Obwohl daraus mehrere Religionsgelehrte hervorgingen, wurde Jerusalem doch niemals wirklich ein Zentrum islamischer Theologie. Sie bereicherten das Gebiet des Haram esch-Scharif ganz außerordentlich durch Fontänen, Arkaden, Minarette und kleine Bethäuser. Einige der heutigen Tore stammen von den Mameluken, ebenso einige Gebäude am Westende der Stadt, die heute die Gräber von Moslemführern enthalten und früher Schulen waren. El-Aqsa und der Felsendom wurden ausgebessert und verschönert. Dekorationen an der Marmorkanzel des Domes und die zierlichen Arkaden oben an den Treppen, die zur Plattform des Domes hinaufführen, verdankt man ihnen.

Während herrliche islamische Gebäude aus der Erde wuchsen, ging der Kirchenbau zurück. Um eine neue Kirche zu errichten oder eine alte auszubessern, brauchte es eine Erlaubnis, und die erforderlichen Bestechungsgelder überstiegen oftmals die finanziellen Möglichkeiten vieler christlicher Sekten, besonders derer, die zur Ostküste gehörten. Außerdem waren einige Kirchen in Moscheen verwandelt worden, darunter als bekannteste die Kirche St. Anna. (Sie wurde im 19. Jahrhundert an die Christen zurückgegeben.)

Nichtsdestoweniger waren die keineswegs fanatischen Mameluken gegenüber anderen Religionen höchst tolerant. Juden und Christen hatten volle Freiheit in ihren Gottesdiensten, mußten aber eine Kopfsteuer bezahlen und bestimmte unterschiedliche Kleidung tragen – gelbe Turbane für die Juden, blaue für die Christen. Ihr Leben war zwar beileibe nicht ideal, aber es ging den Juden besser als in der Kreuzritterzeit, und die Christen hatten es besser als die Moslems unter ihnen.

Zur Zeit der Mameluken kamen viele jüdische Pilger nach Jerusalem, und dauernd siedelten sich Juden in der Stadt an; die Gemeinde vergrößerte sich von Generation zu Generation.

Der Bericht des Pilgers Isaak ben Joseph ibn Chelo aus dem Jahre 1331 spricht von der lebendigen, gebildeten und zufriedenen Gemeinde.

«Die jüdische Gemeinde von Jerusalem hat ziemlich viele Mitglieder, sie besteht aus Familienvätern aus allen Teilen der Welt, vornehmlich aus Frankreich. Die Führer der Gemeinde ebenso wie die oberen Rabbiner kommen aus diesem Königreich ... Sie leben dort in Glück und Ruhe, jeder nach seinen Gegebenheiten und seinem Vermögen, denn die königliche Autorität ist gerecht und groß ... Von den verschiedenen Mitgliedern der heiligen Versammlung üben viele ein Handwerk aus, etwa als Färber, Schneider, Schuhmacher etc. Andere betreiben einen regen Handel mit allen möglichen Dingen und haben schöne Läden. Andere wieder widmen sich der Wissenschaft, der Medizin, der Astronomie oder der Mathematik. Aber eine

…ierlicher Minbar (Kanzel)
…ahe der Moschee El-Aqsa,
…456 errichtet, von manchen
…er Saladin im 12. Jahrhundert
…geschrieben.

links: Sabil (öffentlicher Brunnen) aus dem 15. Jahrhundert (rechts), von dem Mamelukensultan Kait Bey erbaut, und ein Minarett über dem Kettentor (links) aus dem 14. Jahrhundert, durch eine Arkade auf der Plattform des Felsendomes gesehen.

oben: Frühe moslemische Schnitztäfelung aus der Moschee El-Aqsa, heute im Rockefellermuseum (Jerusalem) ausgestellt.

größere Zahl ihrer gelehrten Männer müht sich Tag und Nacht mit dem Studium des heiligen Gesetzes (Thora und Talmud) und um die wahre Weisheit, welche die Kabbala ist (mündlich überlieferte jüdische Tradition und mystische Auslegungen der biblischen Texte). Sie werden aus den Mitteln der Gemeinde unterhalten, denn das Studium des Gesetzes ist ihr einziger Beruf. Es gibt in Jerusalem außerdem ausgezeichnete Kalligraphen. Ich habe einen Pentateuch gesehen, der war mit solcher Kunst geschrieben, daß mehrere Personen auf einmal ihn zu kaufen wünschten, und für einen extrem hohen Preis konnte der Oberste der Synagogen Babylons ihn mit sich nach Bagdad nehmen.»

Ein jüdischer Pilger aus Italien, Meshullam ben Menahem, fand «zweihundertfünfzig jüdische Haushalte», als er 1481 Jerusalem besuchte. Er verzeichnet die Namen der vornehmen Rabbiner, Richter und Wächter und beschreibt, wie «sie alle jedes Jahr der ganzen Gemeinde voran ... am neunten des Ab» hinziehen, um in der Nähe des Tempels zu beten. Dann erzählt er von der Sitte, «nach diesem Gottesdienst in das Tal von Josaphat hinabzusteigen und auf den Ölberg zu gehen, wo sie den ganzen Tempelbezirk vor sich haben, und über die Zerstörung des Tempels zu trauern».

Eine verarmte Gemeinde fand Rabbi Obadja da Bertinoro vor, als er 1488 in Jerusalem ankam. Er blieb dort, um sie zu führen und zu beleben. Obadja war der wichtigste jüdische Pilger dieser Zeit, bekannt durch seinen Mischnakommentar.

Bei seinem Eintreffen war es um die Vermögenslage der Mameluken und der Einwohner von Jerusalem äußerst schlecht bestellt.

«Viele Teile Jerusalems liegen wüst und in Trümmern ... die Stadt ist nicht von Mauern umgeben. Die Einwohner, so wurde mir berichtet, bestehen aus 4000 Familien. Was die Juden angeht, so sind es siebzig Familien aus der ärmsten Klasse. Es gibt kaum eine Familie, der es nicht am Nötigsten mangelt; einer, der Brot für ein Jahr hat, wird ein reicher Mann genannt ... Als ich nach Jerusalem kam, herrschte eine furchtbare Hungersnot im Lande ... Man erzählte mir, daß der Hunger weniger schlimm sei als noch zu Beginn des Jahres. Viele Juden sind Hungers gestorben ... Viele lebten von Gras; sie gingen hinaus und suchten wie das Wild nach einem Weideplatz ... Jetzt nach der Weizenernte herrscht wieder Überfluß, und die Hungersnot hat ein Ende... Die Synagoge hier ist auf Säulen erbaut,

links: Holzschnitt mit einer Gruppe Jerusalemer Bürger, nach der Vorstellung des deutschen Schriftstellers Bernhard von Breidenbach, Ende des 15. Jahrhunderts.

sie ist lang, schmal und dunkel. Licht kommt nur durch die Tür herein. In der Mitte ist eine Fontäne. Im Hof der Synagoge nahebei steht eine Moschee. Im Hof stehen (auch) viele Häuser, alles Gebäude, die von Aschkenasim (das bezieht sich hier auf Westjuden) zu karitativen Zwecken gestiftet wurden und in denen Witwen von Aschkenasim wohnen... Die Judenstraße und ihre Häuser sind sehr groß; einige Juden wohnen auf dem (Berg) Zion. Einst besaßen sie mehr Häuser, aber sie sind jetzt Schutthaufen und können nicht wieder aufgebaut werden, denn das Gesetz des Landes bestimmt, daß ein Jude nicht sein zerstörtes Haus ohne Erlaubnis wieder aufbauen darf, und die Erlaubnis kostet oft mehr, als das ganze Haus wert ist. Die Häuser in Jerusalem sind aus Stein, nicht aus Holz noch aus Ziegel.»
Das Verbot der Hauserneuerung mit seiner offensichtlichen Auswirkung auf das Leben der Gemeinde war nicht die einzige Härte, die sie zu erdulden hatten. Da Bertinoro erwähnt auch die besonderen Steuern:
«Die Juden Jerusalems müssen jedes Jahr zweiunddreißig Silberstücke pro Kopf bezahlen. Der Arme wie der Reiche muß diese Steuer, sobald er das volle Mannesalter erreicht hat, entrichten. Jeder ist außerdem verpflichtet, jährlich fünfzig Dukaten an den Niepo zu zahlen, das heißt: an den Statthalter von Jerusalem, für die Erlaubnis, Wein herzustellen, ein Getränk, das die Moslems verabscheuen.» (Ritueller Wein wurde für den jüdischen Gottesdienst benötigt.)
Er war sehr beeindruckt von der Frömmigkeit seiner Landsleute und schreibt:
«Ich habe nirgends erlebt, daß der tägliche Gottesdienst besser gehalten wurde. Die Juden stehen eine oder zwei Stunden vor Tagesanbruch auf, auch am Sabbat, und singen Psalmen und andere Lobgesänge, bis der Tag dämmert. Dann wiederholen sie das Kaddish (das Gebet der Weihe). Danach singen zwei dazu bestimmte Vorleser die Segnungen des Gesetzes ... das ‹Höre, o Israel› wird bei den ersten Sonnenstrahlen gelesen ...»
In frühen Zeiten hatten die Juden einen Grabplatz gewählt, der möglichst nah beim Tempel lag. Bertinoro berichtet, was geschah, als er belegt war: «Am Fuß des

rechts: Detail der auf S. 190 abgebildeten Kanzel.

Tempelberges lagen die jüdischen Gräber. Die neuen befinden sich am Fuß des Ölberges, und das Kidrontal verläuft zwischen beiden Friedhöfen.» Während der Jahrhunderte dehnte sich der jüdische Friedhof immer weiter rechts am Hang des Ölberges hinauf aus, er war der verehrteste Grabplatz des Judentums. Viele fromme Juden aus dem Ausland bestimmten in ihrem letzten Willen, daß sie auf diesem Berg mit Blick auf den Tempel beerdigt sein wollten. Rabbi Obadja da Bertinoro selbst wurde hier begraben, nachdem er bis zu seinem Tode im Jahre 1510 einer vergrößerten und wiederbelebten Gemeinde von Jerusalem vorgestanden hatte. (Nach dem Sechstagekrieg im Juni 1967 entdeckte man, daß dieser alte Friedhof entweiht und die Grabsteine abgebrochen und als Baumaterial weggeholt worden waren. Einige entdeckte man in Häusern, die für die Offiziere der jordanischen Arabischen Legion in einem nahegelegenen Lager gebaut waren.)

Jerusalem am Ende des 15. Jahrhunderts

Dies also war Jerusalem am Ende des 15. Jahrhunderts. Zeitweise hatten die Mameluken ein aktives Interesse am Wohlergehen der Stadt bekundet, aber dann waren lange Perioden der Gleichgültigkeit und der Vernachlässigung gefolgt. Wenn die Bedingungen für die Christen und Juden hart waren, so darf man daraus noch nicht schließen, daß es der Masse der Moslems viel besser ergangen sei. Das ganze Land und seine Bevölkerung erlebten einen Niedergang. Jerusalem wurde zu einem toten Winkel, der nur für jüdische und christliche Pilger Anziehungskraft besaß.
Darüberhinaus litt das Land während der zweieinhalb Jahrhunderte Mamelukenherrschaft unter ungewöhnlich schweren Naturkatastrophen – Hungersnöten, Dürre, Pestilenz und Erdbeben. Der Schwarze Tod, der um die Mitte des 14. Jahrhunderts Europa heimsuchte, verheerte auch Palästina. Häuser, die von Erdbeben zerstört waren, blieben in Trümmern. Andere Häuser stürzten bei außergewöhnlich schweren Regenfällen ein – aus den Berichten geht hervor, daß im Winter 1473 mehr als dreihundert solcher Regengüsse über Jerusalem niedergingen. Über die Hungersnot haben wir einiges bereits durch da Bertinoro erfahren.
Bei einer zielgerichteten Verwaltung hätte sich das Land erholen können, aber unter der späteren Schlamperei und Gleichgültigkeit der Mameluken nahm die Bevölkerung ab und verarmte. Man hat geschätzt, daß die Einwohnerzahl zu Beginn ihrer Herrschaft 40000 betrug, am Ende war die Bevölkerung auf 10000 zusammengeschrumpft.
Die ottomanischen Türken beendeten die Mamelukenherrschaft über Jerusalem in den allerletzten Tagen des Jahres 1516; die Eroberung der Stadt wurde durch den Einzug des türkischen Sultan Selim I. besiegelt. Für die nächsten vierhundert Jahre sollte Jerusalem Teil des Osmanischen Reiches bleiben.

Das Löwentor, so genannt nach den Wappenlöwen zu beiden Seiten des Portals, ist auch als Stephanstor bekannt. Geht man hinein, so ist gleich links davon der Nordosteingang zur Tempelesplanade und hundert Meter weiter beginnt die Via Dolorosa.

18 Jerusalem unter den Osmanen 1517-1917

Als Selim I. den Thron bestieg, war der Stern der Ottomanen kometengleich im Aufstieg. («Ottomane» ist eine korrumpierte Form von «Osmanli», dem Namen der türkischen Dynastie, die Ende des 13. Jahrhunderts von Osman I. begründet wurde.) 1453 war Konstantinopel den Osmanen in die Hände gefallen; sie hatten alles überrannt, was von dem ehemals großen Byzantinischen Reich noch übrig war. Bis zum Beginn des 16. Jahrhunderts kontrollierten sie bereits ganz Kleinasien und Teile von Europa und den Balkan. Selim I., der bis 1520 regierte, gliederte dem ottomanischen Reich in den Jahren 1516 und 1517 Syrien und Ägypten an.

Jerusalem und der Rest des Landes fielen ihm kampflos zu. Selim selbst befaßte sich nur wenig mit der Heiligen Stadt; er überlebte die Eroberung nur um drei Jahre, und in dieser Frist war er anderswo beschäftigt. Sein Sohn Suleiman I. – oder Suleiman der Prächtige oder der Große, wie er im Westen, oder der Gesetzgeber, wie er in der Türkei genannt wurde – nahm sich ihrer eingehend an und hinterließ eindrucksvolle Spuren. Er regierte von 1520 bis 1566.

Als letzter großer Sultan war Suleiman wohl der fähigste Führer seiner Zeit. Er herrschte über ein weit ausgedehntes Reich, dem er eine außerordentlich gut organisierte Verwaltung gab. Teile dieses Reiches genossen ein hohes Maß an Selbstverwaltung, andere hatten halbunabhängige Statthalter, der Rest wurde von der Hauptstadt aus regiert. Dieser Rest bestand aus vierundzwanzig Provinzen, Wilajets genannt, vier davon in Europa und zwanzig in Asien und Afrika. Eines davon war das Wilajet Damaskus, das auch das Gebiet des ehemaligen Palästina umfaßte. Jetzt war es einfach der südliche Teil von Syrien.

Der Statthalter eines Wilajets war ein Oberpascha, den der Sultan ernannte. Jedes Wilajet war wiederum in Distrikte, die sogenannten Sandschaks, unterteilt. Für den Sultan in Konstantinopel war Jerusalem natürlich ein weit entfernter Ort in irgendeinem Distrikt, von einem Unterpascha verwaltet, der dem Oberpascha als dem Vorsteher des betreffenden Wilajets verantwortlich war, das wiederum zu einem der Territorien gehörte, die das Osmanische Reich ausmachten! Es zählte also nicht, der Sultan wird kaum einen Augenblicksgedanken daran verwendet haben, aber es war eine der heiligen Städte des Islam. Als aus religiösen Überlegungen einmal sein Interesse an Jerusalem wach geworden war, erkannte der Soldat Suleiman auch den militärischen Wert der Stadt und hielt es für nützlich, im Süden Syriens eine starke Festung zu haben. Darum ließ er die Stadtmauern wiederherstellen.

Blick auf Jerusalem von Süden, aus einer Handschrift des 15. Jahrhunderts. Der Felsendom (oben) ist zwischen zwei hohen Minaretten dargestellt. Links davon liegt die Grabeskirche (mit offener Kuppel), und im Vordergrund befindet sich der Berg Zion (mit überkuppelten Gebäuden).

links: Das Damaskustor, der Stolz der Mauern Suleimans.

rechts: Damaskustor. Ein Holzschnitt von 1883.

Die Mauern, die die «Altstadt» Jerusalems in ihrer heutigen Form umgeben, sind unverändert die, die Suleiman wiederaufbaute. Wie bei Hadrians Aelia Capitolina verlaufen die Südmauern genau nördlich des Berges Zion und lassen ihn folglich außerhalb. Suleimans Mauern spiegeln in ihrem klar abgesteckten Verlauf künstlerischen Geschmack, und als Mauerwerk zeigen sie feine Handwerkerkunst. Dadurch, daß sie – wie es bei den antiken Mauern auch gewesen sein muß – aus dem natürlichen, leicht rötlichen Stein dieser Gegend gebaut sind, haben sie eine besondere Eigenschaft: Sie glühen bei Sonnenuntergang.

Das Damaskustor

Das Prunkstück in Suleimans Mauern war das Damaskustor, das er neu baute. (Archäologische Ausgrabungen brachten an dieser Stelle Teile des Tores aus dem 2. Jahrhundert zum Vorschein, wobei es sich zweifellos um das so stolz prangende Tor auf der Medeba-Karte aus dem 6. Jahrhundert handelt.) Dieses Tor in der Mitte der nördlichen Stadtmauer war – und ist – ein reiches Beispiel für die frühe osmanische Architektur in diesem Gebiet, massiv und dennoch zierlich. Das Bogenportal liegt in einer breiten Fassade, die an beiden Seiten von starken Türmen flankiert ist; den ganzen Bau krönen bewehrte Zinnen. Der geschwungene Eingang ist eingewölbt. Das alles macht einen wehrhaften Eindruck. Dennoch ist das Damaskustor eher ein Schmuckstück als eine Verteidigungsanlage, und es sollte wohl auch mehr die Besucher als die Feinde beeindrucken. Eine Eigentümlichkeit sind die Reihen vorstehender Mauerbuckel über dem Portal, die untere trägt Reliefs mit Blumen und geometrischen Mustern. Sie scheinen die herausragenden Enden von verbindenden Säulen zu sein, die zur Verstärkung des Gebäudes durch die Wand verlaufen, aber das ist bloß Schein, denn derartige Säulen gibt es gar nicht.

Lange Zeit war das Damaskustor der Eingang, an dem ausländische Würdenträger empfangen wurden, wie zum Beispiel der Kronprinz von Preußen und der Kaiser Franz Joseph von Österreich im Jahre 1869. Später nahm das Jaffator diese Ehrenstellung ein: so betraten im Jahre 1898 der deutsche Kaiser und im Dezember 1917 der General Allenby durch dieses Tor die Stadt.

Das Leben unter Suleiman

Die Arbeiten an den Mauern dauerten drei Jahre und wurden um das Jahr 1540 abgeschlossen. Zuvor hatte Suleiman bereits die Wasserversorgung der Stadt dadurch verbessert, daß er die Aquädukte wieder instandsetzte, eine Anzahl öffentlicher Brunnen installierte und den Damm, der den alten Sultansteich am Westfuß

des Berges Zion bildete, wieder aufführte. Er trug auch zur weiteren Ausgestaltung des Felsendomes und des Haram esch-Scharif überhaupt bei.

Die Aquädukte, die von den frühen Osmanen repariert wurden, führten das Wasser aus den «Salomoteichen» in der Nähe von Bethlehem heran. Dies sind drei in Terrassen übereinanderliegende große Reservoire, deren Wasser durch den Unteren Aquädukt zum Tempelbezirk und durch den Oberen zur Oberstadt geführt wurde. Als diese Leitungen angelegt wurden, grub man zusätzlich Kanäle von den Quellen in den Hügeln um Hebron zu den Teichen, um den Wasserzufluß zu vergrößern. Da im Lauf der Jahrhunderte die Quelle Gihon und der Brunnen En-Rogel nicht mehr ausreichten, war man zu diesen Anlagen gezwungen. Über die genauen Entstehungsdaten dieser beiden Aquädukte herrscht unter den Gelehrten Uneinigkeit, aber alle stimmen zu, daß der Obere Aquädukt der ältere ist, daß Herodes einen von beiden im 1. Jahrhundert v. Chr. baute und daß Pontius Pilatus im 1. Jahrhundert n. Chr. den anderen entweder errichtete oder ausbesserte; die Mittel zur Finanzierung dieses Projektes hatte er aus dem Tempelschatz genommen. Aber viele Gelehrte sind der Meinung, daß den ersten Aquädukt ein Hasmonäer im 2. Jahrhundert v. Chr. baute.

Eine Karte von Jerusalem mit Blick nach Westen, in Basel 1544 publiziert. Das Heilige Grab liegt oben in der Mitte; der Tempelberg auf der linken Seite.

Wahrscheinlich stammt der Obere Aquädukt in der Tat von einem Hasmonäer und wurde von Pilatus ausgebessert, während Herodes den neueren baute. Nur wenige Gelehrte bringen Salomo mit diesem Werk in Verbindung, trotz des Namens der Teiche. Josephus sagt, daß Salomo die Teiche zu besuchen pflegte und daß er Lustgärten in der Nähe hatte, und durch diese Assoziation mag der Name aufgekommen sein.

Unter Suleimans tatkräftiger Regierung blühte Jerusalem in bescheidenem Maße wieder auf. Juden und Christen unterlagen einer besonderen Kopfsteuer, die überhaupt alle Nichtmoslems zu zahlen hatten, aber im übrigen blieben beide Gruppen bei der Regelung ihrer kommunalen Angelegenheiten ungestört. Für die Franziskaner war es ein schwerer Schlag, als sie 1551 ihre Kirche und ihr Kloster auf dem Berg Zion neben dem Coenaculum – nach der Überlieferung der Ort des Letzten Abendmahles – verlassen mußten, aber sie erhielten als Ersatz dafür ein Grundstück im Christenviertel innerhalb der Stadtmauern, wo sie das Kloster des heiligen Erlösers errichteten, das heute noch steht und ihr Hauptsitz ist.

Die Pilgerreisen gingen fort, doch der Besuch der heiligen Stätten blieb wie alle

Zeit mühsam. Der Brauch, Pilger in die Grabeskirche einzuschließen, wurde beibehalten und hielt sich einige Jahrhunderte lang. Ein spanischer Franziskanerbruder schrieb im Jahre 1553:

«Vor dem Eingang zum Heiligen Grab bezahlt jeder Pilger seine neun castellani ... (eine Wuchersumme). Dann kommen vier oder fünf türkische Beamte mit ihren Schreibern, um das Tor zu öffnen, und wenn sie dann die Namen der Pilger und die Länder, aus denen sie stammen, aufgenommen haben, öffnen sie das Tor, indem sie sich lange daran mit ihren Schlüsseln zu schaffen machen, bis sie den Riegel wegnehmen. Als wir eingetreten waren, begrüßten wir die Mönche, die drinnen leben ... Die Türken schlossen und verriegelten das Tor wieder und gingen fort, sie kamen erst nach ein oder zwei Tagen wieder. Inzwischen trösteten sich die Pilger mit vielen anderen Besuchern der heiligen Stätten (in diesem Heiligtum).»

Unter Suleiman ging es der jüdischen Gemeinde von Jerusalem ziemlich gut. Überhaupt waren sie im großen Osmanischen Reich bei weitem nicht so den Verfolgungen ausgesetzt wie besonders in Spanien, Portugal, Deutschland und Zentraleuropa während des 14. und 15. Jahrhunderts. Im Jahre 1492 kam die große Vertreibung aus Spanien und vier Jahre später aus Portugal. Da die Grenze nach Frankreich geschlossen war, suchten sie übers Meer in den nächstgelegenen Ländern Zuflucht, in Italien und Nordafrika, während manche sich bis in die Levante wagten. Dann wurden sie in Italien verfolgt. Aber jetzt stand Palästina unter der Herrschaft der Osmanen, und diese erlaubten den Juden, ihre Religion frei und offen auszuüben. So kamen viele in dieser Zeit ins Heilige Land, und während die meisten in Safed und Tiberias, jüdischen Gelehrtenzentren in Galiläa, zusammenströmten, wuchs auch die Gemeinde von Jerusalem in Zahl und Gelehrsamkeit.

Niedergang nach Suleiman

Der Niedergang setzte bereits wenige Jahrzehnte nach Suleimans Tod ein, und von da an bis zum Ende des Osmanischen Reiches, rund dreihundert Jahre später, war Palästina ein Land des Verfalls, vernachlässigt, verarmt, gesetzlos und korrupt.

Jerusalem und Palästina konnten niemals dem fernen Herrscher des Reiches so viel bedeuten wie der eigenen Bevölkerung, und deren Wohlergehen war für ihn bestenfalls eine Angelegenheit zweiter Ordnung. Wo es im Grunde überhaupt keine Verwaltung mehr gab und die örtliche Administration einem Vertreter des Herrschers überlassen war, dessen Aufgabe einzig darin bestand, die Steuern einzutreiben, da mußte es den Leuten schlecht gehen. Und jeder Versuch, den Dingen eine andere Wendung zu geben, erstickte. So sah es im türkischen Jerusalem und Palästina am Ende des 16. Jahrhunderts aus, und es änderte sich daran bis zum Beginn des 20. Jahrhunderts nichts.

Die Korruption, die sich unter der Osmanenherrschaft ausbreitete, führte zum Zusammenbruch eines bemerkenswerten Verwaltungssystems, das ausgezeichnet funktioniert hatte, solange der Sultan stark und begabt war wie Suleiman und einige seiner Vorgänger. Aber als es zum erstenmal geschehen konnte – wie unter Suleimans Enkel Murad III. (1574–1595) – daß sich einer seiner Räte öffentlich damit brüstete, der Sultan habe von ihm Bestechungsgeschenke genommen, da war es der Anfang vom Ende. In der Verwaltung wie in der Armee breitete sich die Bestechung weit aus. Schon bald hieß es, jedes Amt des Reiches sei dem Meistbietenden erreichbar.

Der Einfluß auf Jerusalem und das übrige Land, ja die ganze Region, war verheerend. Die Statthalterschaft über Wilajets und Sandschaks wurde nach den Einkünften für die Paschas beurteilt und gesucht. Konstantinopel verlangte von ihnen bloß die Sicherung der Grenzen, die Unterdrückung eines möglichen Aufstandes, die Be-

Typische Fensterläden und Steinwände im alten Jerusalem.

schaffung des Unterhalts für sich selbst und die Streitkräfte, die ihnen unterstanden, und die Eintreibung der Steuern, die ihre Provinz leisten mußte. Wenn sie mehr zusammenbrachten, so war das ihre Sache. Sie konnten so viel oder so wenig, wie sie wollten, für ihre Untertanen tun und brauchten nichts für die öffentlichen Angelegenheiten auszugeben. Ein oder zwei kümmerten sich immerhin darum, Ehrlichkeit und eine fortgeschrittene Verwaltung in Palästina wieder einzuführen, so besonders der Pascha Mohammed während seiner fünfjährigen Statthalterschaft (1620–1625). Die anderen aber sorgten nur für sich selbst. Einmal im Jahr machte der Pascha eine Reise durch seine Provinz, um die jährlichen Steuern zu kassieren. Wenn dann ein Bauer nicht zahlen konnte, wurden seine Bäume abgehackt. Dorfbewohner in derselben Lage sahen sich der Zerstörung ihres Dorfes gegenüber. Die Tatsache, daß sie nun nie mehr Steuern bezahlen konnten, verwirrte den Pascha nicht im geringsten: Er wollte sich nur während seiner kurzen Amtszeit bereichern. Was passierte, wenn er seinen Posten verließ, kümmerte ihn nicht. Mit den Jahren verfiel das kultivierte Land; die Beduinen kamen, deren Ziegen alles kahlfraßen, während die Bodenerosion den Verfallsprozeß vollendete. Die seßhafte Bauernbevölkerung schwand dahin. Die Paschas blieben gleichgültig.

Jerusalem wurde natürlich auch von dieser Verwüstung seines Hinterlandes betroffen. Ganz direkt aber machte sich die Raffgier seiner örtlichen Herrscher bemerkbar. Die städtische Gesellschaft bot ihnen zahllose Gelegenheiten. Eine Bauerlaubnis war eine doppelte Einkommensquelle: einmal das wucherhafte Bestechungsgeld, um sich die Erlaubnis zu sichern, und dann die offiziellen Kosten für die Erlaubnisbescheinigung. Dasselbe galt für die Ausbesserungserlaubnis oder die Genehmigung zum Landkauf. Darüberhinaus konnte ein neu eingesetzter Pascha den ganzen Gang des doppelten Wuchers noch einmal wiederholen, den das arme Opfer bereits mit seinem Vorgänger mochte durchgemacht haben. Der Möglichkeiten war kein Ende.

Die heiligen Stätten der Christen

Die Christen Jerusalems wußten das genau, aber ihre erbitterten inneren Auseinandersetzungen regten die Wucherpraxis nur noch an, ja luden den türkischen Beamten geradezu dazu ein, eine Konfession gegen die andere auszuspielen. Da gab es die jahrhundertealte Feindschaft zwischen den West- und Ostkirchen – in erster Linie zwischen den Lateinern (Römischen Katholiken) und den Griechisch-Orthodoxen – und die Konflikte zwischen den Ostkirchen ihrerseits. Da jeder versuchte, seine Rechte an den heiligen Stätten zu vergrößern, waren die Türken in der glücklichen Lage, sich hinzusetzen und das höchste Angebot abzuwarten.

Während der Kreuzritterzeit hatten die Lateiner die Oberhoheit über die heiligen Stätten erlangt. Die Griechisch-Orthodoxen versuchten nun, ihren Teil wiederzugewinnen; sie hatten unter den Untertanen des Osmanischen Reiches mehr Anhänger als die Westkirchen, und die griechischen Dolmetscher am Hofe des Sultans arbeiteten für ihre Interessen. Bald gewannen sie wieder Rechte an den christlichen Stätten Jerusalems, die bis dahin ausschließlich den Römischen Katholiken gehört hatten. Daß die Lateiner nicht vollständig daraus vertrieben wurden, dankten sie ihrem Reichtum und ihrem politischen Einfluß. Sie wurden von den europäischen Mächten protegiert, besonders von Frankreich, zu dem die Osmanen in freundlicher Beziehung bleiben wollten. Gegen Ende des 18. Jahrhunderts begegneten die Griechisch-Orthodoxen dem mit der Protektion durch den russischen Zaren.

Während des Ostergottesdienstes in der Grabeskirche im Jahre 1757 kam es zu Zusammenstößen zwischen Griechisch-Orthodoxen und Franziskanern, und der Sultan erließ ein Edikt, das den Griechen unter anderen Rechten den Mitbesitz neben

Beginn der Via Dolorosa. Die Kuppeln gehören zur franziskanischen Geißelungskapelle.

den Lateinern an Teilen der Basilika des Heiligen Grabes zusicherte. Trotz der Appelle aus dem Westen blieb das Edikt in Kraft. Später wurden die Rechte jeder Gemeinde sorgfältig niedergelegt, sie haben sich im Laufe der Jahre kaum noch geändert.

Dennoch blieb, wie Professor Michael Avi-Yonah in seinem Buch ‹The Saga of Jerusalem› auseinandersetzt, «noch genügend Grund zu neuen Streitigkeiten. So besaßen die Franziskaner das Recht, die Stufen der Golgathakapelle, die zum Hof des Heiligen Grabes hinabführten, zu reinigen, aber der Hof selbst war in dieses Recht nicht eingeschlossen. Nun war die letzte Stufe nicht höher als ein Zentimeter. Mußte man sie noch zur Treppe rechnen oder gehörte sie schon zum Pflaster des Hofes? Solche und ähnliche Probleme führten immer wieder zu Streitigkeiten und manchmal sogar zu Blutvergießen.»

Der bekannte britische Pilger Henry Maundrell, der Jerusalem im Jahre 1697 besuchte, äußerte sich bitter über die «unchristliche Wut und Feindseligkeit besonders der Lateiner und Griechen», mit denen «die verschiedenen Sekten um Herrschaft und Besitz des Heiligen Grabes miteinander (kämpften)». Das ging so weit, daß «sie sich in der Auseinandersetzung, welche Partei nun hineingehen und ihre Messe zelebrieren sollte, schlugen und einander verwundeten, sogar genau vor der Tür des Grabes, ihr Blut mit ihrer Opfergabe vermischend. Zum Zeichen für diese zügellose Wut zeigte uns der Vater Wächter eine große Narbe auf seinem Arm; ein unnachgiebiger griechischer Priester hatte ihm die Wunde in einem dieser unheiligen Kriege beigebracht.»

Maundrell erwähnt auch die Rechtsverluste der ärmeren Konfessionen. «Fast jede christliche Nation unterhielt ursprünglich eine kleine Gesellschaft von Mönchen, und jede dieser Gesellschaften hatte ihren bestimmten Teil (in der Grabeskirche), der ihr von den Türken zugesprochen worden war, so die Lateiner, Griechen, Syrer, Armenier, Abessinier, Georgier, Nestorianer, Kopten und Maroniten ..., aber alle, außer vieren, haben ihren Platz verloren, weil sie nicht die großen Ausgaben und Bestechungsgelder, die ihre türkischen Herren von ihnen verlangten, aufbringen konnten.»

In keinem Reisebericht aus dem 18. Jahrhundert fehlen Hinweise auf den Niedergang dieses Landes, die Gleichgültigkeit der Beamten und die weitverbreitete Korruption. Das Zeitalter der Aufklärung in Europa brachte einen Rückgang des Pilgertums mit sich, und die, die noch kamen, befleißigten sich einer rationalistischeren Betrachtungsweise. Wir wissen auch aus anderen Quellen, daß die christlichen Pilger dieser Zeit hauptsächlich aus dem Bereich der Ostkirche stammten. Jüdische Pilger und jüdische Siedler wurden dagegen immer zahlreicher. Und alles diente der Bereicherung der türkischen Beamten. Ein schwedischer Botaniker und Arzt, Frederik Hasselquist, verzeichnet folgende Zahlen nach seinem Besuch im Jahre 1751. Nach seiner Ankunft wurde er von «einem Angestellten der Zollbehörde (aufgesucht), der zweiundzwanzig Piaster einzog, zu deren Zahlung jeder Franke verpflichtet ist ... dafür, daß er an Land gehen und durch das Land reisen darf ... Da jährlich etwa 4000 Personen ankommen, neben noch einmal so vielen Juden aus allen Teilen der Welt, so mögen das ziemlich beträchtliche Einkünfte für die Türken sein. Und in der Tat ist dies ihre einzige Einnahmequelle in dem unkultivierten und fast unbewohnten Land.»

Unkultiviert und fast unbewohnt – dazu war es im «Land, wo Milch und Honig fließt» gekommen.

Es wurde noch schlimmer. Denn je ärmer das Land, desto mehr beuteten die ört-

Eine Manuskriptillustration mit Pilgern, die nach der Landung in Jaffa ihren Wegezoll nach Jerusalem entrichten.

VI STATIO

lichen Türkenherrscher die religiösen Gemeinden aus. Aber anstatt daß diese sich einigten, hatte es genau den gegenteiligen Effekt. Der Comte de Volney, der vierunddreißig Jahre später seine Aufzeichnungen machte, beobachtete, wie die «Besuche der Pilger» immer noch die Haupteinnahmequelle der Türken darstellten, sie aber zusätzlich durch «die Torheiten der christlichen Einwohner» Gelder erhielten. Diese «Torheiten» erklärte er folgendermaßen:

«Die verschiedenen Gemeinschaften . . . Griechen, Armenier, Kopten, Abessinier und Franken, die sich alle gegenseitig um den Besitz der heiligen Stätten beneiden, versuchen fortgesetzt, einander im Preis zu überbieten, den sie den türkischen Statthaltern offerieren. Ständig sind sie darum bemüht, einige Privilegien für sich neu zu erlangen oder sie anderen abzujagen, und jede Sekte hat unausgesetzt damit zu tun, die anderen kleiner Übertretungen zu bezichtigen.»

Die Kreuzesstationen

Übrigens bildete sich während der Ottomanperiode die Tradition der Kreuzesstationen. Die Via Dolorosa, die zum Kalvarienberg (in der Grabeskirche) führt, ging vom Nordwesten der Tempelesplanade, dem Platz der Antoniafestung, aus, da man glaubte, hier – und nicht in Herodes' Palast – sei das Prätorium gewesen, in dem Jesus verurteilt wurde. Die Tradition der Stationen ist also verhältnismäßig jung. Ihre volle Entwicklung verdankt sie zum großen Teil den Pilgern.

Die allerkleinsten Anfänge gehen auf das Ende des 13. und den Beginn des 14. Jahrhunderts zurück, als man Pilger den «Weg des Kreuzes» entlangführte; die Sitte, besondere Ereignisse auf Jesu Weg vom Prätorium nach Golgatha deutlich zu bezeichnen, war Ende des 16. Jahrhunderts zu einem festen Brauch geworden. (Und in der Mitte jenes Jahrhunderts kam der Begriff Via Dolorosa auf.) Die Ereignisse, derer gedacht wurde, und die Orte, wo sie sich begeben haben sollen, variierten von einer Periode zur anderen. Im 15. Jahrhundert zum Beispiel lag die Szene der heutigen dritten Station fast am Ende des Weges, und im selben Jahrhundert berichten die Pilger nur von sieben Stationen. Erst in der zweiten Hälfte des 16. Jahrhunderts werden vierzehn Stationen erwähnt und nicht unbedingt die, die wir kennen. Ja, bis zur Mitte des 19. Jahrhunderts, also mehr als achtzehnhundert Jahre nach der Kreuzigung, waren die Begebenheiten und ihre Orte noch nicht in den vierzehn Stationen festgelegt, an denen heute Halt gemacht wird.

Neun dieser Begebenheiten erwähnen die Evangelien, die anderen fünf sind durch die mündliche Überlieferung auf uns gekommen. Die ersten beiden liegen in der Antoniafestung, die nächsten sieben entlang der Straße und die letzten fünf in der Grabeskirche. Jede Station ist heute durch eine Kirche, eine Kapelle, einen Säulenstumpf oder irgendeinen Hinweis gekennzeichnet, und man wandert jetzt von einer zur anderen über das Kopfsteinpflaster der schmalen, winkligen Gassen und Durchgänge der Märkte in der Altstadt, deren derzeitiges Niveau viel höher liegt als die Pflasterung zur Zeit Jesu. (Übrigens wird der Begriff «Station» dem englischen Pilger William Wey, angeblich einer der ersten Etonschüler, zugeschrieben, der in den fünfziger Jahren des 15. Jahrhunderts Jerusalem besuchte und eine Liste anfertigte mit den – wie er sie nannte – «Stationen», die er auf dem «Heiligen Rundgang» besuchte.)

Die erste Station bezeichnet die Stelle, an der Jesus zum Tode verurteilt wurde. Nach dem verhältnismäßig jungen Brauch ist diese Station der Ort des Palastes in der Antoniafestung, wo der nichtöffentliche Teil des Prozesses stattfand; dort befindet sich heute der Hof einer türkischen Kaserne mit der Umarija Knabenschule, etwa dreihundert Meter vom Löwentor entfernt. Wenn im übrigen die Antoniafestung das Prätorium war, so ist der Urteilsspruch von Pilatus im offenen Hof unter-

ie Sechste Kreuzesstation, o nach der Überlieferung eronika Jesus das Gesicht usch.

halb des Palastes gefällt worden; dieser Hof heißt Lithostrotos, griechisch für «gepflastert», oder Gabbatha, aramäisch für «erhöht». Teile dessen, was man für den Lithostrotos hält, kann man in der Nähe der Urteilskapelle und in dem Kloster der Schwestern Zions sehen. Das Pflaster ist gefurcht, und die in die Steinplatten geritzten Linien sind Spuren von Spielen der römischen Soldaten.
Der Franziskanerorden, der viel dazu beitrug, die Tradition der Kreuzesstationen durchzusetzen, besitzt in der benachbarten Geißelungskapelle, die sich auch noch auf dem Gelände der Antoniafestung befindet, ein schönes Museum.
Die zweite Station befindet sich, von der Urteilskapelle aus, auf der gegenüberliegenden Straßenseite; dort soll Jesus das Kreuz auf sich genommen haben.
Die dritte Station, an der Stelle, an der Jesus zum erstenmal stürzte, was in den Evangelien nicht erwähnt wird, erreicht man, nachdem man einen Bogen aus der Zeit Hadrians passiert hat, seit dem 16. Jahrhundert als der «Ecce-Homo-Bogen» bekannt. An dieser Stelle steht eine zerbrochene Säule, die früher am Eingang zu einem Badehaus aufgestellt war und heute Teil einer renovierten Kapelle ist.
Dann wendet sich die Via Dolorosa scharf nach links oder Süden, und nach einem kurzen Stück, zwanzig oder dreißig Meter von der Ecke, befindet sich die vierte Station, nach der Überlieferung der Ort, an dem Jesus seiner verzagten Mutter begegnete. Die Stelle wird von einem kleinen Oratorium gekennzeichnet, das sich über dem Eingang zur armenisch-katholischen Kirche befindet.
Ein kleines Stück weiter biegt die Via Dolorosa scharf nach rechts oder Westen und führt den Hügel zum Kalvarienberg hinauf. Eine Kapelle am ersten Gebäude auf der linken Straßenseite verweist auf die fünfte Station, wo Simon von Kyrene das Kreuz aufgelegt wurde.
An der sechsten Station, wo Veronika Jesus das Gesicht wusch, ist ein Säulenstumpf in die Wand an der Stelle eingelassen, an der ihr Haus gestanden haben soll; heute befindet sich hier eine griechisch-orthodoxe Kapelle. Eine Öffnung in einer Kapellenwand gibt den Weg in eine alte Grotte frei, die etwa drei Meter unter dem Straßenniveau liegt und Teil eines vorrömischen jüdischen Gebäudes ist.
An der siebten Station stürzte Jesus zum zweitenmal; heute ist hier eine Kapelle der Franziskaner. Sie soll bei dem alten Tor stehen, durch das Jesus gehen mußte, um den Ort der Kreuzigung zu erreichen, der damals natürlich außerhalb der Mauern lag.
Die achte Station, wo Jesus zu den mitleidigen Töchtern Jerusalems sprach, wird von einem Kreuz bezeichnet, das in die Wand eines griechisch-orthodoxen Konvents neben dem deutschen lutherischen St. Johannes-Hospiz eingelassen ist.
Als Straße hört die Via Dolorosa hier auf, der Rest des alten Weges liegt jetzt innerhalb von Gebäuden, so daß man die neunte Station, wo Jesus zum drittenmal stürzte, erreicht, wenn man denselben Weg zurückgeht und die lange Treppe zur koptischen Kirche hinaufsteigt. Hier steht zur Kennzeichnung ein Pfeiler an der Tür. Die Terrasse in der Nähe, die sich auf gleicher Höhe mit dem Boden der Grabeskirche befindet, ist eigentlich das Dach der Kapelle der heiligen Helena, die an die Kreuzesauffindung erinnert.
Die letzten fünf Stationen liegen in der Grabeskirche. Die zehnte, da Jesus entkleidet wurde, ist die lateinische Kapelle auf dem Kalvarienberg, gleich rechts vom Haupteingang der Basilika. Die elfte Station, wo Jesus ans Kreuz genagelt wurde, ist der Altar der Kapelle. Die zwölfte Station, wo das Kreuz aufgerichtet wurde und Jesus starb, ist der Altar der griechisch-orthodoxen Kapelle, neben der lateinischen. Die dreizehnte Station, die an die Abnahme vom Kreuz erinnert, wird vom latei-

rechts: Die Krypta der Dormitionskirche auf dem Berg Zion mit Maria im ewigen Schlaf.

nächste Seite: Die heiligen Stätten von Jerusalem, dargestellt und in altslavisch beschrieben in einem serbischen Manuskript von 1662.

всеи мирꙋ. иже передаше ѿ прадѣдъ
и възликоше въцркъва агиос.

Посеи црсо велика и градъ юже
сътвори ѿ града елена мати црѧ ісона
д аптинла. наметꙋ все тѣмени
тро. и голгоѳа

[illegible]
[illegible]
[illegible]
[illegible]

nischen «Altar des Stabat Mater» gekennzeichnet und liegt zwischen der elften und der zwölften. Die vierzehnte Station endlich, wo Jesus zur Ruhe gebettet wurde, ist das Heilige Grab selbst.

Die Juden unter osmanischer Herrschaft

Zum Bemerkenswertesten in der Geschichte des osmanischen Jerusalem gehört das Überleben, ja Anwachsen der jüdischen Gemeinde. Wir haben gesehen, daß es ihr unter Suleiman zu Beginn der Türkenherrschaft recht gut ging, wir haben auch gesehen, was Land und Leuten später im 16. Jahrhundert geschah und wie es immer schlimmer wurde. Als die Verwaltung zu verfallen begann, löste sich die ganze allgemeine Ordnung auf. Die Christen hatten ihre Beschützer – die Lateiner im Westen, die Griechen in Konstantinopel und Moskau. Die Juden standen allein, ihr Schicksal hing gänzlich von der Laune des Paschas oder seiner Untergebenen oder von den Moslems auf der Straße ab. Verfolgung war ihr alltägliches Los, Benachteiligung, Einschränkung, Erpressung und Erniedrigung. Oft waren sie das Opfer von tätlichen Angriffen und Mordanschlägen. Und dennoch kamen sie als Pilger und Siedler in ihr geliebtes Jerusalem.

Vorbei waren die Tage, da die Toleranz der Osmanen den Juden Zuflucht vor den christlichen Verfolgungen in Europa gewährte. In den achtziger Jahren des 16. Jahrhunderts konnte der Pascha von Jerusalem die Hauptsynagoge der Sephardim (der spanischen Juden), die Synagoge des Nachmanides (des Ramban) aus dem 13. Jahrhundert, einfach in Besitz nehmen und erklären, daß sie jetzt als Moschee diene, wodurch er sie zu einem unveräußerlichen religiösen Eigentum der Moslems machte und den Juden für immer entzog. (Während der britischen Mandatszeit in diesem Jahrhundert wurde sie als Nahrungsmittelfabrik benutzt.) Dennoch konnten die Juden wenig später unter Mühen und Anstrengungen und mit viel Bestechung eine neue Synagoge errichten, und zwar am Ort der Synagoge des berühmten Rabbi Jochanan ben Sakkai aus dem 1. Jahrhundert. Dies war bis in unsere Tage die älteste Synagoge Jerusalems, die seit dem 16. Jahrhundert bis 1948 ununterbrochen benutzt wurde – bis die Jordanier sie zerstörten.

Jerusalem hatte noch einmal für eine kurze Weile von 1620–1625 eine gute Verwaltung unter der Statthalterschaft von Mohammed Pascha, und dies spiegelt sich auch in dem einige Jahre später von einem Jerusalemer Juden aufgezeichneten Bericht wieder:

«In der Stadt Gottes lebten mehr Angehörige unseres Volkes, seit sie aus ihrem Lande verbannt worden waren. Täglich kamen viele Juden, um in der Stadt zu leben, dazu die, die an der Westmauer beten wollten ... Außerdem brachten sie großzügige Geldgeschenke mit, um die Juden Jerusalems zu unterstützen. In allen Ländern wurde berichtet, daß wir in Frieden und Sicherheit lebten. Viele von uns kauften Häuser und Felder und bauten Ruinen wieder auf; bejahrte Männer und Frauen saßen auf den Straßen Jerusalems, und in den Durchgängen tummelten sich Jungen und Mädchen ... Die Auslegung des Heiligen Gesetzes (der Thora) blühte, und viele Häuser des Studiums standen all denen offen, die sich mit der Arbeit des Himmels befassen wollten. Die Führer der Gemeinde versorgten die Studierenden mit dem, was sie täglich brauchten. Und auch die Bedürfnisse der Armen wurden befriedigt ...»

Die Idylle dauerte nur kurz. Der nächste Pascha von Jerusalem, Mohammed ibn-Faruk, der die Statthalterschaft vom Oberpascha über das Wilajet Damaskus gekauft hatte, kam mit dreihundert Söldnern in die Stadt, entschlossen seinen Einsatz vielfach wieder wettzumachen. Eine Methode war zum Beispiel, die Synagoge am Sabbat zu umstellen, die Führer unter den Betenden festzunehmen und nur gegen

-ie griechisch-orthodoxe
-apelle des Kalvarienberges in
-er Grabeskirche mit dem
-reuzesaltar an der Stelle, an
-er nach der Tradition die
-reuzigung stattfand.

oben: Ein moslemischer Würdenträger im 17. Jahrhundert.

links: Das jüdische Viertel in der Altstadt. Lithographie eines französischen Künstlers aus dem Jahre 1802.

nten: Französischer Stich aus em 17. Jahrhundert: «Ein ude im Heiligen Land».

hohes Lösegeld freizulassen. Als dies bezahlt und die Gemeinde gerade dabei war, sich von dem finanziellen Schlag zu erholen, befahl der Pascha, eine Synagoge mit Beschlag zu belegen und in ein Lagerhaus zu verwandeln, wenn nicht eine hohe Zahlung geleistet würde. In einem anderen Fall hatte die Gemeinde Schwierigkeiten, als zwei aus einer Versammlung herausgegriffen worden waren, das Geld für ihre Freilassung zusammenzubringen. Da wurden die Opfer in die Synagoge gebracht und vor den Augen der Versammelten gefoltert. Die Juden verkauften ihre bewegliche Habe oder verpfändeten sie, um rasch das geforderte Geld aufzutreiben.

Am Tag, nachdem ibn-Faruk seine Amtszeit beendet und die Stadt verlassen hatte, versammelten sich die Juden «und dankten dem Allmächtigen in der Synagoge, und wir priesen Seinen Namen ... für all die Güte zu uns, daß er fremden Dienst von unserem Lande genommen und den bösen Feind ibn-Faruk von uns vertrieben hat. Einige der Weisen und Führer der Gemeinde zogen durch die Stadt und sammelten Nahrungsmittel und Gaben für die Armen; und es war Licht und eine Freude für die Juden.» Aber sie waren in schlimmer Not und hatten das meiste ihrer Habe versetzt, um den unheimlichen Erpressungen ihrer Bedrücker nachzukommen. «Heute», sagt der Erzähler dieses Berichtes, «sind wir allesamt – Männer, Frauen und Kinder – den ismaelitischen Bewohnern dieses Landes verpfändet.»

In der Stadt «wohnten mehr Angehörige unseres Volkes», hatte der Jerusalemer Jude geschrieben, als je seit dem Exil. Dies war im frühen 17. Jahrhundert, als die Zahl der Gesamtbevölkerung Jerusalems ungefähr 10000 betrug, einige hundert davon waren Juden. Zweihundert Jahre später hatte die Bevölkerung von Jerusalem insgesamt nicht zugenommen, aber die jüdische Gemeinde war auf dreitausend Seelen angewachsen. Trotz des Unglücks und der Leiden gab es immer Gruppen in der Diaspora, die zu einem rechtschaffenen, aber schweren Leben im Heiligen Land bereit waren. Bis zum dritten Viertel des 19. Jahrhunderts betrug die jüdische Bevölkerung Jerusalems 11000 und bildete damit die Mehrheit – zum ersten Mal seit der Zeit, da sie unabhängig gewesen waren –, und diese Mehrheit besteht bis heute, da es fast 200000 sind.

Gerade in den Zeiten, als sie eine kleine Minderheit waren, legten sie eine erstaunliche Ausdauer an den Tag, besonders wenn man bedenkt, wie zerbrechlich ihre legale Sicherheit war. Jeder Übergriff war möglich, nicht nur vom Pascha und seinen Beamten, sondern in der allgemeinen Gesetzlosigkeit auch von Strolchen, Räubern und anderen Verbrechern. Jeder Moslem konnte sich seinen Spaß mit ihnen machen, sie angreifen, berauben oder einfach Geld von ihnen fordern, und sie taten es schamlos. Wenn die Juden dumm genug waren, über die von einem Moslem geforderte Begleichung einer nichtbestehenden Schuld zu verhandeln, so vermochte ihr Zeugnis doch niemals vor dem Wort eines ‹wahren Gläubigen› zu bestehen.

Aber im ganzen litt die Gemeinde doch am meisten unter der örtlichen Verwaltung. Im Jahre 1720, zwanzig Jahre nachdem der Rabbi Jehuda He'Hassid mit tausend Juden aus Polen gekommen und eine Synagoge der Aschkenasim errichtet hatte, «erschienen plötzlich die Ismaeliten (Araber oder Moslems) und brannten die große Synagoge mit Feuer nieder ... und vertrieben die Aschkenasim». (Aschkenase heißt ein Jude aus Zentral- oder Osteuropa.)

Rabbi Jehuda war mit einer großen Gruppe während der kurzen Periode einer nachsichtigen Verwaltung eingetroffen «und kaufte ein Haus im heiligen Bezirk der Synagoge der Ashkenasimgemeinde ... zu dem Bezirk gehörten verschiedene Gebäude, ungefähr vierzig Häuser und auch eine Schule ..., ein rituelles Bad ...

und ein Haus für die Armen.» (Das Zitat stammt aus dem Bericht des Rabbi Gedalia, einem Einwanderungsgefährten des Rabbi Jehuda.) Das Judenviertel lag nicht weit von der Westmauer entfernt, und Rabbi Jehuda hatte geplant, die Synagoge und die Schule zu vergrößern und seine Gruppe darumherum anzusiedeln. Er selbst starb kurz nach der Ankunft, aber seine Freunde verwirklichten den Plan, «und große Summen wurden für die Synagoge und den heiligen Bezirk darumherum und alle Wohnviertel ausgegeben. Und genausoviel für die Bestechungen . . . denn so ist es nun mal im Königreich der Ismaeliten.»

Kurz danach «erlegten die Führer der Ismaeliten der Gruppe hohe Steuern auf, die sie nicht bezahlen konnte», und so brannten sie die Synagoge nieder, stahlen die silbernen Gefäße und rissen die angrenzenden Häuser nieder auf der Suche nach einem verborgenen Schatz. Die Außenmauern der Synagoge blieben stehen, denn sie war aus Stein gebaut, und sie heißt seither die Churva-Synagoge – «Churva» ist das hebräische Wort für Ruine – oder mit vollem Namen «Churvat Rabbi Jehuda He'Hassid», die «Ruine des Rabbi Judah, des Frommen».

Die Aschkenasim wurden aus Jerusalem vertrieben, die Neugekommenen wie die paar hundert, die schon in der Stadt lebten; die meisten von ihnen suchten in Safed, Tiberias und Hebron Zuflucht, den drei anderen «heiligen Städten» der gelehrten jüdischen Gemeinden in Palästina. Einigen gelang es, in Jerusalem zu bleiben und sich als sephardische Juden auszugeben. Obwohl sephardisch «spanisch» bedeutet, war Spanien nur eines der frühen Zentren im Exil; zur Gruppe dieses Namens gehörten Juden in Südeuropa und im Nahen Osten, wohin sie vor der Verfolgung in Spanien geflohen waren. Sie trugen die im Osten übliche Kleidung. Die Aschkenasim kleideten sich genauso wie die Juden in Osteuropa; man kann es heute noch in dem ultraorthodoxen Viertel Jerusalems, in Mea She'arim, sehen. Nachdem die Türken die Synagoge zerstört hatten, machten sie die Aschkenasim dafür verantwortlich und erlaubten ihnen keine Rückkehr bis zur Zahlung einer erpresserisch hohen Geldsumme. Dies war die offizielle Begründung. Der wahre Grund lag wahrscheinlich in dem andauernden militärischen Konflikt zwischen Konstantinopel und den Ländern, aus denen die Aschkenasim stammten.

Während es anderswo im Lande Aschkenasimgemeinden gab, blieb Jerusalem ihnen ungefähr ein Jahrhundert lang verschlossen, obwohl Pilger aus fernen Ländern auch weiterhin freien Zutritt hatten. Wenn Aschkenasim aus Palästina es dennoch wagten, nach Jerusalem zu pilgern, so hielten sie es für das sicherste, sich wie Sephardim zu kleiden, denn den sephardischen Juden war der Aufenthalt in der Stadt nach wie vor erlaubt. Um 1820 herum etablierten sich nach einem von den Türken dekretierten Schuldenerlaß wieder aschkenasische Gemeinden in Jerusalem, deren Zahl von nun an stetig wuchs. Schon bald gingen sie daran, aus einigen Gebäuden des Churvakomplexes ein provisorisches Bethaus und eine Schule zu machen, aber die örtliche türkische Administration war natürlich nicht geneigt, sich eine solche Einkommensquelle entgehen zu lassen. Jahrelang wurden dringende Vorstöße unternommen und große Summen ausgegeben, und als schließlich auch noch jüdische und nichtjüdische europäische Würdenträger in Konstantinopel vorstellig wurden, da endlich gab man der Gemeinde ihr Eigentum zurück, und sie konnte darangehen, das theologische Seminar, die religiösen Schulen, den Hof, das rituelle Bad und die Studierhalle neu zu errichten. Der Wiederaufbau der Synagoge wurde 1864 beendet; es war ein sehr schönes Gebäude, dessen Kuppel sich über die Dächer der Stadt erhob. Die Churva-Synagoge, «Ruhm der Altstadt» – wie man sie nannte – wurde 1948 von der Arabischen Legion Jordaniens zerstört.

rechts: Der alte jüdische Friedhof auf dem Ölberg, von den Jordaniern während der Besatzung 1948–1967 entweiht.

unten: Ein jüdischer Arzt. Illustration aus einem französischen Reisebuch von 1586.

עץ-חיים

links: Die bekannte Synagoge und Jeschiwa (theologische Akademie) Etz Chaim, eine von achtundfünfzig religiösen Institutionen im Judenviertel der Altstadt, die von den Jordaniern nach dem Fall 1948 systematisch zerstört wurden und die man jetzt wieder aufrichtet.

unten: Die «Churva»-Synagoge der Aschkanasim im Judenviertel der Altstadt, wie sie 1870 aussah; 1948 wurde sie zerstört.

Daß im Lauf des 19. Jahrhunderts ein kleiner, mühsamer Fortschritt beim Schutz christlicher und jüdischer Rechte in Jerusalem erzielt wurde, geht vor allem auf das wiedererwachte Interesse der westlichen Mächte an Palästina zurück. Dieses Interesse hatte im allgemeinen wenig mit sentimentaler Anhänglichkeit oder Religion zu tun – obwohl die Religion oftmals der offiziell vorgegebene Grund für Interventionen war. Der Hauptzweck solcher Unternehmungen war der Schutz und die Entwicklung der politischen und wirtschaftlichen Beziehungen zu Indien und China und anderen Teilen des Fernen Ostens wie Südostasien und Australien; im Lauf des 19. Jahrhunderts hatten sich durch Eroberungen und Kolonisation enge Verbindungen ergeben. Die Brücke zu diesen Regionen bildete das Land Palästina. Napoleon versuchte es den Türken zu entringen; er eroberte 1798 Ägypten und marschierte 1799 nach Palästina. Er zog durch die Küstenebene an Jerusalem vorbei herauf und lagerte vor Akko, konnte aber die Stadt nicht einnehmen. Die britische Flotte kam den Türken zu Hilfe, und am Ende mußte sich Napoleon zurückziehen. Die Rivalität zwischen England und Frankreich dauerte fort, denn beide suchten ihren Einfluß auf Palästina auszudehnen; beide standen jedoch zusammen, wenn die dritte interessierte Großmacht, Rußland, die Herrschaft der Türken zu stürzen suchte; allerdings waren sie nicht in der Lage, Rußlands beträchtliche Expansion nach Süden zu unterbinden. So wuchs Englands, Frankreichs, Rußlands und gegen Ende des Jahrhunderts auch Deutschlands Präsenz in Jerusalem auf ein beträchtliches Maß an.

Der Prozeß, der die lokale türkische Herrschaft erschütterte und schwächte, wurde durch die Eroberung Jerusalems und ganz Palästinas durch den Pascha von Ägypten, Mohammed Ali, gefördert, der 1831 gegen den Sultan rebellierte und eine Armee unter seinem Sohn Ibrahim aussandte, um das Land zu besetzen. Zehn Jahre lang regierte Ibrahim in Jerusalem, aber 1841 wurde die Türkenherrschaft mit britischer Flottenunterstützung wiederhergestellt, und Mohammed Ali mußte sich als angestammter Pascha mit Ägypten bescheiden.

Die zehn Jahre unter Ibrahims Herrschaft bedeuteten für viele Einwohner Jerusalems eine große Verbesserung ihrer Lage. Wohl gab es Klagen bei der Einführung der Zwangsaushebung und über die hohe Besteuerung, aber seine Verwaltung funktionierte ziemlich gut, und außerdem war das Leben, wenigstens zu Anfang, wieder sicher. Er «hielt strengstes Gericht über alle Übeltäter», schrieb Yaacov Shaul Eliashar, der später sephardischer Oberrabbiner wurde, «und verbreitete so sehr Furcht und Schrecken, daß ein kleines Mädchen durch die Straßen gehen und Goldmünzen in der Hand tragen konnte, ohne behelligt zu werden». Es war sogar möglich, vergleichsweise sicher durch das Land zu reisen, und Palästina stand westlichen Besuchern offen.

In dieser Periode, im Jahre 1838, wurde das erste Konsulat in Jerusalem eröffnet, das britische. Das machte Schule. Fünf Jahre später, zwei Jahre, nachdem die Osmanen wiedergekommen waren, sandten Frankreich und Preußen einen Konsul, ihnen folgten wenige Jahre später Österreich und Spanien. Rußland hatte einen Konsul in Beirut und entsandte einen diplomatischen Vertreter nach Jerusalem. Nach einer Übereinkunft, die in Konstantinopel getroffen wurde, besaßen diese Konsuln besondere Rechte und Privilegien; so durften sie zum Beispiel ihren eigenen Postdienst betreiben. Aber am wichtigsten war das Recht, bestimmte Minderheitengemeinden unter ihren Schutz zu stellen. Die Christen wandten sich um Hilfe an die französischen oder russischen Beamten – obwohl in den vierziger Jahren des vorigen Jahrhunderts ein englischer Bischof und ein lateinischer Patriarch in Jerusalem eingesetzt werden durften, und ein Rabbi als Autorität über die Juden, die österreichische oder russische Untertanen waren, wachte. Die anderen Juden standen unter britischem Schutz – Juden, die osmanische Untertanen waren, und diejenigen jüdischen Einwohner, die keinen anderen Protektor hatten.

Die besondere Rolle des britischen Konsuls im 19. Jahrhundert

Der britische Konsul hatte sogar den besonderen Auftrag seiner Regierung, für die Wohlfahrt der Juden zu sorgen, und diese heikle Aufgabe nahm die zwei ersten Konsuln sehr in Anspruch. Der zweite, James Finn, der diesen Posten von 1845 bis 1862 innehatte, war ein höchst bemerkenswerter Mann, der Großes zum Wohl der jüdischen Gemeinde in Jerusalem geleistet hat; mit der Rückkehr der türschen Herrschaft kamen auch korrupte und erpresserische Praktiken wieder in Mode, und die Juden mußten sehr oft den Schutz des britischen Konsuls beanspruchen.

James Finn war das hervorragende Mitglied einer wachsenden Gruppe englischer Intellektueller, die an den Zionismus glaubten, obwohl man diesen Begriff erst einige Jahrzehnte später allgemein gebrauchte. Entsetzt von den Verfolgungen, denen die Juden in so vielen Ländern ausgeliefert waren, hielten sie das lange Exil, die ewige Heimatlosigkeit für den Grund dieser Leiden.

Besonders betrübte diese Männer die unrühmliche Rolle der Christen, die die Juden im Namen des Christentums verfolgten, und sie hielten es für eine christliche Pflicht, zur Wiederherstellung eines jüdischen Palästina beizutragen. Und es gab andere Gruppen in England, die sich auf ihre Weise mit der Hilfe für die Juden beschäftigten. Sie sahen den Anlaß für die Verfolgungen der Juden in deren Widerspenstigkeit, das Christentum anzunehmen, und hielten es für ihre Mission, ihnen dadurch die Rettung zu bringen, daß sie die, die an der Quelle des Judentums – also in Jerusalem – lebten, bekehrten.

Eine von ihnen war Lady Egerton, die 1840 nach Jerusalem kam und sofort ins Judenviertel wanderte, um die Klagemauer zu sehen mit ihren «gewaltigen Steinen in schönem Meißelwerk», wo «jeden Freitag, wie seit alters, die Juden zusammenkommen und über den traurigen Zustand ihres Volkes und der Stadt weinen ... Es war der jüdische Sabbat, so hatten alle ihre beste Kleidung an. Ihre Häuser sind prächtig, sauber, ja sehr komfortabel, in ihren Zimmern stehen angenehme Divans, und sie besitzen die vorzüglichsten Studierstuben voller Bücher. Die Frauen leben, anders als bei den Einwohnern mohammedanischen Glaubens, zusammen mit ihren männlichen Verwandten ... Sie nahmen uns sehr freundlich auf und bestanden darauf, daß wir Sorbet tranken und Konfekt aßen. Wir gingen in verschiedene Synagogen ... Äußerlich machten diese Juden keinesfalls den Eindruck des Verfalls. ...»

Ein gutes Bild von der Lage der Juden in dieser Zeit gibt der Bericht des amerikanischen Reisenden John Lloyd Stephens, der Jerusalem 1835 besuchte, nachdem er Zeuge einiger Judenverfolgungen in anderen Ländern gewesen war:

«Ich hatte schon viele Juden gesehen, mehr oder weniger unterdrückt; in den Städten Italiens wie Rom wurden sie jeden Abend in ihren armseligen Vierteln eingeschlossen, als wären sie gefährliche Bestien; in der Türkei waren sie unterdrückt und verfolgt; entlang der Küste des Schwarzen Meeres, mitten im Herzen Rußlands, wurden sie von den Leibeigenen des großen Reiches der Knechtschaft verachtet; aber der Gipfel des Unglücks: ich habe gesehen, wie sie von den ungebildeten und versklavten Bauern in Polen verhöhnt und bespuckt wurden. Und ich habe sie verstreut gesehen über alle Nationen ... überall ein abgesondertes Volk für sich. Und überall in Armut, Elend und Unterdrückung erwarten und erhoffen sie ängstlich die Ankunft des Messias, daß er die zerstreuten Stämme sammele

Juden im Gebet in einer Jerusalemer Synagoge. Stich von 1836.

und das Königreich ihrer Väter wieder herstelle. Und all dies machte mich besser bereit für das Erlebnis der Juden in der heiligen Stadt.
In allen Veränderungen und Umwälzungen, vom Tage an, da Salomos Königreich in die Hände der Fremden, der Assyrer, Römer, Araber und Türken fiel, hat stets ein Rest des einmal auserwählten Volkes um die heilige Stadt herum gehaust; und heute wie in den Tagen Davids kann man am Fuß des Berges Zion alte Männer sehen, die ihre Kinder lehren, aus dem geheimnisvollen Buch zu lesen, auf das sie stets zuversichtlich ihre Hoffnungen auf ein zeitliches und ewiges Königreich gründeten ... Sie nahmen mich mit zu der Mauer, die sie einen Teil von Salomos Tempel nennen. Es ist ein Teil der ... Wand der Omarmoschee, aber offensichtlich älter als das andere, aus größeren Steinen aufgeführt ... Und an dem Tage sah ich, was andere Reisende noch an jedem Freitag des Jahres erleben können, wie alle Juden in ihren besten Kleidern durch die winkligen Gassen des Viertels zogen; und hier unter der verehrten Mauer, das heilige Buch in Händen, sangen sie in der Sprache, in der sie geschrieben wurden, die Lieder Salomos und die Psalmen Davids. Weißbärtige alte Männer und Knaben mit weichen Wangen standen über dasselbe Buch gebeugt; und jüdische Mädchen in langen weißen Kleidern standen mit dem Gesicht zur Mauer und beteten in die Spalten und Ritzen.
Jetzt, da die Moslems über den Platz herrschen, auf dem der Tempel stand, und den Juden der Zutritt verwehrt ist, suchen sie ihre Gebete durch die Ritzen hineinzuschicken, daß sie so vom Innern zum Throne des Heils aufsteigen mögen. Diese Tradition ist charakteristisch und mag illustrieren, mit welch frommer Treue die Israeliten an den äußeren Formen ihres Glaubens hängen.»

Eine Bildkarte von Israel mit Jerusalem im Zentrum, 1875 von einem Rabbi aus Safed gezeichnet.

Der Tempelberg gehörte, wie Stephens schrieb, nicht mehr zum jüdischen Bezirk. Die Moslems sperrten ihn auch für die Christen, aber in der Mitte des Jahrhunderts, als der europäische Einfluß spürbarer wurde, erhielt der belgische Thronfolger bei seinem Besuch in Jerusalem die besondere Erlaubnis, mit seinem Gefolge das Gebiet zu betreten. Danach wurde das Verbot nicht mehr so streng beachtet und – was die Christen anging – schließlich aufgehoben. Den Juden gegenüber galt es nach wie vor ausnahmslos – sogar nach dem Fall des Osmanischen Reiches und der Übernahme durch die britische Mandatsverwaltung. Erst nach der Eroberung am 7. Juni 1967 hatten die Juden nach vielen Jahrhunderten wieder die Freiheit, ihren Tempelberg zu besuchen.

Bis 1860 lebte fast niemand außerhalb der Stadtmauern, denn es war zu gefährlich. Über das einsame und verlassene Land herrschten, besonders nachts, Räuber und Marodeure. Die türkische Garnison schloß zur Abendzeit die Tore und öffnete sie erst wieder am folgenden Morgen. Kein Einwohner Jerusalems wagte sich in die Dunkelheit hinaus.

Das erste jüdische Viertel außerhalb der Mauern

Bis dahin lebte der Großteil der jüdischen Gemeinde in Jerusalem seinen Studien, von den Juden außerhalb Palästinas unterstützt. Aber einige Juden, besonders Joseph Rivlin und David Jellin, träumten davon, auch jenseits der Mauern jüdische Viertel zu bauen und dort die Ausbildung jüdischer Handwerker anzuregen. Diese Idee wurde von dem großen anglo-jüdischen Wohltäter Sir Moses Montefiore verwirklicht, der Jerusalem das erste Mal 1836 besuchte und diese Reise sechsmal wiederholte, zuletzt 1875 im Alter von einundneunzig Jahren. Auf seinem Weg ins Heilige Land machte er 1855 in Konstantinopel Station, traf mit dem Sultan zusammen und erhielt das Recht, auch außerhalb der Stadtmauern Land zu kaufen

Szene vor der West- oder «Klagemauer» (1900).

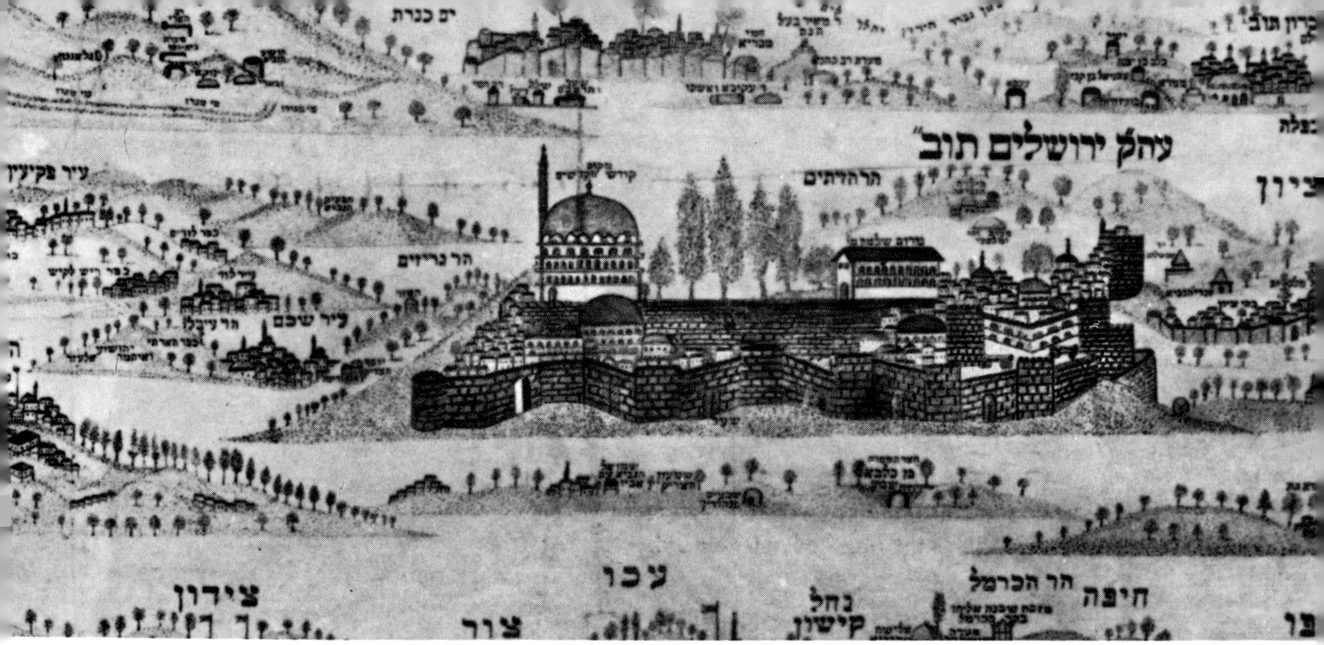
ים כנרת
עכו
צידון
צור
חיפה
הר הכרמל
נחל
קישון

und das Grab der Rahel, die heilige jüdische Stätte in Bethlehem, wiederherzustellen. Zwei Jahre später erbaute er die Windmühle, die heute noch steht, genau südlich des King David Hotels; allderdings fehlt ihr Dachgeschoß, das 1948 von einer jordanischen Granate zerstört wurde. Und 1860 begann er das Yemin Moshe Viertel zu bauen, um jüdische Handwerker unterzubringen. Zuerst wurden die Gebäude als Webereien benutzt, aber dieses Projekt schlug fehl, und so installierte man statt dessen ein Krankenhaus. Auch damit hatte man kein Glück, denn der Platz galt als zu unsicher für hilflose Patienten. Dann benutzten Handwerker die Häuser tagsüber als kleine Werkstätten und kehrten allabendlich zum Schlafen in die Altstadt zurück. Auch in den folgenden fünfzehn Jahren, in denen sich die jüdische Bevölkerung verdoppelte, war Yemin Moshe nicht ständig bewohnt.

Der erste Jude, der auch nachts außerhalb der Mauern Jerusalems gewohnt haben soll, war Joseph Rivlin, dessen Idee, ein neues Viertel zu gründen, älter war als Montefiores Projekt. Aber er brauchte einige Zeit zur Realisierung; 1869 waren die

links: Eine Gasse in Nachlat Shiva, der ersten jüdischen Siedlung in der Neustadt, die 1869 gegründet wurde.

rechts: Die Westmauer auf einem Siegel, das die austro-ungarische jüdische Gemeinde von Jerusalem, Hebron, Safed und Tiberias im letzten Jahrhundert benutzte.

Panorama von Yemin Moshe, rechts ein Sultanssabil aus dem 16. Jahrhundert. Dieser Brunnen wurde von Suleiman oberhalb des Sultansteiches im Hinnomtal angelegt.

ersten zwei Häuser fertig. Obwohl ihn seine Freunde für wahnsinnig hielten, entschloß er sich, sofort eines zu beziehen, ohne abzuwarten, bis die anderen Häuser für die fünfundzwanzig Mitglieder der Gründergruppe fertig waren. Der bekannte Orientalist, Professor Joseph Joel Rivlin, ein entfernter Vetter von ihm, berichtet, wie seine Verwandten jeden Morgen, sobald das Tor geöffnet wurde, ängstlich hinauseilten, um zu sehen, ob Joseph noch lebte! Endlich schöpfte die Gruppe aus seiner Unversehrtheit Mut, und so wurde Nachlat Shiva, wie das Viertel später hieß, der erste jüdische Außenposten in der Neustadt von Jerusalem. Ihm folgte kurz danach Mea She'arim, noch heute die Vorstadt der ultraorthodoxen Gemeinde.

Kaum bildeten die Juden die Majorität in der Stadt, die ihr Siedlungsgebiet nach Westen außerhalb der Mauern auszudehnen begann, da erreichte sie ein neuer Zustrom von Immigranten. Es war dies die Zeit einer begeisterten Erhebung, der «Zurück-nach-Zion»-Bewegung, in Zentral- und Osteuropa. Während der ganzen neunzehnhundert Jahre ihres Exils hatte es immer Juden aus irgendeiner Gemeinde der Welt gegeben, die nicht als Pilger nach Jerusalem kamen, sondern um dort zu siedeln. Die meisten blieben jedoch wo sie waren – zu arm, um aus ihrem Dorf fortzureisen – und mußten sich mit dem regelmäßigen Gebet «Nächstes Jahr in Jerusalem» zufriedengeben.

Jetzt aber erhielt das Gebet eine dringliche Macht als Aufruf zur Reise. In Osteuropa lebten die Juden unter den elendsten Bedingungen als Opfer zahlreicher Verfolgungen. Sie nahmen den Ruf nach Freiheit auf, den die Intellektuellen, Schriftsteller und Sozialreformer erhoben. In einem Strom hebräischer Prosa und hebräischen Gedichten voll von «Liebe zu Zion» und «Liebhabern Zions» schlug sich das Thema nieder, in Städten und Ghettos entstanden Gesellschaften, die sich mit der Wiederherstellung der nationalen Einheit im eigenen Lande befaßten. Die Juden waren der Wanderschaft, der Verfolgungen müde, sie hatten genug von der Flucht aus der Hölle in ein neues Land, nur um sich dort zehn, fünfzig oder hundert Jahre später einem neuen Tyrannen gegenüberzusehen. Sie wollten nach Palästina und das nach Jahrhunderten der Vernachlässigung wüste und leere Land mit ihren eigenen Händen wieder aufbauen.

Und so begann im letzten Viertel des 19. Jahrhunderts die Einwanderung. Die Pioniere zogen natürlich hinaus, um Sümpfe zu trocknen und die Wüste zu kultivieren,

aber das zentrale Ziel ihrer Bewegung blieb Jerusalem. Und viele andere, die der harten Arbeit nicht gewachsen waren, wohnten in der Stadt. Bis zum Jahre 1897 war die Aufbruchsstimmung unter den Juden so verbreitet, daß sie in Basel einen internationalen Kongreß abhalten konnten, der in die Geschichte als die Geburtsstunde der zionistischen Weltbewegung einging, weil er ihrer Freiheitssehnsucht die politisch organisierte Form gab. Die Schlüsselfigur dieses Kongresses war Theodor Herzl, der Vater des modernen politischen Zionismus. Einundfünfzig Jahre später war der jüdische Staat errichtet.

Während die jüdische Bevölkerung zunahm, blieb die christliche Gemeinde in Jerusalem ziemlich unverändert. Aber das anhaltende Interesse der westlichen Mächte an Palästina und die Anwesenheit ihrer Schutzkonsuln in Jerusalem förderten die christlichen Anliegen; jede Konfession hatte so ihre politische Rückendeckung. Frankreich stand nach wie vor hinter der Römisch-katholischen Kirche, Rußland hinter der Orthodoxie. Ihre Streitigkeiten um die heiligen Stätten waren durch ein Edikt des Sultans aus dem Jahre 1852, das den status quo fixierte, beigelegt worden. Trotz des Sieges von England, Frankreich und der Türkei über Rußland im Krimkrieg blieb der russische Einfluß in Jerusalem erhalten, und im letzten Teil des Jahrhunderts wurde sogar außerhalb der Stadtmauern die große russische Kolonie, die heute noch unter diesem Namen existiert, mit einer Kathedrale, einem Hospital und Herbergen für die Pilger errichtet. Deutschland erschien als vierte politische Macht auf der religiösen Szene Jerusalems am Ende des Jahrhunderts, und der Sultan, Abdul Hamid, nutzte die Freundschaft mit der neuen europäischen Großmacht, um den Einfluß der anderen drei in seinem Reich einzudämmen. Als Kaiser Wilhelm II. 1898 einen Staatsbesuch im Heiligen Land machte, wurde beim Jaffator eine Lücke in die Mauer gebrochen, um den Einzug des Kaisers zu Pferd zu ermöglichen. Fast sofort begannen die Deutschen, Bauten zu errichten, von denen manche noch heute das Stadtbild beherrschen. In nächster Nähe der Grabeskirche entstand eine deutsche lutherische Kirche, auf dem Berg Zion, oberhalb der alten

Ein Blick auf Jerusalem, wie ihn Edward Lear während seiner Reisen durch den Mittleren Osten in der zweiten Hälfte des 19. Jahrhunderts malte.

rechts: «Jüdische Frauen in Jerusalem lesen in der Schrift», eine Lithographie von Wilkie, 1841.

unten: Die Westmauer, Darstellung auf einer Briefmarke, die zu Beginn dieses Jahrhunderts vom Jüdischen Nationalfond herausgegeben wurde.

David Wilkie f.t 1841
Hebrew Women reading the Scriptures at Jerusalem

Der preußische Kronprinz, Friedrich Wilhelm, betritt Jerusalem bei seinem Besuch im Jahre 1869.

Franziskanerbauten, wurde eine deutsche Benediktinerabtei, die Dormitionskirche, aufgeführt. Und zwischen dem Ölberg und dem Berg Skopus wuchs der burggleiche Palast – Herberge und Krankenhaus in einem –, benannt nach der Kaiserin Auguste Viktoria.

Als Folge des wachsenden europäischen Interesses und des wachsenden Stroms europäischer jüdischer Einwanderer wurde Jerusalem 1889 zu einem eigenen Sandschak mit einem direkt von Konstantinopel aus ernannten Pascha erklärt und aus der Kontrolle des syrischen Wilajets herausgenommen. Zu dem Sandschak Jerusalem gehörte die Stadt selbst und ein ziemlich großes Gebiet rundherum.

Die osmanische Herrschaft über Jerusalem endete 1917, als die Stadt widerstandslos dem britischen Kommandeur, General Allenby, in die Hände fiel. Die Türkei hatte sich bei Ausbruch des Ersten Weltkrieges gegen die Alliierten gestellt, und zweieinhalb Jahre später wurde ihre Armee in Palästina durch britische Truppen in schwere Kämpfe verwickelt. Nachdem sie im Süden im November 1917 in die Flucht geschlagen worden waren, zogen sich die Türken auf die Linie Jerusalem-Jaffa zurück. Allenby nahm Jaffa und marschierte dann auf Jerusalem. Er eroberte die nahegelegene Höhe Nebi Samuel am 21. November und bedrohte damit die Landstraße von Jerusalem nach Nablus im Norden der Stadt, die Hauptverbindungslinie, die den Türken noch geblieben war; er hoffte, dadurch einen Kampf in Jerusalem selbst vermeiden zu können. Der Plan gelang: Am 9. Dezember kapitulierte die Stadt.

Etwa fünf Wochen zuvor, am 2. November 1917, hatte die britische Regierung die «Balfour-Deklaration» herausgegeben, in der «mit Wohlwollen die Errichtung einer nationalen Heimstätte des jüdischen Volkes ...» betrachtet wurde. Und diese Deklaration wurde auch in das Völkerbundsmandat mit aufgenommen, daß man Großbritannien 1922 übertrug. Zum ersten Mal seit der Kreuzritterzeit stand das Land wieder unter einer christlichen Macht. Und ebenfalls zum ersten Mal seit jener Zeit war Jerusalem wieder der Sitz der Landesverwaltung. Bis zum 14. Mai 1948, als der Staat Israel proklamiert wurde, übte England die Kontrolle aus.

)ie Windmühle, die Sir Moses
Iontefiore 1857 im neuen
idischen Viertel außerhalb
er Stadtmauern errichten ließ.

19 Jerusalem zur Mandatszeit 1917-1948

General Allenby auf dem Weg zum Jaffa-Tor, wo er abstieg und die Altstadt nach der türkischen Kapitulation im Dezember 1917 betrat.

Mit dem Abzug der Osmanen begann Jerusalem wieder aufzuleben. Der Kontrolle durch die britische Armee folgte im Juli 1920 die Einsetzung einer zivilen Verwaltung unter dem hervorragenden englischen Juden, Sir Herbert (späterer Viscount) Samuel als erstem britischen Hochkommissar. Im Auguste-Viktoria-Komplex wurde ein «Government House» eingerichtet, das man einige Jahre später in ein neues imposantes Gebäude auf dem «Hügel des bösen Rates» im Süden der Stadt verlegte. (Als dann im folgenden die Verwaltung sich verschlechterte, konnte man zynisch bemerken, sie habe sich am rechten Platz niedergelassen.)

Jerusalem wurde auch zum Sitz der Hauptbüros aller größeren Institutionen des Landes, zum Beispiel der Zionistenorganisation und der Jewish Agency Exekutive, die das Judentum der Welt repräsentierte, und der jüdischen Nationalversammlung (Vaad Leumi), die die Juden Palästinas vertrat.

Alles war bereit für eine großzügige Wiederbelebung dieser alten Stadt. Zwei Jahre zuvor, im Frühling 1918, also vier Monate nach der Einnahme Jerusalems, hatte sich unter dem Schutz der britischen Regierung die Zionistische Kommission unter Dr. Chaim Weizmann gebildet, um die Balfour-Deklaration Wirklichkeit werden zu lassen und die Basis zu einer jüdischen Entwicklung zu schaffen. Charakteristischerweise war einer der ersten Schritte Weizmanns – später der erste Präsident des Staates Israel – die Grundsteinlegung zur Hebräischen Universität auf der Höhe des Berges Skopus, wo sie sieben Jahre später eingeweiht wurde.

Am Anfang gab es nur kleinere Konflikte zwischen Juden und Arabern. Als Folge des Sieges der Alliierten Armeen – mit geringer Anstrengung auf arabischer Seite – hatten die Araber des Mittleren Ostens in einem Gebiet von mehr als zweieinhalb Millionen Quadratkilometern die Unabhängigkeit erlangt. Palästina, die Heimat der Juden, war dagegen, nach Balfours Worten, nur ein «kleines Schnitzel» von einigen tausend Quadratkilometern. Darüberhinaus hatte Dr. Weizmann 1918 in Transjordanien eine herzliche Begegnung mit dem Emir Feisal, dem späteren König des Irak, und im März 1919 stellte Feisal, der die arabische Delegation bei der Friedenskonferenz leitete, in seinem Bericht fest: «Die Araber, besonders die Gebildeten unter uns, betrachten die Zionistenbewegung mit tiefster Sympathie.» Mit Bezug auf die Zukunft – arabische Unabhängigkeit im Mittleren Osten und jüdische Entwicklung in Palästina – schrieb er: «Ich glaube, daß keiner ohne den anderen wirklich Erfolg haben kann.»

ine Menschenmenge erwartet ie Ankunft der zionistischen ommission auf dem Ölberg, pril 1918.

Aber die Ereignisse nahmen schnell eine andere Richtung, und schon bald drang die arabische Feindschaft gegenüber der Idee einer nationalen jüdischen Heimstätte deutlich durch. Dies verfehlte seine Wirkung auf die britische Regierung nicht – und besonders natürlich auf die, die gegenüber dem Zionismus Vorbehalte hatten und die britischen Interessen für besser geschützt hielten, wenn man den zahlenmäßig stärkeren Arabern nachgäbe. So sah die britische Mandatsverwaltung trotz des Balfour-Versprechens ihre Aufgabe nicht in erster Linie darin, die revolutionäre Entwicklung des Landes – die jetzt mit jüdischen Pionierleistungen und jüdischer Hilfe möglich geworden war – zu unterstützen, sondern sie suchte das Gleichgewicht zwischen Juden und Arabern zu erhalten.

Was die praktische Seite betraf, so brachte die britische Verwaltung einen grundlegenden Wandel für Jerusalem und das ganze Land mit sich. Vorbei war es mit der offenen Korruption und der schläfrigen Gleichgültigkeit der Osmanen; vorbei waren das Chaos und die Gesetzlosigkeit fürs erste. Neue Straßen wurden gebaut. Jerusalem erhielt eine neue Wasserversorgung, gespeist durch eine bescheidene Pipeline von den Rosh Ha'ayin Quellen in der Küstenebene. So floß in der Stadt das Wasser reichlicher als jemals zuvor, aber es reichte immer noch nicht. Man machte Versuche, die sanitären Anlagen in der Altstadt zu verbessern, öffentliche Gesundheitsdienste, auch Schulen, wurden für die Araber eingerichtet. Die Briten verlangten und erwarteten, daß die Juden für sich selber sorgten, ihr Erziehungswesen und Gesundheits- und Sozialdienste selber aufbauten, wohingegen die Araber Unterstützung brauchten.

Unter diesen Umständen erwarteten die Juden, es sei ihnen wenigstens gestattet, wenn sie von der Regierung schon nicht dazu ermuntert wurden –, sich ungehindert den großen Entwicklungsaufgaben, die sie sich gestellt hatten, zu widmen: das verarmte und unterbevölkerte Land wieder aufzubauen, Sümpfe in kultiviertes Ackerland zu verwandeln, die Fruchtbarkeit in die Wüste zu tragen, neue Städte und Bauerndörfer an den uralten Plätzen zu errichten und den Glanz Jerusalems zu erneuern. Das alles nahmen sie in Angriff und wurden von der Mandatsverwaltung immer wieder gebremst.

Dennoch wurde Jerusalem in der Zeit der britischen Herrschaft eine lebendige, weltoffene Stadt, die Pilger und Besucher aus aller Welt an sich zog, denn der internationale Verkehr war nun leichter und das Reisen im Lande selbst gefahrlos. Die historischen Stätten Jerusalems standen obenan in den Reiseführern der Touristen. Ständig sah man Schaulustige durch die farbigen Bazare unter den Bogen der schmalen Gassen bummeln, die Grabeskirche, die Westmauer und das Harem esch-Scharif besuchen oder jenseits der Mauern durch die großzügig angelegte, wachsende Neustadt im Westen wandern. Außerhalb der Altstadt hatte eine mächtige Expansion stattgefunden, vor allem durch die Juden, die schon bald in den westlichen Vorstädten zahlenmäßig stärker waren als im Judenviertel in der ummauerten Stadt.

Die im letzten Teil des 19. Jahrhunderts gegründeten Quartiere blieben nicht lange allein. Daran schlossen sich Handelsviertel, Handwerkerviertel und Wohnstädte für die Aschkenasim aus Ost-, Zentral- und Westeuropa, die Sephardim aus dem Mittelmeerraum, dem Nahen und Mittleren Osten, aus dem Jemen und Marokko und aus so weit entfernten Orten wie Buchara, nahe Samarkant in Usbekistan, dem ostasiatischen Teil Rußlands. Die Buchara-Gemeinde war die reichste und exotischste dieser Gruppen, ihr gehörte die erste blühende Vorstadt im westlichen Jerusalem. Ihre

links: Das Bezalel-Museum und die Kunstschule, 1906 von Professor Boris Schatz in der Neustadt gegründet, im Zustand von 1910. Heute ist dies Gebäude das Jerusalemer Künstlerzentrum.

links: Auf den Stufen zum Damaskustor.

echts: Ein eingewanderter Iandwerker aus Marokko.

ersten Mitglieder waren in den achtziger Jahren des vorigen Jahrhunderts ins Heilige Land gekommen, um dort zu siedeln.

Auch auf dem Berg Skopus bauten die Juden. Von dort hat man einen herrlichen Blick auf den Tempelberg, die Altstadt und die neuen Vorstädte, die sich weit nach Westen erstrecken, auf das Tote Meer im Südosten und die Ebene von Jericho im Nordosten. Nach der Einweihung der Hebräischen Universität im Jahre 1925 folgte der Bau der jüdischen Nationalbibliothek und wenige Jahre später das Hadassah Hospital – die medizinische Fakultät der Universität, das modernste medizinische Zentrum im Mittleren Osten.

In der Altstadt lebten die Juden, zusammengedrängt wie je, dicht neben dem ebenfalls überfüllten arabischen Viertel. Die jüdischen Einwohner gehörten meistens zu den ultraorthodoxen Gemeinden, die sich vorwiegend mit talmudischen Studien beschäftigten. In diesem eng begrenzten Gebiet nahe der Westmauer gab es nicht weniger als achtundfünfzig Synagogen, religiöse Schulen und theologische Akademien.

Durch ein Verwaltungsabkommen war der Bürgermeister von Jerusalem ein Araber, aber in der ganzen Stadt bestand, wie schon seit einem halben Jahrhundert, eine jüdische Mehrheit, die auch während der Mandatszeit weiter wuchs: Bei der ersten Volkszahlung 1922 betrug die Gesamtbevölkerung der Stadt 62500, davon 34000 Juden. Die Zählung von 1931 ergab, daß die Zahl der Juden auf 51000 gestiegen war, bei einer Gesamtbevölkerung von 90500. 1947, am Vorabend des britischen Abzugs, war die Bevölkerung der Stadt auf 157000 angewachsen, davon waren 97000 Juden. Kein Vergleich mehr zu den Tagen der Mameluken und Osmanen!

Auch die Araber begannen, die Stadt zu verlassen, und errichteten schöne Wohnquartiere im Norden. 1929 wurde durch eine großzügige Stiftung der Familie Rockefeller das schönste Gebäude und zweifellos das wichtigste kulturelle Zentrum in

rechts: Mitglieder der Royal Commission von 1936 unter der Leitung von Lord Peel, die die Teilung Palästinas in einen arabischen und einen jüdischen Staat empfahl.

links: Das Judenviertel in der Altstadt, 1948. Oben rechts befindet sich die «Nissan Bak»-Synagoge.

ihrem Gebiet errichtet – das Archäologische Museum von Palästina. Seine prächtige Architektur paßt zu den Schätzen, die es beherbergt, Schätzen aus dem antiken Jerusalem und dem alten Palästina. Es liegt gleich auf der anderen Straßenseite bei der Nordostecke der ummauerten Stadt; sein achteckiger Turm erhebt sich hoch über das Kidrontal.

Religiöse Rechtsverhältnisse unter den Briten

Im religiösen Bereich blieb im ganzen der status quo erhalten. Jeder konnte die heiligen Stätten betreten, obwohl die Moslems den Juden nach wie vor das Betreten des Haram esch-Scharif verwehrten, was sie den Christen jedoch gestatteten.

Zum ersten Mal waren die Kirchen und die christlichen Gemeinden in Jerusalem wieder so frei wie zur Kreuzritterzeit und brauchten sich nicht mehr vor Repressalien der herrschenden Mächte zu fürchten. Dennoch glaubten einige Christen, das besondere Verhältnis der Christen zum Heiligen Lande erfordere eigene Aktionen zur «Wiederherstellung von Kirchen und Konventen, die noch immer in Trümmern lagen oder durch die Unduldsamkeit des Islam in Moscheen, Wohnhäuser oder Ställe verwandelt worden waren.» Natürlich konnte es nicht der Wunsch der Verwaltung sein, dadurch arabische Ressentiments auszulösen, daß man Kirchen und Synagogen wiederherstellte, die der Islam übernommen hatte.

In einem entscheidenden Fall aber änderte die Verwaltung den religiösen status quo doch. Nach der Tradition wurde das Schofar, das Widderhorn, an der Westmauer geblasen, um das Ende der Fastenzeit am Jom Kippur, dem Versohnungsfest, anzuzeigen. Im Jahre 1929 löste das gewaltsame arabische Demonstrationen aus, die sich über das ganze Land verbreiteten und zu Judenpogromen führten, bei denen die alten jüdischen Gemeinden von Hebron und Safed fast ausgelöscht wurden. Diese Übergriffe überraschten die Briten völlig, und es gab viele Tote, ehe die Ordnung wieder hergestellt war. Eine der Empfehlungen der britischen Kommission, die die Ursachen untersuchen sollte, bestand darin, das Blasen des Schofar an der Klagemauer zu verbieten. (Das war noch die geringste Restriktion, die die Kom-

in junger orthodoxer Jude eim Thorastudium in einer erusalemer Synagoge.

mission vorschlug und die von der Regierung über die Juden verhängt wurde.) Trotz des Verbotes, dessen Übertretung mit Arrest und Gefängnis bedroht war, hörte man den Ton des Schofar jedes Jahr wieder: Es war eine Sache der nationalen Ehre wie auch ein politischer und religiöser Akt, sich der britischen Anordnung zu widersetzen. (Am 14. Oktober 1967, zum Abschluß des ersten Jom Kippur nach der Wiedervereinigung Jerusalems wurde der Schofar frei und offen an der Westmauer vor zehntausend Gläubigen geblasen.)

Eine Folge der Gewalttätigkeiten von 1929 war die Stärkung der Haganah, der jüdischen Verteidigungsorganisation im Untergrund, da die Juden erkannten, daß sie in Zeiten des Aufruhrs nicht von den Sicherheitskräften der Verwaltung abhängig sein durften, sondern ganz auf sich selbst vertrauen mußten. So wurden viele Leben in Jerusalem und im übrigen Lande gerettet, als der arabisch-jüdische Konflikt 1933 zu schweren Zusammenstößen und zwischen 1936 und 1939 im Grunde zum Bürgerkrieg führte. Nach diesen Unruhen empfahl eine englische Royal Commission, das Land in einen arabischen und einen jüdischen Staat zu teilen, aber der Vorschlag blieb unberücksichtigt. Dann kam der Zweite Weltkrieg und mit ihm der unsichere Waffenstillstand zwischen Juden und Arabern. Gleich nach Kriegsschluß wurde er auch schon gebrochen, und in den folgenden drei Jahren war Palästina ein Land der rohen Gewalttätigkeit. In diesen drei Jahren brach auch die britische Mandatsverwaltung zusammen.

rechts: Die russische Kirche St. Maria Magdalena am Abhang des Ölbergs oberhalb von Gethsemane. Sie wurde 1885–1888 von Zar Alexander III. gebaut und entspricht dem Moskauer Architekturstil des 16. und 17. Jahrhunderts.

Britische Empfehlung zur Teilung in einen jüdischen und einen arabischen Staat

1947 informierte die britische Regierung die Vereinten Nationen, daß sie das Land nicht länger regieren könne und im Mai 1948 das Mandat niederlegen werde. Am 29. November 1947 nahm die Generalversammlung der Vereinten Nationen mit Zweidrittelmehrheit den berühmten Beschluß an, nach dem das Mandatsgebiet Palästina in zwei verschiedene Staaten, einen jüdischen und einen arabischen, geteilt werden sollte. Sie empfahl für Jerusalem einen internationalen Status.

Die Araber lehnten diesen Beschluß zum sogenannten «Palästinaproblem» kompromißlos ab und überfielen am nächsten Tag im ganzen Lande die Juden. Überall kämpften die beiden Völker gegeneinander. Die Araber Palästinas waren in der militärisch günstigeren Position, denn sie erhielten Waffen und schwere Ausrüstung – wie auch bewaffnete Verstärkung – aus den arabischen Nachbarstaaten Palästinas. Die Juden konnten nur hier und da auf leichte Waffen hoffen, die heimlich übers Meer ins Land gebracht wurden, denn noch hatten die Briten die Macht und noch war die Haganah eine illegale Organisation. Und sie mußten sich auf ihre selbstgemachten Waffen verlassen, wie 15-Zentimeter-Mörser, die nur geringen militärischen Nutzen hatten, aber einen fürchterlichen Krach machten.

In Jerusalem wurden Gebäude gesprengt, Bomben explodierten, Kugeln flogen, Menschen wurden getötet oder verletzt. Das Schlimmste dabei war, daß die jüdischen Viertel von den Zentren der jüdischen Macht in der Küstenebene abgeschnitten waren. Die Landstraße von Tel Aviv war zu Beginn des Jahres 1948 fast unpassierbar, der Aufstieg nach Jerusalem durch die tiefen, dicht zugewachsenen Schluchten des Judäischen Berglandes kostete Zeit und Mühe. Die schmale, gewundene Straße mit tiefen Gräben an den Seiten konnte leicht aus dem Hinterhalt angegriffen werden, zumal die Araber die Dörfer an beiden Hängen, die den Durchlaß beherrschten, besetzt hielten. Die Verluste an jüdischen Lastwagen, Bussen und anderen Fahrzeugen waren sehr hoch. Dennoch versuchten sie immer wieder durchzukommen; die Wagen, die Jerusalem erreichten, brachten bescheidenen Ersatz für die schwindenden Vorräte.

nächste Seite: Gebäude in der Neustadt außerhalb der alten Mauern. Links im Vordergrund der Konvent und die Kirche der Schwestern vom Rosenkranz. Oben rechts der Turm des CVJM-Gebäudes. Links davon das King David Hotel, dem gerade ein neues Geschoß aufgesetzt wird.

Als militärische Eskorte fuhren auf den Bussen und Lastwagen junge Männer und

rechts: Explosion in einer jüdischen Hauptverkehrsstraße im Februar 1948. Viele Zivilisten in Jerusalem wurden durch arabische Sabotageakte in den letzten Monaten des britischen Mandats getötet oder verwundet.

Mädchen von der Haganah mit – die Mädchen verbargen unter ihren Kleidern Einzelteile von halbautomatischen Gewehren, Pistolen, Handgranaten und Munition, denn oftmals gab es Stichproben durch die britischen Patrouillen, und der Besitz von Waffen auch unter solchen Gefahren konnte mit dem Tode bestraft werden. Bis zur dritten Märzwoche war der Verlust an Menschen und Fahrzeugen zu groß geworden, der Verkehr mußte eingestellt werden. Das jüdische Jerusalem stand unter einer richtigen Belagerung.

Unter der Anleitung und der ausgezeichneten Kontrolle von Dr. Dov Joseph, einem Mitglied der Jewish Agency Exekutive – er wurde nach der Proklamation des Staates Israel Militärgouverneur von Jerusalem – wurden sofort die Lebensmittel rationiert. Die Zuteilungen lagen unter dem Existenzminimum, und junge Mütter liefen zwischen zwei Dienstzeiten an den Waffen hinaus, um auf den weniger gefährdeten Feldern für ihre Kinder etwas zu essen zu suchen. Da die Pipeline durch arabisches Territorium führte, wurden die Zisternen in Privathäusern versiegelt und gekennzeichnet; alle Juden erhielten die gleiche Wasserration.

Am 1. April wies David Ben Gurion, der Chef der Jewish Agency Exekutive, die ihr Hauptquartier in das günstiger gelegene Tel Aviv verlegt hatte, die Haganah an, die Straße nach Jerusalem wenigstens so lange zu öffnen, bis einige Konvois mit Nahrungsmitteln und Munition durchgefahren waren. Dazu mußten die arabischen Dörfer, die die Straße beherrschten, erobert und wenigstens einige Tage gehalten werden; für länger reichten weder die Truppen noch die Waffen der Haganah. Natürlich würden die Araber Verstärkungstruppen aus der Nachbarschaft einsetzen, um die Dörfer zurückzuerobern. Außerdem mußten die Männer der Haganah, die für diese Operation ausgewählt wurden, aus anderen, hart umkämpften Landesteilen abgezogen und möglichst rasch wieder dorthin zurückgebracht werden. Daher entschied sich das Haganah-Kommando, zum erstenmal eine ganze Brigade von 1500 Mann nur für diese Aufgabe und nur für Stunden zu mobilisieren. Bis dahin war die Haganah als eine Geheimtruppe maximal mit Kompaniestärke vorgegangen.

Bei Sonnenuntergang des 5. April begann der Angriff; am Eingang zum Engpaß wartete ein verhältnismäßig kleiner Testkonvoi mit Nahrungsmitteln, Brennstoff,

nks: Hütten zum Sukkotfest or jedem Haus im orthodoxen idischen Viertel Mea She'arim.

links: Ausgebrannte Fahrzeuge auf der Straße nach Jerusalem, die 1948 auf ihrem Weg, die belagerte jüdische Gemeinde zu entlasten, aus dem Hinterhalt überfallen wurden.

Waffen und Munition auf das Signal zum Losfahren. Um Mitternacht konnte sich der Konvoi auf der Hauptstraße in Bewegung setzen. Die Haganah-Einheiten hatten das westliche Ende gesäubert, die Kämpfe oberhalb des Teiles, der Jerusalem am nächsten war, gingen noch weiter. Zehn Stunden brauchte der Konvoi, um eine Strecke zurückzulegen, die man normalerweise in einer halben Stunde fährt, aber er kam durch. Die Belagerten jubelten. Das Ausladen ging schnell. Als die leeren Fahrzeuge zurückfahren wollten, begannen die Araber ihren Gegenangriff auf eine Schlüsselhöhe und blockierten die Straße. Drei Tage später wurde sie wieder geöffnet, und die Lastwagen kehrten in die Ebene zurück.

Der Erfolg mit diesem Testkonvoi gab dem Operationsplan recht, und so begann man, große Konvois zu sammeln und loszuschicken. Am 13. April erreichten 175 Lastwagen Jerusalem in sieben Stunden und kehrten noch am selben Nachmittag zurück. Am 17. April kamen mehr als 250 Fahrzeuge in viereinhalb Stunden durch und brachten Waffen, Munition und mehrere tausend Tonnen Nahrungsmittel. Der größte Konvoi mit 294 Lastwagen fuhr am 20. April; es war ein besonderer Passahkonvoi, der neben dem üblichen Nachschub auch ungesäuertes Brot (Matzen) für das jüdische Fest mitführte. Die Araber hatten inzwischen aber hier große Kräfte konzentriert und griffen das Ende des Konvois an. Sie zerstörten 36 Lastwagen und töteten oder verwundeten eine Reihe Fahrer. Der Rest kam durch. Danach wurde die Straße nach Jerusalem vollständig geschlossen, der Belagerungsring war vollkommen. Aber die drei Konvois hatten den Juden in der Stadt das Notwendigste gebracht, um bis zum Ende der Belagerung durchzuhalten.

rechts: In den letzten Monaten der britischen Mandatszeit wurde das jüdische Geschäftsviertel besetzt und als britische Sicherheitszone befestigt, die von der Bevölkerung spöttisch «Bevingrad», nach dem judenfeindlichen englischen Außenminister Bevin, genannt wurde.

rechts: Straßensperren auf der Hauptstraße Jerusalems während der Belagerung 1948.

nächste Seite: Niemandsland zwischen den israelischen und arabischen Linien vor dem «Davidsturm» zu Beginn des israelischen Unabhängigkeitskrieges im Mai 1948.

RIVOLI ריבולי
HOROWITZ הורוביץ
מלון ורשבסקי
HOTEL WARSHAVSKY
HOROWITZ הורוביץ

20 Die Hauptstadt Israels 1948

Am 14. Mai 1948 endete das britische Mandat: der Staat Israel wurde gegründet. Wenige Stunden nach der Unabhängigkeitserklärung griffen die regulären Armeen von sechs arabischen Nachbarländern den neuen Staat an, der Libanon, Syrien, der Irak, Transjordanien, Ägypten und Saudi-Arabien (das eine Abteilung entsandte, die unter ägyptischem Kommando kämpfte).

Einheiten der Arabischen Legion aus Transjordanien, dem heutigen Königreich Jordanien, standen schon einige Zeit im Lande; sie waren von den Briten als Teil der regulären Sicherheitsverbände der Verwaltung hergebracht worden und hatten die Palästinaaraber in den «inoffiziellen» Kämpfen gegen die Juden, besonders im Gebiet von Jerusalem, unterstützt. Aber jetzt war es ein «offizieller» Krieg. Und als die Briten am 14. Mai aus Jerusalem abzogen, blieb die Arabische Legion mit der schweren Ausrüstung und den Waffen einer regulären Armeeinheit zurück, die sie jetzt gegen die hungrigen, schlecht ausgerüsteten Juden Jerusalems richtete.

Die Juden mußten eine lange, ausgezackte und offene Linie meistenteils mit zwar begeisterten, aber wenig geübten Zivilisten, Männern und Frauen jeden Alters, verteidigen, unterstützt nur von wenigen erfahrenen Haganah-Einheiten, die das Oberkommando entbehren konnten.

Frauen und alte Männer bauten Verteidigungswerke, hoben Gräben aus und füllten Sandsäcke, während die Kinder als Melder dienten. Die jüngeren Bewohner wurden zu fest stationierten Truppen, die die von der Haganah eroberten Stellungen hielten und dadurch die Kampftruppen für neue Einsätze freimachten. Waffen waren knapp; wenn eine Gruppe aus der Frontlinie zurückgezogen wurde, übernahm eine andere ihre Gewehre und ging in den Kampf. 2-Pfünder-Kanonen waren die schwerste Artillerie der Juden, daneben hatten sie ungefähr zehn Maschinengewehre, fünfundzwanzig 5-Zentimeter-Geschütze mit wenig Munition und nur drei 7,5-Zentimeter-Geschütze. Drei primitive, selbstgemachte 15-Zentimeter-Mörser, liebevoll «Davidke» genannt, und kleine, selbstgefertigte Bomben vervollständigten ihr Arsenal. Diese Waffen wurden von einer Front an die andere geschafft, je nach der Kampflage.

Den Juden gegenüber standen die Arabische Legion mit Artillerie, schweren Maschinengewehren und gepanzerten Fahrzeugen, irreguläre ägyptische Verbände, die durch Beersheba und Hebron heraufgekommen waren und Jerusalem von Süden her angriffen, und die am Ort wohnenden Araber.

Sobald die Briten abzogen, intensivierten die Araber die Beschießung des jüdischen Jerusalem; sie wußten, daß die Juden eigentlich keine Artillerie besaßen, und hofften auf eine rasche Kapitulation. Die Arabische Legion feuerte 25-Pfund-Geschosse (ihre Artillerie-Einheiten wurden von britischen Offizieren befehligt, die, wie ihr Befehlshaber General Glubb Pascha, dazu abkommandiert waren). Die Ägypter verwendeten 10,5-Zentimeter-Geschosse und setzten 120-Millimeter-Mörser von einem Hügel nahe Bethlehem ein. Und aus Stellungen direkt vor den israelischen Linien – manchmal nur neun bis zehn Meter entfernt – wurden Handgranaten in die jüdischen Viertel geworfen. Von Zeit zu Zeit überflogen feindliche Flugzeuge die Stadt und warfen Brandbomben. Im ganzen trafen in den drei Wochen nach dem 14. Mai mehr als zehntausend arabische Geschosse die Neustadt und verursachten schwere Verluste unter der Zivilbevölkerung. Als einzige Vergeltung konnten die Juden ihre «Davidke» abfeuern, deren Gekläff mehr der arabischen Moral schadete als ihr Biß den arabischen Stellungen. Trotz aller Zerstörung in der Neustadt gewannen die Araber keinen Zollbreit Boden, und in dem zähen Kampf um Gebäude in den Schlüsselpositionen an der Frontlinie behaupteten sich die kleinen Haganah-Einheiten. Trotz ihrer zahlenmäßigen Überlegenheit und ihrer Feuerkraft gelang es den Arabern nicht, an einem der Punkte durchzubrechen, wo sie überhaupt in die Neustadt hätten eindringen können.

Die Moral der Zivilbevölkerung im belagerten Jerusalem blieb ungebrochen. Jeden Tag erschienen die tapferen Wasserträger in den Straßen, um die schmale Ration auszuteilen, und die Frauen standen lange und geduldig Schlange. Diese Gruppen wurden oft getroffen, kein Tag verging ohne Verluste, dennoch war die Wasserparade damals an jedem Tag wieder zu sehen.

Der schwache Punkt war das jüdische Viertel in der Altstadt, wo die Juden – meist alte Leute mit ihren Familien – von Arabern und Soldaten der Arabischen Legion umzingelt waren. Bei ihnen kämpften etwa achtzig Männer der Haganah; manche waren schon monatelang dort, andere hatten sich erst jetzt durch die ummauerte Stadt gekämpft, um den Widerstand zu verstärken. Das Verhältnis zwischen arabischen und jüdischen Truppen war dreißig zu eins. Systematisch wurden die Israeliten Haus um Haus zurückgetrieben, eins nach dem anderen wurde bei den übermächtigen arabischen Angriffen zerstört. Während der Kämpfe in diesem dicht besiedelten Gebiet zerstörten die Araber siebenundzwanzig Synagogen. (Später wurden alle übriggebliebenen Synagogen und religiösen Schulen niedergerissen – insgesamt achtundfünfzig.)

Die meisten Haganahoffiziere und -unteroffiziere wurden getötet oder verwundet, die Zivilisten erlitten hohe Verluste, die Gewehre waren leer und die Munition verbraucht. Von allen Seiten beschossen und bombardiert, fiel am 28. Mai das jüdische Viertel.

Dies war der schwärzeste Tag des israelischen Unabhängigkeitskrieges. Sonst konnten die Invasionsarmeen an allen Abschnitten aufgehalten werden, und als am 11. Juni der erste durch die Vereinten Nationen vermittelte Waffenstillstand in Kraft trat, war der neue Staat durchaus noch intakt. In den weiteren Kämpfen zwischen den verschiedenen Waffenstillständen des Jahres wurden die arabischen Armeen nicht nur gebremst, sondern hinter ihre eigenen Grenzen zurückgeworfen – inzwischen hatte sich Israel mehr Waffen besorgt. Der Krieg endete im ersten Halbjahr 1949 mit der Unterzeichnung der Waffenstillstandsabkommen – mit Ägypten im Februar, mit dem Libanon im März, Transjordanien im April und Syrien im Juli.

Die Jaffastraße 1949 nach der Belagerung Jerusalems.

Niemandsland gegenüber der Zitadelle und dem Jaffator.

ick vom Niemandsland
m Mandelbaum-Tor.

In diesem Abkommen entsprachen die Waffenstillstandslinien größtenteils den letzten Feuerpositionen. In Jerusalem verlief diese Linie ungefähr nordsüdlich an der Westmauer der Altstadt entlang. Das Gebiet westlich davon, namentlich die ganze Neustadt und der Berg Zion, gehörte zum israelischen Jerusalem. Dazu rechnete ferner der Berg Skopus, denn den arabischen Armeen war es nicht gelungen, die israelischen Truppen von dort zu vertreiben. Außer dem Berg Skopus bildete der Teil östlich der Waffenstillstandslinie einschließlich der Altstadt das jordanische Jerusalem.

Links das angestrahlte Kreuzkloster und rechts hinten die Pavillons des Israel-Museums.

Nach den Bestimmungen des Abkommens sollten die Juden Zugang zur Klagemauer auf dem Tempelberg haben, um an ihrem heiligsten Ort beten zu können; auch sollte ihnen die Durchfahrt zum Berg Skopus gestattet sein, nun eine israelische Enklave im arabischen Jerusalem. Den Arabern andererseits wurde der Zugang nach Bethlehem zugesichert: Teile der Straße Jerusalem–Bethlehem führten durch Gebiete, die von den Israelis besetzt waren. Keine Seite durfte schwere Waffen in die Stadt bringen. Der Waffenstillstand sollte von UN-Beobachtern überwacht werden. Die UN-Waffenstillstandskommission übernahm das Regierungsgebäude als Hauptquartier.

Und damit wurde Jerusalem zur geteilten Stadt.

Entgegen der Vereinbarung verwehrte man den Juden den Zugang zur Westmauer, außerdem konnten sie die Hebräische Universität und das Hadassah-Hospital auf dem Berg Skopus nicht benutzen. Nur unter Druck gestanden die Araber die Unterhaltung von israelischen Wachen und Aufsehern zu, die alle vierzehn Tage von einem Konvoi unter UN-Bedeckung abgelöst wurden. Gegenmaßnahmen entzogen sich die Araber dadurch, daß sie eine neue Straße nach Bethlehem bauten, die nur durch ihr eigenes Territorium führte.

Israel hatte gehofft, daß dem Waffenstillstand bald ein Friedensvertrag folgen und Jerusalem wieder zu einer Stadt vereinigt würde, die beiden Völkern zugänglich war. Aber dies geschah nicht. In den folgenden achtzehn Jahren führten beide Hälften ihr eigenes Leben, mit sandsackgeschützten Wachtposten, von denen aus sich die feindlichen Truppen beobachteten und einander über die schmale Waffenstillstandslinie hinweg ins Gesicht sahen. Verstreut über das ganze Jahr kam es zu Feuerwechseln, und Israel sah sich gezwungen, Betonmauern gegen gezielte Schüsse an besonders exponierten Stellen der Grenze zu errichten. Aber im ganzen blieb es in dieser Zeit ruhig. An manchen Grenzabschnitten waren arabische und jüdische Familien im Grunde Nachbarn, deren Kinder beim Spiel auf der Straße oder in den Hinterhöfen lediglich durch eine Mauer oder einen Stacheldrahtzaun voneinander getrennt waren.

Diplomaten, Konsular- und UN-Beamte konnten frei von einem Teil Jerusalems durch das berühmte Mandelbaumtor in den anderen gelangen. Es war dies eigentlich kein Stadttor, sondern lediglich eine Straßensperre beim Haus eines Herrn Mandelbaum, mit einer israelischen Polizeistation auf der einen und einer jordanischen Station auf der anderen Seite, entsprechend dem Frontverlauf beim Waffenstillstand. Die Israelis erlaubten allen Pilgern und Touristen vom jordanischen in den israelischen Teil Jerusalems zu kommen, die Jordanier dagegen waren weniger bereitwillig, nur ungern gestatteten sie den Übertritt von Jordanien nach Israel, und umgekehrt überhaupt nicht.

Frühe Ton- und Glasgefäße, die man bei Ausgrabungen in und um Jerusalem gefunden und im Israel-Museum gesammelt hat. Die Töpfereien stammen aus dem 11. bis 7. Jahrhundert vor, die Glasgefäße aus dem 1. bis 5. Jahrhundert n. Chr.

Auf beiden Seiten der Trennungslinie begannen beide Länder, ihr Jerusalem zu entwickeln. Die Jordanier suchten ihre Vorstädte, wieder vorwiegend im Norden,

außerhalb der Mauern auszudehnen und die Bedingungen der Bazare in der Altstadt zu verbessern. Die sanitären Einrichtungen blieben aber ein Problem, auch die Wasserversorgung klappte nicht. Mit Ausnahme des Coenaculum und des Davidgrabes auf dem Berg Zion standen nun alle heiligen Stätten der Christen, Moslems und Juden unter arabischer Kontrolle, die christlichen Pilgerfahrten und der allgemeine Touristenverkehr wurden mit zur Haupteinnahmequelle des Landes und erklärten Jordaniens Interesse an Jerusalem. Jordanien und Israel lehnten beide den UN-Beschluß, die Stadt zu internationalisieren, als unpraktisch und der Entwicklung der Stadt schädlich ab.

Entwicklung des israelischen Jerusalem

Die Entwicklung des israelischen Jerusalem war unendlich rascher – aus purer Notwendigkeit. Seit der Unabhängigkeit standen die Tore Israels für die heimatlosen Juden weit offen, für alle Juden, die nur kommen wollten, und ein großer Strom von Einwanderern ergoß sich ins Land. Eine beträchtliche Zahl von ihnen siedelte sich in Jerusalem an, und schnell wuchs ein neuer Komplex von Vorstädten auf, die sich weit nach Westen erstreckten, während besondere Quartiere nahe der Grenze im Norden der Leichtindustrie vorbehalten waren. Jerusalem wurde zur Hauptstadt Israels erklärt, und damit kamen Tausende von Beamten in die Stadt. Neue Regierungsgebäude mußten errichtet werden. Die Knesset (das Parlament) versammelte sich in einer provisorischen Unterkunft, bis sie 1966 in ihr schönes neues Haus einziehen konnte, eine Stiftung des jüngst verstorbenen James de Rothschild aus England.

Als es klar war, daß die Jordanier die Benutzung der Gebäude auf dem Berg Skopus nicht zulassen würden, steckte man für die neue Hebräische Universität gegenüber dem Gelände der Regierungs- und Knessetbauten einen neuen Campus ab. Obwohl nichts dem Berg Skopus mit dem wunderbaren Blick auf die umgebende Landschaft gleichkommt, so entstand doch die neue Universitat als schöne und großzügige Terrassenanlage, in die einzelnen Fakultäten aufgeteilt. Nach der Wiedervereinigung 1967 wurden die alten Gebäude renoviert und angrenzend neue Universitätsanlagen errichtet.

Zu Knesset, Campus und den Ministerien kam jüngst ein weiterer schöner Bau von kultureller Bedeutung hinzu: das Israel-Museum mit einem Flügel für Archäologie, Kunstpavillons, einem Garten zur Ausstellung der Plastiken und dem «Schrein der Schrift», in dem die Schriftrollen vom Toten Meer und andere Funde aus derselben Gegend verwahrt werden. Unterhalb des Museums liegt das byzantinische Kreuzkloster, das die Kreuzritter und später georgische Mönche wiederaufbauten, ein Bau von wuchtiger Schönheit, mit antiken Fresken und Mosaiken geschmückt.

Das Hadassah-Hospital auf dem Berg Skopus wie die alte Universität waren unerreichbar; so baute man ganz im Westen Jerusalems ein neues riesiges Hadassah-Hospital mit einer Schwesternschule und Gebäuden für die medizinische Fakultät. Es liegt oberhalb von Ein Karem, dem Geburtsort von Johannes dem Täufer. Nach 1967 konnte das Hadassah-Krankenhaus wie auch die Universität seine Gebäude auf dem Skopus wieder benutzen.

Die Neustadt Jerusalems wuchs immer weiter. Das Wasserproblem, wegen der stark vergrößerten Bevölkerung dringender denn je, löste man durch den Anschluß der Stadt an die nationale Wasserversorgung Israels. Neue Wohnhäuser zeigten sich im Stadtbild, Schulen, Kliniken, Einkaufzentren, Hotels, Schwimmbäder, Theater und eine große Konzerthalle – sie alle unterscheiden sich wohl in der Architektur, aber sie alle sind aus demselben Stein der Jerusalemer Gegend errichtet oder wenigstens damit verkleidet. Damit folgte man einer alten Mandatsvorschrift, und die Stadtverwaltung Jerusalems war weise genug, daran festzuhalten.

Der untere Flur im «Schrein der Schrift» im Israel-Museum, wo die Schriftrollen vom Toten Meer und antike Manuskripte verwahrt werden. Hier hat man einige handwerkliche Gegenstände aus den Fundhöhlen ausgestellt.

Die Ausgrabungen Professor Binyamin Mazars bringen die lange verschüttete ältere Schicht der Herodes-Westmauer auf dem Tempelbezirk ans Licht.

Teil des restaurierten byzantinischen Cardo, der bei den Ausgrabungen im jüdischen Viertel der Altstadt entdeckt wurde.

Das neue Knessetgebäude, Israels Parlament.

Diese uralte Stadt in einer modernen, großzügigen Anlage wurde der Stolz Israels, Sitz der Regierung, des Parlaments und des Obersten Gerichtshofes, das Zentrum der Lehre und der wissenschaftlichen Forschung, eine Stadt der internationalen Kongresse, der Parks und Pinienwälder, der Konzerte und Kunstausstellungen, Stadt des Fußballs und der Folklore – und vor allem eine Stadt der Schönheit. Aber es war eine geteilte Stadt, und durch ihre Ausdehnung nach Westen lagen manche Gebäude, die früher im Herzen Jerusalems standen, am östlichen Rand nahe der Grenze. Eins dieser Gebäude war das Rathaus.

«Als ich Ende 1965 zum Bürgermeister von Jerusalem gewählt worden war (schreibt Ko-Autor Kollek), bestand eine meiner ersten Aufgaben darin, ein lange bedachtes Projekt fallen zu lassen, nämlich den Bau eines neuen Rathauses im Westen, das weiter von der Grenze entfernt sein sollte. Schließlich bauten wir ja auch Wohnsiedlungen für Neueinwanderer direkt an der Grenze in der Hoffnung, daß ein normales Leben und spielende Kinder die Atmosphäre bessern und uns dem Frieden näherbringen würden, als wenn wir dort Soldaten stationiert hätten.
Das alte städtische Amtsgebäude stand fünfzig Meter von der Grenze entfernt, und dort sollte es nach meiner Entscheidung auch bleiben – in der Zuversicht, daß dieser Ort einst wieder das Zentrum einer wiedervereinigten Stadt sein würde.
Bei meiner Amtsübernahme – das gestehe ich – hatte ich nicht daran gedacht, daß sich meine Hoffnung so bald und in so dramatischer Weise erfüllen sollte.»

21 Das wiedervereinigte Jerusalem

Wenige Minuten nach acht Uhr am Morgen des 5. Juni 1967 heulten die Sirenen im jüdischen Jerusalem, und die Leute fragten sich, ob sie in die Schutzräume eilen sollten – oder nicht (soweit Schutzräume vorhanden waren; in den meisten Gebäuden gab es keine, weil Steinhäuser auch so für sicher gehalten wurden).
Drei Wochen zuvor, am 15. Mai, hatte Israel wie jedes Jahr seine Unabhängigkeit gefeiert, in diesem Jahr wegen der Waffenstillstandsbestimmungen nur mit einer bescheidenen Militärparade in Jerusalem. Abends glitzerten die Straßen mit bunten Lichtern und Fahnen, tanzend und singend zogen die Leute umher. Die Krönung der Feierlichkeiten war das jährliche Musikfestival, bei dem ein neues, bald populäres Lied vorgestellt wurde: «Jerusalem, the Golden», das die Zuhörerschaft immer wieder zu hören verlangte. Am nächsten Tag berichteten die Zeitungen begeistert über das Fest. Aber auf den Titelseiten stand auch die Nachricht von plötzlichen ägyptischen Truppenkonzentrationen auf der Halbinsel Sinai.
In den folgenden Tagen wurde teilweise mobilgemacht; dann kamen auf einer höheren Alarmstufe die Vorbereitungen für die Zivilverteidigung und die Erprobung der Nothilfsdienste hinzu.
Am Morgen des ersten Montags im Juni wußten die Einwohner von Jerusalem bereits, daß ein Angriff auf ihr Land drohte. Die letzten Nachrichten hatten davon gesprochen, daß die Ägypter mittlerweile 80000 Mann und 800 Panzer auf der Sinaihalbinsel zusammengezogen hatten (die wahren Zahlen lagen bei 100000 Soldaten und 950 Panzern). Und die Meerenge von Tiran war blockiert worden. Die Sirenen konnten also das Signal sein, daß der Krieg ausgebrochen war und ein Angriff unmittelbar bevorstand. Doch viele Leute glauben noch nicht, daß es in Jerusalem zu ernsten Kämpfen kommen sollte. Zwar war König Hussein fünf Tage vorher nach Kairo geflogen und hatte mit Nasser einen Beistandspakt geschlossen, aber Jordanien würde es wohl kaum wagen, das jüdische Jerusalem anzugreifen und Gegenaktionen gegen den jordanischen Teil herauszufordern. So heulten in Jerusalem die Sirenen, und die Einwohner der Stadt gingen weiter ihren Geschäften nach; die größeren Kinder zogen in die Schule, die kleineren in den Kindergarten.
Kein Bürger wußte zu dem Zeitpunkt, daß der Krieg tatsächlich ausgebrochen war, und auch nicht, daß die israelische Regierung beim ersten Schußwechsel mit den Ägyptern im Süden durch die UN und andere Vermittler eine Botschaft an König Hussein gesandt hatte des Inhalts, sofern Jordanien nicht in den Krieg eintrete,

Ein ungewöhnlicher «Gebetsmantel», den ein orthodoxer Fallschirmjäger trägt, der an der Eroberung der Westmauer teilnahm.

bleibe auch die israelisch-jordanische Grenze unangetastet; wenn Jordanien aber seinerseits Kriegshandlungen beginne, müsse es mit den schärfsten israelischen Aktionen rechnen.

Um neun Uhr vormittags erreichte das israelische Außenministerium die Nachricht, daß König Hussein die Botschaft erhalten hatte. Seine Antwort kam um 10.45 Uhr – mit dem heulenden Einschlag jordanischer Mörserbomben in dicht besiedelte Gebiete des jüdischen Jerusalem. Fünfzig Stunden dauerte das Bombardement und die wahllose Beschießung der Neustadt. Unter anderen wurden die städtischen Krankenhäuser, die Residenz des Premierministers und das Israel-Museum getroffen.

Israel antwortete nicht, wie es leicht möglich gewesen wäre, mit einem Gegenbombardement der Altstadt. Das hätte vielleicht Genugtuung gegeben, aber keinen strategischen Wert gehabt. Man zog vor, abzuwarten, ob Jordanien tatsächlich entschlossen war, sich den ägyptischen Streitkräften in einer größeren Konfrontation mit der israelischen Armee anzuschließen. In diesem Fall galt es nicht, durch die Zerstörung jordanischer Häuser Gleiches mit Gleichem zu vergelten, sondern die jordanische Armee außer Gefecht zu setzen.

Es dauerte nicht lange, bis Israel Jordaniens Absichten in Erfahrung bringen konnte. Jordanische Artillerie eröffnete entlang der Grenze das Feuer. Der Berg Skopus wurde besonders schwer beschossen, was Generalmajor Uzi Narkiss Grund zur Besorgnis gab. Der Berg Skopus, von dem man die Altstadt überblicken konnte, war eine israelische Enklave innerhalb feindlichen Gebietes und wurde nur von einer schwachen Truppe gehalten. Sollte diese fallen, würde dies schwere militärische und psychologische Folgen haben. (Wie später bekannt wurde, hatte Jordanien in der Tat geplant, diese zu erobern.) Narkiss gab einer Panzerbrigade, die zur Abwehr etwaiger jordanischer Angriffe in der Küstenebene stationiert war, den Befehl, zu einem Punkt etwa 16 Kilometer westlich von Jerusalem vorzustossen und anschliessend die jordanischen Hügelpositionen bei Radar und Nebi Samuel in Richtung Tel el Ful, nördlich des Berges Skopus, zu durchbrechen. Es handelte sich um die «Harel»-Brigade, unter dem Kommando von Oberst Uri Ben-Ari, die vom Chef abwärts durchweg aus Reservisten bestand.

Während Ben-Aris Panzer unterwegs waren, bewegte sich eine Einheit der arabischen Legion Jordaniens durch die arabische Zufahrt zur entmilitarisierten Zone südlich der Stadt und besetzte ungeachtet der Proteste des UNO-Personals das «Government House». Das bedeutete eine ernsthafte Bedrohung der südlichen Vororte des jüdischen Teils Jerusalems, und Narkiss gab der «Jerusalem»-Brigade unter Oberst Eliezer Amitai Befehl, diese strategisch wichtige Höhe zu erobern. Etwas später wurde eine schwach bewaffnete Einheit dieser Infanteriebrigade eingesetzt, um den Gegner, der sich hinter den dicken Steinwänden des grossen Gebäudes verschanzt und sich auf seinem weitläufigen Terrain ausgebreitet hatte, zu vertreiben. Die israelischen Truppen näherten sich ihrem Ziel bei hellichtem Tag, ohne Deckung und ohne schwere Waffen – diese waren auf Grund des jetzt ausser Kraft getretenen Waffenstillstandsabkommens nicht erlaubt. Nach heftigem Gefecht von einer Stunde und zwanzig Minuten befanden sich das «Government House», sein Terrain und die dahinter liegenden Stellungen der arabischen Legion in den Händen der Israelis.

Bis zum Montag mittag waren die israelischen Positionen im ganzen Abschnitt von Jerusalem nur schwach besetzt; die etwas älteren Reservisten der Jerusalembrigade waren einige Tage vorher eingezogen worden und hatten eigentlich nur die Aufgabe,

Vorsturm durch die Gasse zum Löwen-Tor beim Durchbruch in die Altstadt im Juni 1967.

das Gelände zu sichern. In den nächsten zweieinhalb Tagen mußten sie dann dieselben Kämpfe durchstehen wie reguläre Sturmtruppen. Es war jetzt klar, daß die Jordanier eine zweite Front eröffnet hatten mit Mitteln, die Jerusalem stark bedrohten. Sie hatten eine Infanteriebrigade, eine gepanzerte Brigade und zusätzlich ein Panzerbataillon ans Westufer gebracht, weitere acht Infanteriebrigaden, eine zweite gepanzerte Brigade und noch ein Panzerbataillon standen in Bereitschaft. Darüber hinaus war eine irakische Infanteriedivision mit einer starken gepanzerten Reserve nach Jordanien einmarschiert, bereit, den Fluß nach Westen zu überqueren. Narkiss forderte Verstärkung an, und das Oberkommando der israelischen Armee entschloss sich schnell, Truppen abzustellen, um dieser neuen Situation zu begegnen. Narkiss was der Ansicht, dass rechtzeitiges Handeln Israel die Kontrolle über Jerusalem sichern könnte. Eine Fallschirmjägerbrigade von jungen Reservisten, die in der Nähe eines Flugplatzes darauf wartete, zu einer Operation in Sinai in Flugzeuge verladen zu werden, wurde statt dessen nach Jerusalem umbeordert. Befehlshaber dieser Brigade war Oberst (jetzt Generalmajor) Mordechai ('Motta') Gur.
Der Plan zur Eroberung von Ost-Jerusalem sah wie folgt aus: Ben-Aris Panzerbrigade würde die jordanischen Positionen westlich von Jerusalem durchstossen, sich zu der Jerusalem-Ramallah-Nablus Strasse durchkämpfen, sie überqueren und in Richtung Tel el Ful weiterrollen. Der Hauptteil der Brigade sollte dann nach Süden schwenken und vom Norden her zum jordanischen Jerusalem stossen.
Amitais Infanteriebrigade würde die arabische Niederlage am «Government

House» ausnutzen, weitere Einheiten der arabischen Legion im südlichen Sektor finden und die feindlichen Positionen im Osten zu erobern trachten.
Zur gleichen Zeit sollte Gurs Fallschirmbrigade die Strasse freikämpfen, die vom verbauten Gebiet südlich des Skopus zu diesem selbst führte, indem sie das jordanische Gebiet zwischen der jordanischen Polizeischule und dem Mandelbaum-Tor eroberte. Narkiss befahl Gur auch, die Gegend um das Rockefeller-Museum zu neutralisieren, um die Altstadt in die Hand zu bekommen. «Wir können jede Minute zu so einer Aktion aufgerufen werden», sagte er.
Am Montag nachmittag um 17.30 Uhr stürmte die Panzerbrigade die erste stark befestigte Hügelstellung in Jordanien westlich von Jerusalem. Die Hänge waren vollständig vermint, und hinter den Minenfeldern kamen Betonbunker, Maschinengewehr- und Artillerieposten, dahinter standen Panzer. Die israelische Brigade mußte sich beeilen, auch auf die Gefahr höherer Verluste. Sie hatte keine Räumpanzer, um durch die Minenfelder zu brechen, denn die waren alle in Sinai, so räumten die Pioniere das Minenfeld einfach selbst mit Messer und Spaten bei hellstem Tageslicht und unter dem Feuer von den feindlichen Höhen. Sie verloren in wenigen Minuten durch feindliche Geschosse und explodierende Minen vierzig Mann. Dennoch gelang es ihnen, einen Weg für die Panzer und Kettenfahrzeuge zu bahnen, die die Stellungen der Arabischen Legion überrollten und einnahmen, dasselbe geschah mit den anderen feindlichen Stellungen in diesem Abschnitt, wobei die Israelis die ganze Zeit hügelaufwärts kämpfen mußten. Sie rückten die ganze Nacht hindurch vor und erreichten früh am nächsten Morgen die Nordostgrenze Jerusalems, eroberten die Wohnvorstadt Shu'afat, kämpften verbissen gegen die Arabische Legion um die Schlüsselstellung des über Jerusalem hinwegblickenden «Paßhügels», nahmen ihn, verloren ihn, griffen erneut an und gewannen ihn unter schweren Verlusten zurück, während zur selben Zeit eine andere Kompanie den angrenzenden Französischen Hügel eroberte. Dort trafen am Dienstag mittag, dem 6. Juni, Ben Ari und seine Panzerbrigade und die Reste des Fallschirmjägerbataillons zusammen, dem es, allerdings unter sehr schweren Verlusten, gelungen war, sich vom israelischen Jerusalem durch die nördlichen Vorstädte des jordanischen Teils durchzukämpfen.
Diese Fallschirmjägereinheit stand einige der schwersten Kämpfe des Sechstagekrieges durch und erlitt wahrscheinlich die höchsten Verluste. Nach Einbruch der Dunkelheit war sie am Abend zuvor in Jerusalem, das unter schwerem Bombardement und Beschuß lag, angekommen, von der Zivilbevölkerung in der Nachbarschaft des improvisierten Hauptquartiers begrüßt. Trotz des Gewehrfeuers hatten sich die Leute aus den Bunkern und Schutzräumen gewagt, um die Soldaten zu begrüßen und sich als Telephonisten, Teeköche und Botengänger zur Verfügung zu stellen. Fast der ganzen Brigade war das Terrain, auf dem sie zum Kampf antreten sollte, unbekannt. Und für eine genaue Instruktion fehlte die Zeit. Nur der Bataillonskommandeur und einige andere konnten, sobald der Einsatz auf der Sinaihalbinsel abgesagt war, nach Jerusalem eilen, um sich kurz über das Gelände zu informieren. Die anderen bekamen nur einen eiligen Überblick durch Luftaufnahmen, Karten und Spionagediagramme über die Stellungen der Arabischen Legion. Sie gingen im Grunde blind in den Kampf und mußten noch dazu ein bebautes Gelände angreifen – die schwerste militärische Aufgabe überhaupt –, das zudem von einem hermetischen Kreis starker Befestigungen geschützt war.
Die Israelis begannen ihren Angriff um zwei Uhr morgens. Das erste Ziel war der Distrikt nördlich der Altstadtmauer. Das sollte sie in eine Stellung entlang der

Mauer bringen, um von dort die zweite Phase – den Durchbruch in die Altstadt, den man durch das Herodestor zu erzielen hoffte – einzuleiten.
Ein Bataillon begann seine Operation von einer Wohnsiedlung an der Grenze genau gegenüber der jordanischen Polizeischule aus; sein Ziel war das hochgelegene Gelände der Schule und der angrenzende Munitionshügel, der den Nordabschnitt beherrschte. Die anderen zwei Bataillone begannen einige hundert Meter weiter im Süden, genau nördlich des Mandelbaumtores. Eines mußte quer hinüber zur Amerikanischen Kolonie vorstoßen und dann nach Süden zum Rockefellermuseum an der Nordostecke der Mauer schwenken. Das andere sollte sich sofort nach Süden zum Damaskustor wenden, dann nach Osten schwenken und parallel zur Nordmauer operieren, um sich am Museum mit dem zweiten Bataillon zu treffen.
Das erste Bataillon hatte die schwerste Aufgabe. Die Jordanier wußten genau, daß der Hügel, auf dem die Polizeischule stand, und der Hügel im Norden der Schlüssel zur Altstadt waren, und folglich hatten sie sie so stark wie möglich befestigt. Beide waren wabenartig mit Schützengräben und Feuerposten überzogen, an allen Hügelseiten beherrschten gut geschützte Bunker sämtliche Zugänge.
Siebzig Meter davor verlief die erste feste israelische Linie, die Einheiten der Jerusalembrigade hielten. Sie hatten diese Stellung um elf Uhr morgens bezogen, sofort nach der Beschießung der Stadt durch die Jordanier. Zwanzig Minuten später gerieten sie ins Sperrfeuer von 25-Pfündern, Schnellfeuergewehren, Mörsern und Maschinengewehren aus gut verschanzten Stellungen, während die Deckung der Israelis aus einem niedrigen Sandsackwall und einem flachen Graben bestand. Außerdem hatten sie nur leichte Waffen. Für die nächsten sechs Stunden waren sie dort festgenagelt und erlitten schwere Verluste; erst in der Dunkelheit konnten Artillerie, Mörser und Raketen zum Gegenschlag heraufgebracht werden. Aber der Effekt des israelischen Beschusses auf die Jordanier war nur gering, ihre Stellungen wurden nicht ernsthaft beschädigt. Es blieb nur der direkte Frontalangriff, da ein langes Umgehungsmanöver nicht in Frage kam. Und auf diesen Angriff bereiteten sich die Fallschirmjäger vor.
Plötzlich schlugen sie los und stürmten kühn und völlig ungedeckt gegen die Polizeischule; ihre Silhouetten waren im Feuerschein gut zu sehen. Viele wurden schon im Anlauf auf das feindliche Minenfeld niedergemäht und noch mehr wurden Opfer der Minen. Die überlebenden Verwundeten wurden in gewagten Rettungsaktionen zurückgetragen. Der Rest drängte weiter, jetzt unterstützt von der eigenen Artillerie und dem Feuer der Reservepanzer in den hintersten Linien, die wegen der Minenfelder noch nicht näher heranrücken konnten. Das feindliche Feuer verstärkte sich, aber die Fallschirmjäger ließen sich nicht irritieren, sie erkämpften sich ihren Weg durch fünf Stacheldrahtzäune und Minensperren, bis sie, voll eingesehen, die erste befestigte Stellung der Arabischen Legion erreichten.
Die erste Postenkette wurde erstürmt, einige Fallschirmjäger drangen in das Gebäude selbst ein, andere sprangen in das Netzwerk der Schutzgräben, und in den nächsten Stunden gab es überall heftige Mann-gegen-Mann-Kämpfe, in den Gräben, Zimmern, Bunkern, auf den Dächern. Kein befestigter Posten konnte ausgelassen werden, um jeden wurde erbittert gekämpft.
Diese blutigen Kämpfe dauerten, bis um sieben Uhr morgens das Gelände der Polizeischule und der «Munitionshügel» in israelischer Hand waren. Oft waren die Offiziere die ersten, die in die feindlichen Gräben sprangen. Sie hatten keine Zeit, Berichte nach rückwärts zu geben, sondern drängten befehlsgemäß nach vorn, ohne die Verluste zu zählen; sie wußten, daß sie den Schlüssel zur Befreiung Jerusalems in der

Hand hielten. Von der einen Kompanie blieben vier, von der anderen sieben Männer unverletzt. Das erfuhr man aber erst später. Als während des Kampfes das rückwärtige Oberkommando gefragt hatte, wie sie vorankämen, hatten sie geantwortet: «Wir werden bald okay sein.» Sie hatten keine Verstärkung angefordert und keine Hilfe. Den Toten war nicht mehr zu helfen, die Verletzten wurden von Ärzten und Sanitätern versorgt, die in den Gräben und Bunkern erste Hilfe leisteten, und die anderen kämpften weiter.

Die Einheit nutzte sofort ihren Erfolg aus und stieß auf Sheik Jarrah vor, die größte nördliche Vorstadt jenseits der Straße zum Berg Skopus. Das neue Unternehmen verlief wie das erste – Verluste vor dem eigentlichen Einsatz, Evakuierung der Verwundeten, Überwindung der Zäune und Minenfelder, Einbruch in die betonierten feindlichen Posten, Kampf Mann gegen Mann. Und wieder blieben nur wenige unverwundet. Aber Sheik Jarrah war in israelischer Hand.

In diesen Gefechten hielt sich die Arabische Legion außerordentlich tapfer.

Auch die anderen Einheiten, die in der Nähe des Mandelbaumtores operierten, kamen nur mühsam vorwärts und hatten zahlreiche Tote und Verletzte bei den ersten Durchbrüchen durch die Ringzäune und in den Häuservierteln, durch die sie sich den Weg freikämpfen mußten, um die Nordmauer der Altstadt zu erreichen. Als beim ersten Tageslicht der Brigadekommandeur auf ihrem vorgeschobenen Posten ankam, um den Vormarsch auf das Herodestor zu verfolgen, waren diese Truppen bereits erheblich geschwächt.

Vormarsch in die Altstadt

Aus ihren verschiedenen Stellungen in den nördlichen Vorstädten rückte die Brigade gegen die Altstadt vor. Einige arabische Legionäre auf dem Rückzug verbarrikadierten sich in den Häusern und versuchten, die Israelis mit Handgranaten aufzuhalten. Die Verluste wurden größer bei dem zähen Kampf um jedes Haus. Zum Glück konnten bald Panzer in den Hauptstraßen bis zum Rockefellermuseum eingreifen; Pioniere hatten ihnen Wege durch die Minenfelder entlang dem Schulgelände frei gemacht, während oben in der Polizeischule noch gekämpft wurde. Sie brauchten dazu mehrere Stunden vor der Dämmerung, denn sie lagen unter andauerndem Feuer aus 81-Millimeter-Geschützen, und sie mußten die Minen mit den Händen jeweils zwischen zwei Salven wegräumen.

Bis zehn Uhr vormittags waren die nördlichen Vorstädte der Altstadt gesäubert, und die Reste der Brigade standen für die nächste und letzte Phase bereit: den Einbruch in die Altstadt. Dies mußte die Infanterie allein leisten, denn die Gassen der Altstadt waren für die Panzer zu schmal, und es war Befehl gegeben worden, die heiligen Stätten nicht zu beschädigen. Die Tore zu erreichen war das erste Problem, denn die riesigen, dicken Steinmauern, die Suleiman der Prächtige errichtet hatte, wurden von der Arabischen Legion zäh verteidigt. Sie beherrschten alle Zugänge, kein israelischer Soldat entging dem genauen Feuer. Dasselbe spielte sich an dem von Arabern gehaltenen Auguste-Viktoria-Hügelrücken zwischen dem noch arabischen Ölberg und dem bereits israelischen Berg Skopus ab. Von hier oben aus konnte man leicht die offenen Plätze mit Feuer belegen, die die Fallschirmjäger auf dem Weg zur Nordmauer überqueren mußten. Ohne Besetzung des Auguste-Viktoria-Komplexes und der Mauer gelangte man nicht in die Altstadt, der Angriff auf beide Stellungen wurde aber bis zur Dunkelheit verschoben. Aber auch dann kam man nur langsam voran, bis einige dazwischenliegende Panzerstellungen erobert waren. Einige der aufgefahrenen Panzer und Erkundungsjeeps wurden in der Nähe des Löwentores unterhalb der Mauer getroffen und in Brand gesetzt. Es gab hohe Verluste, die die selbstmörderischen Anstrengungen, die Verwundeten zu retten, noch vergrößerten. Als die Nachricht eintraf, daß eine jordanische Schwadron Pattonpanzer nur noch eine Stunde von Jerusalem entfernt war, wurde der Angriff auf die Auguste-Viktoria-Stellung verschoben.

Unterdessen hatten die Panzerbrigade und die Jerusalembrigade die Stadt eingeschlossen, sie blockierten die jordanischen Panzer, besetzten Schlüsselpositionen und wehrten die jordanischen Angriffe auf die Fallschirmjäger ab.

Beim Morgengrauen des 7. Juni war Jerusalem – ausser der Auguste-Viktoria-Stellung und dem Oelberg – von israelischen Streitkräften praktisch umstellt, was die jordanische Kampfmoral erheblich schwächte. Um 6 Uhr morgens gab der stellvertretende Stabs-Chef Generalmajor Haim Bar-Lev telefonisch Narkiss den Auftrag, die Altstadt einzunehmen – und zwar schnell. Narkiss rief Gur an und vertraute ihm die historische Aufgabe an, die Altstadt für Israel zurückzugewinnen.

Mittwoch, 7. Juni

Um 8.30 wurde die Auguste-Viktoria Stellung aus der Luft und durch Artillerie bombardiert. Ein Fallschirmbatallion preschte durch das erst kürzlich eroberte Sheikh Jarrah auf den Berg Skopus, um Auguste-Viktoria von Norden anzugreifen. Ein zweites Batallion stürmte auf der Bergstrasse den Hügel hinauf, genau gegen den Haupteingang der Stellung vor, frontal dem gegnerischen Feuer ausgesetzt und im Rücken arabische Scharfschützen auf der Stadtmauer. Das dritte Batallion umkämpfte die Nordmauer mit dem Herodes-Tor als Ziel. Die Tollkühnheit dieser Operation, der die Jordanier nichts Vergleichbares entgegenstellen konnten, führte zum Erfolg. Die Kämpfe waren hart, Panzer fuhren auf Minen, die Fallschirmjäger erlitten schwere Verluste. Aber binnen kurzem gehörten der Auguste-Viktoria-Hügelrücken und der Ölberg den Israelis. Unter ihnen ausgebreitet lag die großartige Plattform des Tempelberges. Die Gold- und die Silberkuppel der zwei Moscheen glänzten in der Morgensonne, und eben noch sichtbar war am südwestlichen Ende der obere Rand der Klagemauer. Weiter in der Ferne sah man die Kuppel der Grabeskirche, dazwischen das Häusergewirr des Judenviertels, des Moslem-, des Armenier- und des Christenviertels.

Der Brigadekommandeur stand neben seinem Kommandowagen vor dem Hotel Intercontinental auf dem Ölberg. Vor ihm lagen die beiden Hälften Jerusalems, und in seinen Augen waren sie schon wieder vereinigt. Dann nahm er das Mikrophon in die Hand und gab über den Sender die letzte Angriffsweisung an «alle Bataillonskommandeure»: «Tempelberg, Westmauer und Altstadt. Zweitausend Jahre lang hat das jüdische Volk für diesen Augenblick gebetet. Auf zum Sieg! Laßt uns vorrücken – zum Sieg!»

«Der Tempelberg gehört uns!»

Alle rückten gegen die Altstadt vor, jedes Bataillon wollte das erste sein. Die Mauerabschnitte mit dem Herodes- und dem Löwentor wurden unter Artilleriefeuer genommen, das dann Panzer und Sturmgeschütze fortsetzten. Sie mieden die heiligen Stätten, keine wurde getroffen.

Auch der Brigadekommandeur beteiligte sich an diesem Wettrennen, er sprang in seinen Wagen und befahl dem vierschrötigen jungen Fahrer, seinen Fuß nicht mehr vom Gas zu nehmen. So raste er den Berg hinunter vor die Mauern und trieb seine Panzer und die Infanterie zur Eile an. Er überholte die Panzer an der Brücke unterhalb des Löwentores, vorbei an den Gerippen der ausgebrannten Panzer und Jeeps und an den toten Kameraden aus den Kämpfen der letzten Nacht, und raste die Gasse zum Tor hinauf. Vor dem Bogen des Löwentores stand ein brennendes Fahrzeug, aber es war gerade genug Platz, um vorbeizukommen. Er durchbrach die halbgeschlossene Tür, holperte über Steine und Geröll, die heruntergefallen waren.

Kein Gedanke an Handgranaten, die von der Mauerhöhe heruntergeworfen werden könnten, kein Blick auf den arabischen Soldaten, der zu verdutzt war, um zu schießen. Der Wagen fuhr die paar Meter bis zum Beginn der Via Dolorosa und wandte sich dann scharf nach links zu einem anderen Tor, rumpelte über ein umgestürztes Motorrad, das zum Glück keine Falle war, jagte hindurch und stand vor dem Eingang zum Tempelberg. Das war um 9.50 Uhr am Mittwochmorgen, dem 7. Juni 1967. Die Panzer konnten nicht so weit vordringen, aber die Infanterie – und sie kam. Bald war die ganze Tempelesplanade voll von Fallschirmjägern. Der Brigadekommandeur meldete dem Oberkommando: «Der Tempelberg ist unser!»

Durch die schmalen Gassen der Stadt zogen die Bataillone und erlitten weitere Verluste beim Kampf gegen einzelne Schützen, ja, die Schießereien gingen noch den ganzen nächsten Tag weiter, bis alle Stellungen der Arabischen Legion ausgehoben waren. Aber die Jordanier gaben auf, überall zeigten sich weiße Fahnen.

Eine andere Fallschirmjägereinheit zog direkt zur Westmauer, wo am Eingang arabische Legionäre standen und mit erhobenen Händen kapitulierten. Der erste Soldat, der hindurch war, schrie: «Die Westmauer! Ich sehe die Westmauer!» Dann folgten auch die anderen, um die verehrten Steine zu berühren und zu küssen. Hartgesottene Fallschirmjäger, die ohne Unterbrechung zweiunddreißig Stunden lang schwer gekämpft hatten, weinten an der Tempelmauer, über die ihr Volk so viele Jahrhunderte lang getrauert hatte. Sie brauchten nicht zu trauern, nicht zu klagen, außer über ihre toten Kameraden. Und in ihre Traurigkeit mischte sich die starke Freude der Männer, die die heiligste Stätte ihrer Nation zurückgewonnen hatten und die lebten – Auserwählte der Geschichte.

Um 10.15 raste ein Jeep durch das Löwentor zum Tempelberg, und heraus sprangen Haim Bar-Lev und Uzi Narkiss, um die Fallschirmjäger zu treffen. Wenige Augenblicke später kam der Oberrabbiner der Armee Generalmajor Rabbi Shlomo Goren, unbekümmert der Kugeln der Scharfschützen, und eilte direkt zur Westmauer. Er trug ein Schofar (rituelles Widderhorn) und eine Thora. Dort sprach er ein Dankgebet für den Sieg und ein Gedenkgebet für die bei der Befreiung der Heiligen Stadt Gefallenen. Dann nahm er sein Schofar, das gewöhnlich nur an den wichtigsten jüdischen Feiertagen erklang, und blies einmal lange und laut. Mittags kamen Verteidigungsminister General Moshe Dayan und Generalstabschef Yitzhak Rabin. Zusammen mit General Uzi Narkiss gingen sie durch das Löwentor in die Alstadt. Später kam Premierminister Levi Eshkol, gefolgt von anderen Kabinettsmitgliedern.

Die Kämpfe wüteten noch überall im Lande, dies war erst der dritte Tag des Krieges. Aber jeder Jude in Israel und überall auf der Welt muß den 7. Juni 1967 für den Tag der Befreiung gehalten haben. Jerusalem war wiedervereinigt, als Ganzes wieder die Hauptstadt Israels.

Am Abend kündigte der Bürgermeister Jerusalems an, daß die Stadtverwaltung das völlig zusammengebrochene Versorgungsnetz im ehemals arabischen Sektor der Stadt wieder in Ordnung bringen wolle. «Wir sind bereit, für Wasser, Kanalisation und Nahrungsmittel zu sorgen, sobald wir darum ersucht werden.»

Am nächsten Morgen begannen die Araber zusammen mit der Armee die Aufräumungsarbeiten, und das ging so schnell, daß schon nach einigen Tagen der Normalzustand wiederhergestellt und die Versorgung der Kinder mit Milch und Brot durch die Stadtverwaltung überflüssig war, denn Läden und Geschäfte hatten wieder geöffnet, und die Leute gingen wieder ihren normalen Beschäftigungen nach. Das einzig Ungewöhnliche war der Lärm der Detonationen, als Pioniere systematisch

Der Verteidigungsminister General Mosche Dajan zwischen dem Chef des Stabes General Jitzchak Rabin und dem Oberkommandierenden General Uzi Narkiss betritt die Altstadt kurz nach der Einnahme. Zwischen Dajan und Rabin sieht man Moshe Pearlman, Mitautor dieses Buches.

die Minenfelder in und außerhalb der Stadt räumten; das dauerte Wochen. Zur selben Zeit begann man auch, die Schutzwälle und Barrikaden zu zerstören und Panzersperren und Stacheldrahtzäune auf beiden Seiten der nicht mehr vorhandenen Grenze niederzureißen. Neue Straßen entstanden zwischen den beiden Sektoren, und man pflasterte die alten, die lange nicht mehr benutzt worden waren. Mit schweren Bulldozern wurden die verlassenen Häuser im Niemandsland abgebrochen. Die alten und neuen Teile der Stadt waren wieder miteinander verbunden und nicht mehr durch Sichtblenden voreinander versteckt.

In diesem Jahr wurde das jüdische Pilgerfest, Schawuot (Wochenfest), am Mittwoch, dem 14. Juni, gefeiert, genau eine Woche nach der Wiedervereinigung Jerusalems. Die Stadt trug immer noch deutliche Zeichen des Kampfes. An jenem Tag traf eine Viertelmillion Juden aus dem ganzen Land in einer Massenpilgerfahrt ein,

Pilger zum Schawuotfest nach dem Junikrieg.

betrat durch das Misttor in der Südmauer die Stadt, zog an Warntafeln mit der Aufschrift «Vorsicht! Minen!» vorbei und verrichtete ihr Gebet an der Westmauer. Es war die größte Pilgerfahrt zum Überrest des Zweiten Tempels seit der großen Zerstreuung vor neunzehnhundert Jahren, ja, es ist fraglich, ob sich überhaupt je so viele Menschen an einem Tag im Hof vor der Klagemauer drängten.

Bald nach den Kämpfen gewährte die israelische Regierung allen Anhängern der drei Glaubensbekenntnisse, den Christen, den Moslems und den Juden, freien Zugang zu den heiligen Stätten; und am Freitag, dem 23. Juni, kamen Tausende Araber aus ganz Israel zum erstenmal seit neunzehn Jahren wieder zum Haram esch-Scharif, besuchten den Felsendom und vereinten sich mit Angehörigen und Freunden, von denen sie durch die israelisch-jordanische Grenze getrennt waren, im Gebet in der Moschee El-Aqsa. Zwei Tage später, am Sonntag, dem 25. Juni, versammelten sich arabische Christen aus beiden Teilen des Landes in der Grabeskirche, denn unter jordanischer Herrschaft war es auch arabischen Christen aus Israel verwehrt gewesen, am regelmäßigen Sonntagsgottesdienst an den heiligen Stätten teilzunehmen. Nur zweimal im Jahr, zu Weihnachten und zu Ostern, durften einige die Grenze am Mandelbaumtor zum Gottesdienst überqueren. Heute gehören religiöse Zusammenkünfte am Freitag und am Sonntag zum normalen Leben Jerusalems.

Am 27. Juni erließ die Knesset drei Gesetze, die die offizielle Wiedervereinigung der beiden Hälften Jerusalems ermöglichten. Schon am nächsten Tag wurden die Altstadt und ihre Umgebung und das israelische Jerusalem zu einer Stadt. Sie hatte jetzt etwa 270000 Einwohner – 200000 Juden und 70000 Araber (Moslems und Christen). Das Militär übergab die Zivilverwaltung wieder dem Rathaus. Die letzten Barrieren wurden niedergerissen, der Zugang zu allen Teilen Jerusalems war nun wieder frei für jedermann.

Dies war ein kühner Schritt der Regierung, der Tag bleibt für die Einwohner Jerusalems unvergeßlich. Es gab keine Zwischenfälle, keinen Aufruhr, keine Zusammenstöße – nur Verkehrsstörungen. Wenige hatten geglaubt, daß schon einige Tage nach dem erbitterten, für beide Seiten verlustreichen Krieg und nach neunzehn Jahren Haß auf der einen und Sorge auf der anderen Seite es möglich sein würde, daß beide Bevölkerungsgruppen miteinander Kontakt aufzunehmen wagten und dieses mit einer solchen Leichtigkeit tun würden.

Versuchsweise gingen einige in das früher verbotene Gebiet, andere schlossen sich ihnen an, und diesen folgten bald Hunderte, dann Tausende. Innerhalb einer Woche waren es zehntausend, die von einem Teil in den anderen wanderten.
Zunächst betrachteten sich beide Seiten mit Zurückhaltung, dann mit Lächeln. Bald verloren sie ihre Scheuheit und versuchten, einer des anderen Welt kennenzulernen. Die Araber Jerusalems kamen aus ihren Quartieren, um über die breiten Alleen und Boulevards der Neustadt zu schlendern, bestaunten mit Überraschung und Belustigung die ihnen unbekannten Verkehrsampeln und betrachteten die modernen Schaufenster. Sie besichtigten die ungewöhnlichen Gebäude des Universitätscampus, die Knesset, das Israel-Museum, die Kongreßhalle und das Kennedy-Denkmal. Vor allem wollten sie den Pulsschlag der aufblühenden modernen Stadt fühlen, die vor ihren Türen aufgewachsen war.
Später brachten sie ihre Familien ins Hadassah und andere Krankenhäuser zu besonderer ärztlicher Behandlung, und junge Mütter kamen in Scharen zu den Kinder- und Frauenkliniken – bis die Stadtverwaltung in ihrer Nachbarschaft ähnliche Pflegestationen eingerichtet hatte. (Welche Propaganda sie im Radio gegen die Israelis gehört haben mochten, vom hohen Standard der Gesundheitsfürsorge wußten sie offenbar.) Die jungen Leute besuchten die Cafés, Parks und Kinos der Neustadt, sie gingen auf den CVJM-Sportplatz und ins Freibad. Und schon in den ersten Tagen tauchten Kamele und Esel, hochbepackt mit Gemüse, in den Wohnstraßen der Neustadt auf, bis die städtischen Nahrungsmittelinspektoren den fliegenden Händlern klarmachten, daß der Gemüseverkauf in dieser Form gegen die Vorschriften verstieß.
Die Israelis ihrerseits schlenderten unter den Bogen der bunten, lauten, dichtgedrängten Bazar- und Marktgassen der Altstadt. Sie besuchten die heiligen Stätten, die ihnen so lange verschlossen waren, wanderten über den Fliesenboden des Tempelberges, den sie nicht betreten durften, seit sie ihn verloren hatten, überquerten das alte Kidrontal und stiegen auf den Ölberg, nur traurig über die Schändung ihres alten Friedhofes, und sie kamen wieder und wieder auf diesen Berg, um auf die Altstadt, ihre Geschichte und ihre Schönheit herabzuschauen, die da vor ihnen ausgebreitet lag.

22 Die Auferstehung der Vergangenheit

Mit der Wiedervereinigung Jerusalems und zum ersten Mal mit der begeisterten Unterstützung der Regierung war es den Archäologen möglich, mit den umfassendsten, wissenschaftlich fundierten Ausgrabungen zu beginnen, die jemals in Jerusalem unternommen wurden. Ihre spektakulären Entdeckungen warfen neues Licht auf das Leben dieser Stadt in vergangener Zeit.

Als erster machte sich Professor Binyamin Mazar von der Hebräischen Universität an eine großangelegte Ausgrabung. Er begann Anfang 1968 an der südwestlichen Ecke des Tempelbezirks und setzte die Ausgrabungen am südlichen Teil der Westmauer entlang der Südmauer fort.

Am 7. Juni 1968, genau ein Jahr nach der Befreiung, entdeckte er das Teilstück einer Straße aus der Zeit von Herodes, die sich als eine der Hauptverkehrsadern herausstellte; sie verläuft längs des Zentral- oder Tyropoiontals der westlichen Mauer entlang. Diese Straße war mit sorgfältig behauenem Jerusalemer Stein gepflastert und stammte aus dem späten ersten Jahrhundert v. Chr. Die Wissenschaftler fühlten sich bei der Beseitigung der Trümmer vergangener Jahrhunderte in das Jahr 70 n. Chr. zurückversetzt, an den Schauplatz von Zerstörung und Gemetzel, als die römischen Truppen unter Titus den Tempelbezirk verwüstet und sich heftige Kämpfe mit den jüdischen Verteidigern geliefert hatten. Auf der gerade ausgegrabenen Straße lagen Steine, die vom oberen Teil der herodianischen Mauer während der schweren Kämpfe vor 1900 Jahren heruntergefallen waren. Die Steinplatten waren unter der Wucht des Aufpralls zerbrochen.

Nachdem sie sich durch 15 verschiedene Schichten späterer Ansiedlungen durchgegraben hatten, stießen die Wissenschaftler in 12 m Tiefe auf die herodianische Straße und legten tieferliegende Schichten der Stützmauer des Tempelbezirks frei. Im Laufe der Ausgrabungsarbeiten fand man in den Trümmern Keramikgefäße, Geräte und Werkzeuge aus Stein, Fragmente von Sonnenuhren, die in die Mauer eingelassen waren, und zahlreiche Münzen; einige waren zu der Zeit des Herodes geprägt worden, andere stammten aus den Jahren 66–70 n. Chr., aus der Zeit des jüdischen Aufstands.

In den Gewölben unter der Straße wurde der Rest einer Vase aus Kalkstein entdeckt; in ebenmäßiger hebräischer Schrift war das Wort «korban» (Opfer) eingraviert und mit zwei Vögeln dekoriert. Gegenstände mit dieser Inschrift werden in der «Misnah» erwähnt.

Teil des Schalenbaus der ungewöhnlichen Synagoge in der Hebräischen Universität. In der Mitte des Hintergrunds liegt das neue Gebäude der Knesset, des israelischen Parlaments. Rechts die keramikbedeckte Kuppel des «Schreins der Schrift», einem Teil des Israel-Museums.

Der Blick vom Ölberg. Die Tempelesplanade und der Felsendom in der Mitte, dahinter die Neustadt.

as Stadion und die Gebäude ıf dem neuen Campus der ebräischen Universität.

Im weiteren Verlauf der Ausgrabung fand Mazar in einer tiefergelegenen Schicht Tonscherben aus dem frühen 7. Jahrhundert v. Chr., der Zeit der Monarchie Judäas am Ende der ersten Tempelperiode. Auf einem Fundstück, dem Griff eines Gefäßes, stand die Inschrift «la-melech», das heißt «[Gehört dem] König». Ein anderer wichtiger Fund aus dem 7. Jahrhundert v. Chr. waren zwei guterhaltene aus dem Fels gehauene Grabkammern etwa 100 m südwestlich der Westmauer.

Unmittelbar im Westen des «Robinsonbogens» wurde das gewaltige Fundament des anderen Endes des Bogens, der die Talstraße überspannte, ans Tageslicht gebracht. Es stützte einen Viadukt, der auf den großen Platz vor dem Tor der Westmauer führte – ein grandioser Zugang zur Stoa oder Königshalle (s. S. 105). Die Bevölkerung konnte den Viadukt von der darunterliegenden belebten Straße aus über eine monumentale Treppe erreichen; einige Stufen konnten an Ort und Stelle gefunden werden.

Der benachbarte «Wilsonbogen» war lange Zeit unzugänglich, verschüttet von den Trümmern der Jahrhunderte. Im Laufe der Ausgrabungen gelang es jedoch, die Trümmerschichten abzutragen und eine vollständige Bogenwölbung in einem wunderbar erhaltenen Zustand freizulegen; die riesigen Steine des herodianischen Mauerwerks, genauestens gefugt, bildeten eine makellose Kurve.

Ein bewegender Fund war die hebräische Inschrift auf einem Stein in der sechsten Schicht der Westmauer unter dem Stützmauerwerk des Robinsonbogens. Die geologische Schicht datiert etwa aus der Zeit der Mitte des 4. Jahrhunderts n. Chr. Diese Inschrift entstand wahrscheinlich in der dreijährigen Regierungszeit des Imperators Julian (des Abtrünnigen), der öffentlich dem christlichen Glauben seines Onkels, Konstantin des Großen, abgeschworen und ein Edikt allgemeiner Toleranz erlassen hatte. Drei Jahre lang war Jerusalem für jüdische Siedler und Pilger wieder zugänglich; ihre Freude darüber manifestierte sich in der von Mazar entdeckten Inschrift. In wunderschöner hebräischer Schrift liest man von Kapitel 66 des Propheten Jesaja Worte des Verses 14, die an «Ja, ihr sollet an Jerusalem ergötzet werden», wie folgt anknüpfen: «Ihr werdet's sehen, und euer Herz wird sich freuen und euer Gebein soll grünen wie das Gras.»

Von besonderem Interesse war die hebräische Inschrift auf einem weiteren Stein «Le' beth Ha'tekiah» (dem [oder von dem] Platz des Ertönens [des «schafars» = Widderhorns]). Er stammt aus den letzten Jahren des ersten Jahrhunderts v. Chr. und war bei der Zerstörung durch Titus im Jahre 70 n. Chr. vom obersten Teil der Mauer gefallen. Dieser Fund bestätigt die lebhafte Schilderung der Ereignisse durch Josephus. Bei der Beschreibung der jüdischen Befestigungen auf dem Tempelberg erwähnt jener, daß einer ihrer Verteidigungstürme auf dem Dach der priesterlichen Kammern errichtet war, von wo aus ein Priester mit der Trompete den Beginn des Sabbats verkündete, wenn alle Arbeit ruhen soll, und sein Ende, wenn die Arbeit wieder aufgenommen werden kann.

Mazar legte eine weitere Treppe gewaltigen Ausmaßes aus der Zeit von Herodes frei, als er mit den Ausgrabungen an der Südmauer des Tempelbezirks begann. Sie führte zu den Doppel- und Dreifachtoren in der Südmauer, die etwa 80 m voneinander entfernt sind. Direkt südlich dieser Treppe lag ein Platz mit den Überresten eines großen Gebäudes für rituelle Bäder. Andere Entdeckungen in der Umgebung der Südmauer, die eine reiche Fundstätte der zweiten Tempelperiode ist, waren die Gebäuderuinen späterer Jahrhunderte. Besonders bemerkenswert war ein guterhaltener Palastkomplex, errichtet zur Zeit der damaszenischen Omaijaden (661–750 n. Chr.); Mazar stellte hierbei fest, daß die Erbauer Säulen der königlichen Säulenhalle des Herodes für das Fundament und die angrenzenden Gebäude verwendet hatten. Es gab ein ausgeklügeltes Wasser- und Kanalisationssystem sowie ein schönes Badehaus, die jedoch nicht lange benutzt worden sind. Im Jahre 747 n. Chr. fielen die palastartigen Gebäude einem Erdbeben zum Opfer und wurden nicht wieder aufgebaut. Die Ruinen taugten nachfolgenden Generationen als Steinbruch und im 11. Jahrhundert diente die Gegend als Friedhof. Die Zeugnisse der Omaijaden-Dynastie von Damaskus wurden erst durch Ausgrabungen der israelischen Archäologen bekannt.

Die Ausgrabungen im jüdischen Viertel

Im September 1968 begann die wahrscheinlich dramatischste und schwierigste Kampagne durch den Jerusalemer Professor Nahman Avigad. Das Grabungsgebiet lag im jüdischen Viertel, inmitten der Mauern der Altstadt. Diese Gegend wurde von Josephus als die «Oberstadt» Jerusalems bezeichnet, da sie auf einer höheren Bodenerhebung steht als der ursprüngliche Hügel der Davidstadt, «der Unterstadt» – direkt im Süden des Tempelberges.

Seine Ausgrabungen erbrachten solch atemberaubende Ergebnisse, daß ein Kollege Avigads meinte, dieser hätte nicht nur Geschichte ausgegraben, sondern mache Geschichte, indem er die Oberstadt der Vergessenheit entreiße. Während der langwierigen Ausgrabungen lieferte Avigad Antworten auf Fragen, die Forscher seit langem verwirrt hatten: Wann wurde die Oberstadt gegründet und von wem? Etwa von den Kanaanitern? Von den Israeliten? In der Zeit Davids oder Salomos (wie die westliche Vorstadt der Davidstadt) – oder später? Wenn später, war es dann in der Zeit der ersten Tempelperiode oder – wie viele annahmen – in der Zeit der zweiten Tempelperiode? Die Antworten setzten umfassende und systematische Ausgrabungen voraus, die jedoch in einem so dichtbebauten und -bevölkerten Stadtviertel unmöglich gewesen waren.

Dann kam der Krieg von 1948 und die Eroberung des jüdischen Viertels durch die arabischen Truppen sowie seine Zerstörung während des Kampfes und danach. Erst neunzehn Jahre später, nach der Befreiung durch den Sechstagekrieg, konnten die Juden zurückkehren, und die israelische Regierung beschloß die Wiederherstellung des Viertels. Nach der Beseitigung der Trümmer und Ruinen ergab sich die einmalige Gelegenheit, wissenschaftliche Ausgrabungen durchzuführen und Neubauten an den verschiedensten Stellen zuvorzukommen, wie Avigad in seinem hervorragenden Bericht über die Ausgrabungen («Jerusalem entdecken») schreibt: «Der Traum vieler Generationen von Archäologen sollte wahr werden.» Allerdings hatte er die Schwierigkeiten dieser Unternehmung unterschätzt, als alles ringsumher im Aufbau begriffen war, vom ununterbrochenen Lärmen der Preßlufthämmer, Planierraupen, Laster und Zementmischer begleitet.

Seine Entdeckungen beweisen zweifelsfrei, daß die ersten Ansiedlungen im jüdischen Viertel während der ersten Tempelperiode auf die Israeliten zurückgehen. Etwa zu Beginn des 8. Jahrhunderts v. Chr. weitete sich die schmale und dichtbevölkerte Unterstadt Davids zu den großen Hügeln im Westen aus; dort wurden organische Überreste und Scherben aus dieser Zeit gefunden. Zuerst war sie ein begrenzter Wohnvorort – außerhalb der Stadtmauern – gewesen. Später, im Laufe ihrer Entwicklung und Ausdehnung über den westlichen Hügel hinaus, wurde die Oberstadt wahrscheinlich während der Herrschaft Hiskias befestigt. Ihre Mauern verliefen bis zu den Wällen der Davidstadt und ergaben somit eine einzige mächtige Mauer, die die Stadt umschloß.

Die Mauer aus dem 7. Jahrhundert v. C

Die entscheidende Bestätigung der Besiedlung zur Zeit der ersten Tempelperiode lieferte die Ausgrabung der Fundamente einer Stadtmauer mit ungeheuer dicken

Professor Nahman Avigad untersucht einen in der Nähe der von ihm entdeckten Stadtmauer gefundenen Krug aus dem 7. Jahrhundert v. Chr.

Modell des Hologramms, das die verschollene Säule mit der Statue Hadrians rekonstruieren soll. Sie stand auf einem im 2. Jahrhundert n. Chr. gebauten Platz der Altstadt in der Nähe des Damaskustores.

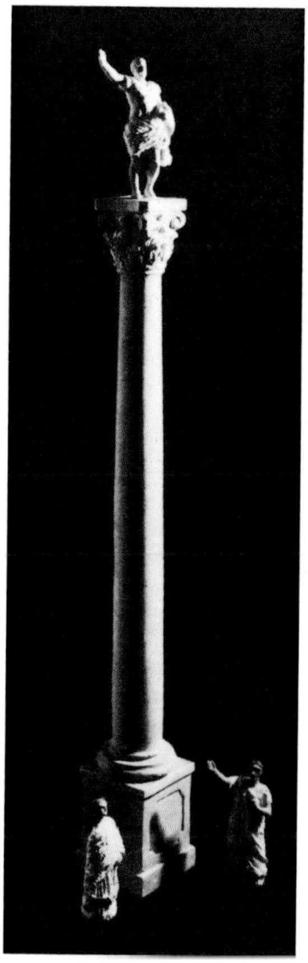

Wänden aus dem 7. Jahrhundert v. Chr. Avigad legte ein zusammenhängendes Stück von etwa 60 m Länge dieser Mauer frei. Dieses Stück ist so beeindruckend und von solch historischer Bedeutung, daß allgemein seine Erhaltung gefordert wurde. Die Regierung wies die Architekten, die mit dem Wiederaufbau des jüdischen Viertels beauftragt waren, an, ihre Pläne zu ändern. Um die alten Ruinen herum wurde ein Platz angelegt; sie sind jetzt der Öffentlichkeit zugänglich und besonders bei Nacht, von Flutlicht angestrahlt, sehr imposant.

Überreste aus derselben Periode wurden bei begrenzteren Ausgrabungen auf dem Westhügel jenseits des Viertels gefunden. Professor Ruth Amiran und Avraham Eitan gruben Scherben aus dem 7. Jahrhundert v. Chr. an der Zitadelle unweit des Jaffators aus. Magen Broshi machte die gleichen Erfahrungen bei seiner Ausgrabung auf dem Zionsberg und zusammen mit Dan Bahat im armenischen Viertel, wo er in einem ausgegrabenen Haus mehrere unversehrte Gefäße aus dem 7. Jahrhundert v. Chr. entdeckte. Alle diese Funde bestätigten Avigads These, daß die Besiedelung sich bereits in der ersten Tempelzeit vollständig über den Westhügel ausgedehnt hatte.

Die ungewöhnliche Dicke der im jüdischen Viertel freigelegten Mauer – durchschnittlich 5,40 m – legte die Vermutung nahe, daß dies die sogenannte «Weite Mauer» sein könnte, die zweimal in dem Rechenschaftsbericht über die Reparaturkosten der Stadtmauer bei Nehemiah zu finden ist: «und sie befestigten Jerusalem bis zur ‹Weiten Mauer›» (3,8) und «von unterhalb des Turmes... ebenfalls bis zur ‹Weiten Mauer›» (12, 38). Nach eingehenden Untersuchungen kommt Avigad zu dem Ergebnis, daß es sich bei einer Aussage Nehemiahs um ebendiese Mauer handelt.

Die hasmonäische Schicht im jüdischen Viertel brachte Reste von größeren Bauwerken zum Vorschein, von Wasserzisternen und Abwässergräben, sowie Tonkrüge und andere Artefakte des 2. und 1. Jahrhunderts v. Chr.

Wohnungen der Oberschicht

Die Funde aus der herodianischen Zeit waren reicher und zeigen sehr deutlich, daß diese Gegend des jüdischen Viertels damals eine exklusive Wohnlage der Jerusalemer Oberschicht war. Fast alle Gebäuderuinen verwiesen auf Wohnhäuser, viele von ihnen luxuriös ausgestattet mit einem Innenhof, mit dekorativen Fresken an den Zimmerwänden und Mosaikböden sowie Kunstgegenständen und Keramiken feinster Qualität. Die meisten Wohnhäuser existierten noch im nächsten Jahrhundert, überdauerten aber die römische Zerstörung des Jahres 70 nicht. Ein «Herodespalast» genanntes Wohnhaus zeigte alle Anzeichen einer Räumung und eines darauffolgenden Abrisses; er mußte wohl der gepflasterten Straße weichen, die genau darüber hinweggeführt wurde.

Ein anderes Ensemble einstmals schöner Häuser mit Blick auf den Tempelbezirk – ausgegraben am östlichen Rand des Viertels – war durch eine Feuersbrunst beim Fall der Oberstadt zerstört worden. Diese Häuser, so Avigad, standen «an der Frontlinie der römischen Angriffe» und hatten am meisten unter den Kämpfen zu leiden.

Überraschenderweise zeigte eines dieser Häuser einen ordentlichen Erhaltungszustand, eine Mauer war bis zur Deckenhöhe stehengeblieben und Teile anderer Wände bis zu einer Höhe von drei Metern. Es stellte sich als weitläufiges Anwesen heraus und wurde nun das «Prunkvolle Herrenhaus» genannt. Auf zwei Ebenen um einen Innenhof gebaut, besaß es mehrere Flügel, Wohnräume mit Wandmalereien, Gästezimmer, eine große Empfangshalle, Bäder und Schwimmbecken. Zwischen den Ruinen fand man kostbare Steintische, Glasgefäße und schöne Keramiken sowie eine kleine, besonders fein verzierte tragbare Sonnenuhr, die normalerweise im Haus aufbewahrt und an einen bestimmten Punkt im Freien gestellt wurde, sobald jemand die Zeit wissen wollte.

Das Verbrannte Haus

Der wohl eindrucksvollste Augenblick für Avigad war die endgültige Freilegung des «Verbrannten Hauses», so bezeichnet nach der Art seiner Zerstörung durch Feuer (während des Kampfes im Jahre 70 n. Chr.). Nur das Kellerfundament dieses großen Hauses blieb erhalten; die Mauern seines gepflasterten Innenhofes, vier Räume, die Küche und ein Ritualbad standen noch bis zu etwa einem Meter Höhe. Eingestürzte Wände, Decken, verrußter Verputz und verkohlte Deckenbalken des Obergeschosses, die im Feuer zusammenbrechend alle Haushaltsgegenstände unter sich begraben hatten, bedeckten die Böden. Unberührt von späteren Aufräumarbeiten oder Wiederaufbaubemühungen enthüllten sich die Zimmer und ihre Ausstattung den Wissenschaftlern im Zustand des Moments der Zerstörung – ein ungewöhnliches archäologisches «Szenario».

Inmitten von Asche und Ruß fanden sich Steintische von verschiedener Form und ein reiches Arsenal an Schüsseln, Gefäßen, Tellern, Tassen und Krügen, die von großer Kunstfertigkeit zeugten, ebenso wie die gebrannten Gefäße, Kochgeschirre und verschiedene Parfumflaschen aus Glas, die das Feuer unbeschadet überstanden hatten. In fast allen Räumen wurden große Eisennägel gefunden, die für die hölzernen Balken und Möbel verwendet worden waren. Zwei gebrannte Tintenfässer in einem Raum gleichen denen im Skriptorium von Qumran, wo die Schriftrollen vom Toten Meer geschrieben worden waren. Unter all den Steinen, die zutage gefördert wurden, gab es einen mit der hebräischen Aufschrift «[Gehört dem] Sohn des Kathros» – dem Besitzer dieses Hauses. Er könnte ein Nachkomme jener bekannten Familie Hoher Priester gewesen sein.

Ein sogenannter Schlüsselfund waren Münzen, geschlagen zur Zeit des Jüdischen Aufstands in den Jahren 66–70 n. Chr.; die jüngsten trugen die Prägung «Jahr Vier der Erlösung von Zion», also 69 n. Chr. Sie beweisen, daß dieses Haus im Jahre 70 nach Christus von den Römern während ihres Feldzuges zerstört worden ist. Ein unberührt in der Ecke lehnender Speer, wahrscheinlich von einem der Hausbewohner dort griffbereit hingestellt, um sich und die Familie bei einem Angriff zu verteidigen, ruft dieses Ereignis ins Gedächtnis zurück.

Am meisten rührt der Fund eines Unterarmknochens und der Knochen der ausgestreckten Hand einer jungen Frau; man entdeckte sie an der erhaltenen Wand der ausgebrannten Küche; die Finger klammerten sich an eine Stufe der rückwärtigen Tür, als ob sie einen Sturz vermeiden wollten. Das Bild einer jungen Frau drängt sich auf, die gerade von ihren Haushaltspflichten ausruhte, als der Schlachtenlärm immer näher kam; sie wollte fliehen, doch da drangen Römer ein und setzten das Haus in Brand. Sie stolperte vielleicht in ihrer Panik, versuchte sich festzuhalten, wurde erschlagen oder eingeklemmt und kam in den Flammen um. Ein spezielles Gebäude wurde über der Ausgrabungsstätte errichtet, und die Überreste des Verbrannten Hauses sind in einer authentischen Rekonstruktion zugänglich.

Der Cardo

Zu den zahlreichen Entdeckungen der Avigad-Ausgrabungen aus späteren Jahrhunderten gehört der spektakuläre Fund des aus dem 6. Jahrhundert stammenden südlichen byzantinischen Stückes des «Cardo Maximus» der römischen Stadt Aelia Capitolina, die nach 135 n. Chr. auf den Trümmern Jerusalems erbaut worden war. Der «Cardo Maximus» bildete die wichtigste Nord-Südverbindung quer durch die Stadt und ist auf der Bildkarte von Madeba aus dem 6. Jahrhundert deutlich eingezeichnet (s. S. 151). Sie verlief in gerader Linie südwärts vom heutigen Damaskustor durch die Basare; der römische Teil brach vor dem heutigen jüdischen Viertel ab.

Avigad grub die byzantinische Verlängerung aus, die mitten durch das Viertel führte. Er war eine ungewöhnlich prachtvolle, etwa 24 m breite Straße, aufgeteilt in fast zwei gleichgroße Abschnitte: die breite Fahrstraße in der Mitte und zwei seitlich verlaufende geräumige Säulenhallen. Die Straße säumten rechts und links eine Reihe hoher Säulen mit stattlichen Kapitellen; jede Reihe stützte die Hauptseiten eines geschrägten Ziegeldachs, welches die Säulenhalle bedeckte. Die westliche Säulenhalle wurde von einer Mauer verputzter Steine verstärkt, die östliche von einer Arkade, deren Bögen auf quadratischen Pfeilern ruhten. Für die Wissenschaftler beantwortet dieser Fund die Frage – lange ein Streit- und Spekulationsobjekt –, wann dieses byzantinische Stück errichtet wurde, von wem und warum. Alle archäologischen Funde weisen auf den byzantinischen Kaiser Justinian als den Erbauer, der es 543 n. Chr. einweihte. Offensichtlich wollte er die Grabeskirche mit der Nea-Kirche, die er erbaut haben soll, verbinden. Auf der Bildkarte von Madeba sind nur zwei Gebäude längs des Cardo zu sehen: die Grabeskirche und die Nea-Kirche.

Diese breite antike Straße mit ihren Kolonnaden und beschatteten Bürgersteigen wurde durch eine authentische und geschmackvolle Rekonstruktion unter der Leitung Avigads zu neuem Leben erweckt. Der Cardo ist einer der schönsten und geschichtsträchtigsten Schauplätze der Stadt.

Die Nea-Kirche

Die Nea-Kirche (auch Neue Marienkirche genannt), von Justinian erbaut, war ein prachtvolles Bauwerk, das der zeitgenössische Historiker Prokopius einen «unvergleichlichen Altar» nannte. Die Nea-Kirche wurde in Wort und Bild verewigt, doch nichts von ihr blieb übrig. Avigad entdeckte sie; in mühsamer Kleinarbeit fügte er «Fragment an Fragment» und «Anhaltspunkt zu Anhaltspunkt», eine jahrelange Arbeit, deren Mühe schließlich belohnt wurde: Er fand eine Tafel mit einer Weihin-

schrift in großen und klaren griechischen Buchstaben, ausgeführt in Gipsrelief, worauf zu lesen ist: «Und dies ist das Werk unseres sehr frommen Kaisers Flavius Justinian, durch seine Großzügigkeit zustande gekommen.»
Aus alten Schriften und der Bildkarte von Madeba war lange bekannt, daß die Nea-Kirche irgendwo im jüdischen Viertel gegenüber der Südwest-Ecke des Tempelbezirks in erhöhter Lage zu finden sein müßte. Im Jahre 1970 grub die Expedition den Teil einer äußerst dicken Mauer, die eine Apsis einschloß, aus. Die östliche Ausrichtung der Apsis ließ auf eine Kirche schließen und die Dicke der Mauern auf ein großes Gebäude. Und der Fundort bestätigte die Vermutung, daß es sich hier nur um den Komplex der Nea-Kirche handeln konnte. Drei Jahre später grub das Team die Fundamente eines etwa 100 m westlich der Apsis gelegenen Gebäudes aus samt einer großen Eingangsschwelle und einem großflächigen, mit Marmorplatten bedeckten Bodenstück. Diese neuen Funde sowie die Apsis bildeten eindeutig den westlichen bzw. östlichen Teil ein und derselben Anlage. Ebenfalls 1973 brachte der Archäologe Meir Ben-Dov, früher Mitglied des Mazar-Teams und nun damit beauftragt, für die Jerusalem Foundation einen archäologischen Park entlang der südlichen Stadtmauer zu errichten, ein wuchtiges Eckstück ans Licht; Steine und Baustil glichen jenem Mauerwerk der Apsis, und die Ecke lag in einer Linie mit der Mauer, etwas über 30 m in nördlicher Richtung. Es war eindeutig die südwestliche Ecke der Nea-Kirche.
Die Apsis erwies sich jedoch nicht als Hauptapsis, sondern als die kleinere Seitenapsis im Norden. 1982 wurde zufällig die südliche Seitenapsis bei Arbeiten der Regierung und der Stadtverwaltung entdeckt. Die Hauptapsis konnte bis heute noch nicht gefunden werden, sie liegt unter modernen Gebäuden begraben.
Dasselbe gilt für die gesamte Nea-Kirche und den sie umgebenden Komplex. Doch auch das Wenige, das die Avigad-Grabung aus dem Boden hob, ist für die Wissenschaft von hoher Bedeutung: Diese Überreste lassen den Bauplan, den Charakter und die Größe des Justinianischen Bauwerkes erkennen. Es war eine Basilika mit einem Haupt- und zwei Seitenschiffen, die von Apsen abgeschlossen und durch zwei Säulenreihen voneinander getrennt waren. Mit einem Innenraum von etwa 100 m × 50 m war sie die größte bekannte Basilika des Landes.

Die Stadt Davids

Die dritte ausgedehnte Ausgrabung nach der Wiedervereinigung Jerusalems begann elf Jahre später unter der Leitung Professor Yigal Shilohs, ebenfalls Mitglied der Hebräischen Universität, an der Stelle der ursprünglichen Stadt, die im 10. Jahrhundert v. Chr. von David erobert und später wieder befestigt worden war. Die Stadt Davids lag, wie schon erwähnt (s. S. 37f.), lang und schmal, einem umgedrehten Dreieck gleich, parallel zu einem ausgedehnten und schmalen Kamm genau südlich des Tempelberges und des Ophel-Hügels, eingeklemmt zwischen dem Kidrontal im Osten und dem Tyropoiontal im Westen.
Anders als bei den Ausgrabungen von Azar und Avigad, die auf fast unberührtem Terrain gearbeitet hatten, war Shilos Feld schon von einigen Wissenschaftlern untersucht worden; zuerst von dem britischen Archäologen Charles Warren in den 60er Jahren des letzten Jahrhunderts; zuletzt systematisch von Kathleen Kenyon hundert Jahre danach. Zweck ihrer systematischen Ausgrabung war die Untersuchung bislang unbekannter Gebiete und die Vertiefung der Ergebnisse früherer archäologischer Bemühungen.
Sieben Ausgrabungen von 1978 bis 1985 haben die Geschichte seit der Zeit der ersten Siedler, die sich in der späten Hälfte des 4. Jahrtausends vor Christus hier niedergelassen hatten, ans Licht gebracht – Entdeckungen von beträchtlicher wissenschaftlicher Bedeutung. Breites öffentliches Interesse galt den aufregenden Funden im oberen Teil

des steilen östlichen Abhangs über der Gihon-Quelle aus der Zeit Davids, Salomons und ihrer Nachfolger, der judäischen Könige bis zum Ende der ersten Tempelperiode. Besonders eindrucksvoll sind die Überreste eines riesigen Stufengebildes aus dem 10. Jahrhundert vor Christus, das sich als Stützkonstruktion für die Davidstadt und den königlichen Bezirk erwies. Sie ruhte auf den Ruinen zweier großer Terrassen, die den Jubusitern als Zitadelle dienten.
Andere bedeutende und zugängliche Überreste sind die drei israelitischen Häuser, errichtet zwischen der zweiten Hälfte des 7. Jahrhunderts v. Chr. und 587 v. Chr. – dem Jahr der babylonischen Zerstörung Jerusalems. Eines davon, ein großes, solide gebautes Vierzimmerhaus ist bis zur Höhe der zweiten Etage erhalten. Es wird «Haus des Ahiel» genannt nach dem für die Zeit typischen hebräischen Schriftzug auf zwei Keramikscherben, die in den Trümmern gefunden wurden. In seiner Nähe stand das «Verbrannte Haus» – ein etwa sieben Jahrhunderte älteres Gegenstück zu Avigads «Verbranntem Haus». Die verkohlten Überreste der Deckenbalken wurden an derselben Stelle gefunden, auf die sie bei der Zerstörung der Stadt heruntergestürzt waren. Die Scharten in den bronzenen und eisernen Pfeilspitzen, die in den Räumen gefunden wurden, belegen die hoffnungslose Untergangsstimmung im Jerusalem dieser Zeit.
Auf der Terrasse darunter stand ein weiteres Haus, das ebenfalls der Feuerbrunst zum Opfer gefallen war. Hier wurde in den Ascheschichten ein bemerkenswerter Fund gemacht: 51 Siegelabdrücke aus Lehm, durch das Feuer hart gebacken und bestens erhalten. Die Siegel hatten Papyrus-Dokumente beglaubigt, die allesamt verbrannten. Einige Siegel trugen die Namen königlicher Amtspersonen, die für die in den Dokumenten behandelten Vorgänge verantwortlich waren. Der Name «Gemaryahu, Sohn des Shaphan», ist verwirrend, da er in der Bibel, im Buch des Propheten Jeremia, der zu dieser Zeit lebte, vorkommt. Jeremia, Kapitel 10, Vers neun und zehn dokumentieren, daß – im fünften Regierungsjahr des Königs Jehoiakim von Juda – Baruch die Worte Jeremias in der Schriftrolle im Gotteshaus las «im Zimmer von Gemariah, dem Sohn des Schriftgelehrten Shaphan». Die Entdeckung dieses Namens zeigt die außergewöhnliche Bedeutung dieser Siegelabdrücke, und Shiloh zieht den Schluß, daß der Fundort ein Teil der königlichen Administration in der Endzeit der ersten Tempelperiode gewesen sein könnte. Shilos Untersuchungen erforderten schwieriges Steigen und Kriechen, um das komplizierte unterirdische Wassersystem zu erkunden, freizulegen und wiederherzustellen. Schon in der Antike gebaut, sollte es die Gebäude innerhalb der Stadtmauern mit dem Wasser der tiefer und außerhalb der Stadtmauer liegenden Gihon-Quelle versorgen.
Man wußte seit langem, daß der Tunnelbau des Königs Hiskia im 8./7. Jahrhundert v. Chr. nicht das einzige Wasserleitungsprojekt früherer Zeiten war, und in den letzten 120 Jahren wurden andere Teile eines Wassersystems ausgegraben. Eine der ersten Entdeckungen Warrens war ein senkrechter Schacht über der Quelle, der später «Warren-Schacht» genannt wurde. Nachfolgende Wissenschaftler fanden Teile einer Tunnelanlage.
Shilohs Ausgrabungsteam hat jetzt von Wassertechnikern aus der biblischen Zeit geplante Vorrichtungen ausgegraben und gereinigt und dabei nachgewiesen, daß das System zwei Jahrhunderte vor Hiskias Tunnelbau entwickelt wurde. Heute ist genau zu sehen, wie es funktionierte: Um Wasser zu schöpfen, gingen die Bewohner einige Stufen eines relativ kurzen, in die Felswand gehauenen Tunnels hinab, der in einen langen, in die entgegengesetzte Richtung verlaufenden Tunnel mit schwachem Gefälle mündete. Dieser führte zum oberen Teil des Schachts. Am Grunde des

Schachts floß das Wasser von der nahe sprudelnden Quelle durch einen Verbindungstunnel.

Shilohs Einschätzung nach war dieser Schacht die erste unterirdische Wasseranlage dieser Stätte; er datierte sie ins 10./9. Jahrhundert v. Chr. Ebenfalls in diese Periode oder etwas später gehört eine Wasserleitung – teils Kanal, teils Tunnel – mit dem Namen «Siloah-Kanal». Wie Hiskias Tunnel verbindet sie die Gihon-Quelle mit den Wasserreservoiren am südwestlichen Ende der Davidstadt. Sie verläuft allerdings entlang des Kidrontals, außerhalb der Stadtbefestigungen, und war demnach bei Belagerungen ungeschützt. Daher wurde in Hiskias Regierungszeit die Wasserleitung durch einen unterirdischen Tunnel ersetzt. Teile dieser «Wasserleitung» wie auch der Verbindungstunnel von der Quelle bis zum Fuß des Warren-Schachts wurden, wie Shiloh meint, dem Hiskia-System angeschlossen. Er stieß im Siloah-Kanal auf mehrere Öffnungen, die das Wasser zur Bewässerung auf die Felder ins Tal leiten sollten, während andere Abflüsse sammelten und in die Reservoire lenkten.

Die Davidstadt wird nun in einen archäologischen Park umgestaltet, ein denkwürdiges Pendant zum nahen archäologischen Park entlang der Südmauer der Altstadt.

Die Zitadelle

Zu den kleineren, dennoch wichtigen Ausgrabungen in Jerusalem gehört die Unternehmung von Ruth Amiran und Avraham Eitan auf einem für Jerusalem charakteristischen Platz, der Zitadelle, dort, wo Herodes einst seinen Palast hatte erbauen lassen. Der gesamte Zitadellenkomplex wird heute Davidsturm genannt nach einer volkstümlichen, doch falschen Überlieferung. Neben ihren überraschenden Funden aus dem 7. Jahrhundert v. Chr. entdecken sie Gebäudereste aus hasmonäischer und herodianischer Zeit; die letzteren trugen Spuren der Zerstörung durch den Brand im Jahre 70 n. Chr. Neuere Ausgrabungen, die zusätzliche Funde ergaben, wurden von Hillel Geva, Renee Sivan und Giora Solar unternommen, die für das große Restaurierungsprojekt der Jerusalem-Foundation arbeiteten.

Dies ist mittlerweile beendet, und der Besucher kann einen faszinierenden Spaziergang auf speziell angelegten Wegen durch die Geschichte unternehmen; jeder einzelne Zeitabschnitt ist durch typische Bauten vertreten, beginnend mit den ersten Befestigungen dieses Platzes durch die Hasmonäer im 2. und 1. Jahrhundert v. Chr., gefolgt von dem Palast des Herodes, der durch die römische Zerstörung der Stadt sehr gelitten hat; von seinen drei Türmen, die verschont blieben, konnte einer bis in die heutige Zeit überdauern. Die Römer hielten hier eine Zeitlang eine Garnison; in der byzantinischen Zeit beherbergte er Mönchsklöster. Nach der Eroberung Jerusalems bauten ihn die Muslime in eine Zitadelle um, und die Kreuzfahrer ließen weiter daran arbeiten. Nach erneuter Zerstörung bauten die Mameluken die Zitadelle wieder auf und fügten eine Moschee hinzu. Was wir heute sehen, stammt weitgehend aus dem 14. Jahrhundert, obgleich die Osmanen noch Veränderungen vornahmen und einige Bauten hinzufügten, wie das im 17. Jahrhundert entstandene Minarett zur Moschee.

Die sachkundige Restaurierung und die Anlage von Wegen, Treppen und Brücken ist so konzipiert, daß die alten Steine in chronologischer Anordnung ein getreues Bild von der Vergangenheit der Zitadelle vermitteln. Eine Ausstellung des Jerusalem-Museums in der Zitadelle und eine allabendliche Bild- und Tonschau im Innenhof runden das Bild ab.

Beträchtliches Interesse erweckte die zufällige Entdeckung im Jahre 1968 eines alten jüdischen Friedhofes im Nordosten von Jerusalem mit dem Skelett eines jungen Juden, der im ersten Jahrhundert gekreuzigt worden war. Bauarbeiter, die an der felsigen Hügelseite am Givat Hamivtar (in der Nähe des Berges Skopus) gruben, fanden diese übersät mit Höhlen. Schnell herbeigerufene Archäologen fanden bald heraus, daß es sich um Grabkammern handelte. Sie enthielten fünfzehn Beinhäuser mit Menschenknochen von Frauen und Kindern. In einem dieser schmalen Steingräber befanden sich die Knochen eines jungen, Mitte zwanzig Jahre alten Mannes mit dem Namen «Jehohanan», wie die Inschrift auf seinem Grabstein besagte. Er war gekreuzigt worden – der Nagel, den man ihm durch die Füße geschlagen hatte, wurde mit den Knochen entdeckt. Der Anatom der Hebräischen Universität, Dr. Nicu Haas, studierte den Fall zwei Jahre. Im Januar 1971 gab er das Ergebnis seiner Untersuchungen bekannt. Danach ging aus der Position der Knochen und des Nagels hervor, daß Jehohanan nicht gemäß traditionellen Schilderungen gekreuzigt worden war, sondern mit stark gebogenen Knien, die Beine nach einer Seite gedreht und geknickt, die Füße unter dem Gesäß ans Kreuz genagelt. Man hatte ihm die Beinknochen gebrochen – ein üblicher römischer Brauch, nachdem das Opfer ans Kreuz genagelt war – und seine Fersenknochen waren ihm mit dem Nagel durchbohrt worden. Der Leichnam war der Familie zum vorübergehenden Begräbnis übergeben worden. Die sterblichen Überreste wurden später in das Beinhaus transferiert und in der Grabkammer von Givat Hamivtar zum zweiten Mal beerdigt. Der Lage und der Konstruktion des Grabes nach zu urteilen, stammte Jehohanan aus einer der einflußreichsten jüdischen Familien in Jerusalem, und die Tongefäße und die anderen in der Grabkammer gefundenen Gegenstände ließen darauf schließen, daß er in der ersten Dekade des ersten Jahrhunderts n. Chr. gestorben war, zu einer Zeit jüdischen Aufstandes und römischer Unterdrückung. Jehohanan hatte ohne Zweifel der jüdischen Resistance angehört, war von den Römern gefangengenommen worden und zu dieser langsamen und grausamen Form des Sterbens verurteilt worden. Kreuzigungen durch die Römer fanden bis zur Zeit der Regierung Konstantins im vierten Jahrhundert n. Chr. statt. Dies ist das erste überlieferte Mal, daß ein bei einer Kreuzigung verwendeter Nagel gefunden wurde.

Das Damaskustor

Neuere Ausgrabungen in der Umgebung und unter dem Damaskustor von Menahem Magen (betreut von der Ost-Jerusalemer Stadtverwaltung und der Jerusalem Foundation) erbrachten Überreste älterer Torbauten. Am beeindruckendsten ist ein Torbau, den Kaiser Hadrian beim Wiederaufbau Jerusalems als Aelia Capitolina im 2. Jahrhundert errichten ließ.

Das römische Tor hat drei gewölbte, von zwei Wachtürmen flankierte Eingänge, von wo aus man auf einen halbrunden Platz in der Stadt gelangt und von da aus auf den römischen Cardo. In der Mitte des Platzes stand eine Säule mit der Statue des Kaisers. Dieser Torbau, die Türme und der Platz mit der Säule sind auf der Bildkarte von Madeba aus dem 6. Jahrhundert deutlich zu sehen.

Die Archäologen fanden einen der Eingänge und zwei Türme in einem ausgezeichneten Zustand vor und legten den Platz und den Anfang des Cardo frei. Die Säule wurde bis heute jedoch nicht gefunden. Der Platz und die Umgebung des Tores wurden vorbildlich rekonstruiert und neu angelegt. Ohne den heutigen Zugang zum Tor zu beeinträchtigen, führen Stufen zum früheren, tieferliegenden Tor. Sie schließen ein Halbrund in Form eines Amphitheaters ein, das etwa 500 Menschen Platz bietet.

Da die Säule des Hadrian nicht gefunden wurde, kam die Verwaltung auf die Idee, an ihrer Stelle ein «Regenbogen-Hologramm» zu installieren: eine Kombination von Photographie und Laserstrahlen, die ein dreidimensionales farbiges Bild der Säule und ein Münzenbildnis Hadrians zu einer Lichtfigur formen, das jetzt die Besucher verzaubert.

Das Damaskustor ist eine der fünf Stellen, von denen aus man den erst unlängst von der Stadtverwaltung fertiggestellten 4,5 km langen Mauerweg erreicht. Man kann jetzt in etwa 12 m Höhe auf den alten Wällen spazierengehen (nicht jedoch ums Tempelareal) und die umliegende Gegend, die historischen Gebäude und das Getriebe des Basars betrachten.

Die Ausgrabungen in Jerusalem haben bis zum heutigen Tag großartige Entdeckungen mit sich gebracht, historische Funde, die die 4000 Jahre wechselvoller und ereignisreicher Geschichte dieser einzigartigen Stadt bezeugen. Nirgendwo ist das Zusammenleben von Vergangenheit und Gegenwart lebendiger.

Hinweise

Besonders herzlich danken die Autoren John Curtis vom Verlag Weidenfeld and Nicolson, London, der die Bilder ausgewählt und die englische Originalausgabe betreut hat.

Die Bilder aus der Kollektion von Teddy Kollek, die Ronald Sheridan verwendet hat, sind: 24, 34, 38, 42, 44, 46, 47, 50, 93, 102, 114, 118, 122, 129, 134, 166, 176, 179, 201, 202, 219, 220, 223 und 225.

Die anderen Bilder aus Ronald Sheridans Buch erschienen mit der Genehmigung von: *Bamakhane* (Israeli Army Weekly), 200; Holyland Hotel, Jerusalem, 94, 104 und 109; Israel Department of Antiquities and Museums, 124, 127, 193, 253 und 254; Israel Museum, Jerusalem, 99, 115, 136, 218 und 233; Central Zionist Archives, Jerusalem, 238; Jewish National and University Library, Jerusalem, 3, 23 und 214.

Die restlichen Bilder wurden gedruckt mit der Erlaubnis von: Aldus Books, 35, 53, 72, 84, 101, 164 und 208; *Bamakhane,* 261, 267, 268; Ben Zvi Institute, Jewish National and University Library, 156 und 237; Bibliothèque de l'Arsenal, Paris, 84; Bibliothèque National, Paris, 60, 75, 90, 101, 187, 198 und 282; Bibliothèque Royal, Brussels, 174; Bodleian Library, Oxford, 77; Bollinger Foundation, New York, 151; Trustees of the British Museum, London, 36, 58, 177 und 208; Chester Beatty Library, Dublin, 53 und 164; Dr. Moshe Dothan, 136; H. Erel, 258; Felix Gluck, 182; David Harris, 14, 33, 69, 88, 192, 240, 244, 253 und mit Genehmigung des Israel Museums, 26, 80, 81, 82, 87 und 88; Hebrew Union Library, New York, 72; Imperial War Museum (Central Zionist Archives), 234, Israeli Air Force, 157; Jewish Agency, 41, 228, 234, 239, 245, 246, 247 und 280; Jewish National Fund, 230; Kadman Numismatic Museum, Tel-Aviv, 278; Behram Kapadia, 143 und 231; H. Kneller (Israel Department of Antiquities and Museums), 48; Fritz Kohn (Government Press Officer), 35; Editions Robert Laffont, Paris, 100; Mansell Collection, London, 12, 131 und 279; Maritime Museum, Haifa, 227; Novaes Lisbon, 121; Rheinisches Bildarchiv, 49 und 50; Cecil Roth Collection, Jerusalem, 187; Rubens Collection, London, 231; Trustees of the Victoria and Albert Museum, London, 230; Dr. Z. Vilnay, *The Holyland in old Prints and Maps,* 229; A. Volk, 13, 71, 197, 205, 236 und 257; Central Zionist Archives, 234, 238, 250 und 281.

Karten: Tom Stalker-Miller.

Vorsatzpapier: Daniel Doron, New York.

Hauptdaten aus der Geschichte Jerusalems

v. Chr.	19. Jahrhundert	Jerusalem wird in den «Fluchinschriften» aufgeführt – erste urkundliche Erwähnung der Stadt
	Mitte 18. bis 16. Jahrhundert	*Hyksoszeit*
	14. Jahrhundert	Briefe des Kleinkönigs von Jerusalem (in den Tel-el-Amarna Archiven)
	1000–961 (Regierungszeit)	König David macht Jerusalem zur Hauptstadt des Vereinten Königreichs Israel
	961–922 (Regierungszeit)	König Salomo – Bau des Ersten Tempels
	922	Teilung des Königreiches in Israel und Juda
	837–800 (Regierungszeit)	Joas, König von Juda, führt zum ersten Male weitgehende Ausbesserungsarbeiten am Tempel durch
	715–687 (Regierungszeit)	Hiskia, König von Juda, gräbt einen Wassertunnel durch den Berg von der Quelle Gihon zum Teich Siloah
	701	Hiskia widersteht Sanheribs Angriff auf Jerusalem
	587	Zerstörung Jerusalems und des Tempels durch Nebukadnezar, Babylonisches Ex der Juden
	537–332	*Perserzeit*
	537	Rückkehr aus Babylon
	515	Vollendung des Zweiten Tempels
	445	Nehemia kommt aus Babylon und baut die Mauern Jerusalems wieder auf
	452	Esra der Schriftgelehrte kommt aus Babylon und unterstützt Nehemia beim Aufba der Stadt und der Gemeinde von Jerusalem
v. Chr.	*332–167*	*Zeit des Hellenismus*
	332	Alexander der Große besucht Jerusalem
	312–198	Herrschaft der Ptolemäer
	198–167	Herrschaft der Seleukiden
	169	Der Seleukidenkönig Antiochus IV., Epiphanes (175–163) plündert den Tempel
	167–63 und 40–37	*Die Hasmonäer (Makkabäer)*
	167–141	Befreiungskrieg der Makkabäer
	164	Wiedereroberung des Tempelberges und neue Weihung des Tempels
		Die ersten Hasmonäerführer, Mattathias und seine Söhne:
	166–160	Judas Makkabäus
	160–143	Jonathan
	143–135	Simon

Jerusalem, Mosaik in Rom aus dem 4. Jahrhundert.

63 v. Chr. bis 324 n. Chr.	*Römerzeit*
63	Pompejus erobert Jerusalem
40–37 (Regierungszeit)	Mit der Unterstützung durch die Parther kann der Hasmonäerkönig Mattathias Antigonus die Römer für kurze Zeit vertreiben
37–4 (Regierungszeit)	König Herodes der Große baut die Antoniafestung, einen Palast und drei Türme und beginnt den Tempelneubau
n. Chr. 26–36	Pontius Pilatus, römischer Prokurator in Judäa
33	Kreuzigung Jesu
41–44	Agrippa, König von Judäa, baut eine neue Stadtmauer (die Dritte Mauer)
66–70	Die Große Revolte – der Jüdische Krieg gegen die Römer
70	Fall Jerusalems und Zerstörung des Zweiten Tempels durch Titus
132–135	Bar Kochbas Freiheitskampf – Jerusalem wieder die jüdische Hauptstadt
135	Kaiser Hadrian zerstört Jerusalem vollständig und errichtet neue Mauern und eine neue Stadt: Aelia Capitolina
324–638	*Byzantinische Periode*
326	Kaiserin Helena, die Mutter Kaiser Konstantins des Großen, besucht Jerusalem, lokalisiert die Ereignisse aus Jesu letzten Tagen und veranlaßt zur Erinnerung daran den Bau von Kirchen, besonders der Kirche des Heiligen Grabes
Ende des 6. Jahrhunderts	Medeba-Karte von Jerusalem
614	Persische Eroberung Jerusalems
629	Wiedereroberung durch die Byzantiner
638–1099	*Zeit der Mohammedaner*
638	Der Kalif Omar betritt Jerusalem
692	Vollendung des Felsendoms

rechts: Ein Moslemführer in einem Manuskript aus dem 16. Jahrhundert.

ganz rechts: Lord Balfour und Dr. Weizmann, 1925.

1099–1187	*Das Königreich der Kreuzritter*
1099	Die Kreuzritter erobern Jerusalem
letzter Teil des 12. Jahrhundert	Rabbi Moshe Ben Maimon (Maimonides) besucht Jerusalem
1173	Benjamin von Tudela besucht Jerusalem
1187	Saladin erobert Jerusalem von den Kreuzrittern
1250–1517	*Die Zeit der Mameluken*
1267	Rabbi Moshe Ben Nachman (Nachmanides) kommt aus Spanien und belebt die jüdi sche Gemeinde und errichtet eine Synagoge mit einem Schulzentrum, die seinen Namen trägt
1488	Rabbi Obadja da Bertinoro läßt sich in Jerusalem nieder und führt die Gemeinc
1517–1917	*Die Zeit der Osmanen (Türken)*
1517	Die Ottomanen erobern Jerusalem
1538–1540	Sultan Suleiman I. (‹Der Prächtige›) baut die Stadtmauern neu auf
1700	Rabbi Jehuda He'Hassid kommt nach Jerusalem und beginnt den Bau der Churva-Synagoge
1836	Erster Besuch von Sir Moses Montefiore
1838	Das erste (das britische) Konsulat in Jerusalem eröffnet
1860	Erste jüdische Siedlung außerhalb der Stadtmauern
1898	Besuch von Dr. Theodor Herzl, dem Gründer der Zionistischen Weltorganisation
1917–1948	*Britische Eroberung und Mandatszeit*
1917	Britische Eroberung, General Allenby betritt Jerusalem
1918	Dr. Chaim Weizmann legt den Grundstein zur Hebräischen Universität auf dem Berg Skopus
1920	Sir Herbert Samuel wird zum ersten britischen Hochkommissar ernannt, Errich tung von «Government House» in Jerusalem
1925	Einweihung der Gebäude der Hebräischen Universität
1947	Resolution der Vereinten Nationen, die eine Teilung Palästinas in einen arabisch und einen jüdischen Staat vorsieht

«Niemandsland», der letzte Tag des Mandats.

1948–1967	*Die geteilte Stadt*
14. Mai 1948	Ende des britischen Mandats und Proklamation des Staates Israel
14. Mai 1948 bis Januar 1949	Israels Unabhängigkeitskrieg
28. Mai 1948	Die Neustadt Jerusalems bleibt unangetastet, aber das jüdische Viertel in der Altstadt fällt
April 1949	Unterzeichnung des Waffenstillstandvertrages zwischen Israel und Transjordanien, durch den Jerusalem zwischen beiden Ländern geteilt wird
13. Dezember 1949	Die Neustadt Jerusalems wird zur Hauptstadt des Staates Israel erklärt
5. Juni 1967	Jordanien bombardiert und beschießt die Neustadt am Beginn des Sechstagekrieges
7. Juni 1967	Israelische Truppen erobern die Altstadt; Jerusalem wird wiedervereinigt
14. Juni 1967	Jüdische Massenpilgerschaft zur Westmauer des Tempelberges am Schawuot-Fest (Wochenfest)
23. Juni 1967	Moslems und Christen haben wieder Zugang zu den heiligen Stätten

Ein jüdischer Rabbi und zwei griechisch-orthodoxe Priester, die jetzt alle frei in der wiedervereinigten Stadt ihren Gottesdienst verrichten können.

יד אבשלום
שקוביץ הגלילי צפת